目 录

第一章 | 20 世纪戴震哲学思想鸟瞰

　　近百年来学者对戴学的研究概况是兴趣渐起之后，又高潮迭起。很多论题被开掘出来，并不断深入开展下去。因本课题着重以戴震为旗帜，专论他与乾嘉学术和中国文化之关系，故本章着重以戴震为中心，对因故未能展开的其他有关戴震研究的大家、名家或重要篇章进行综论，以期形成对近百年来戴学研究概况整体面貌的把握。在正式述评戴震学术、思想研究的内容之前，先对有关戴震研究的基础工作从四个方面做一点目录学式的介绍。

　　就基础文献的整理工作方面来看，1936 年，《戴东原先生全集》出版。安徽省古籍整理出版规划委员会、安徽古籍丛书编审委员会组织编订，张岱年任主编，由黄山书社于 1995 年出版的七卷本《戴震全书》，几乎汇集了戴震的全部著述。由戴震研究会、徽州师范专科学校古籍整理研究室、戴震纪念馆三家联合编纂，叶光立任主编组织编订的《戴震全集》，由清华大学出版社于 1991 年到 1998 年陆续出齐。

就研究组织的成立情况看，1982 年，地方政府对创立于戴震 200 周年诞辰的"戴氏私立东原图书馆"进行修缮，并将其命名为"戴震纪念馆"，于 1986 年 5 月 9 日开馆。1986 年 4 月，徽州师专、戴震纪念馆等在戴震家乡筹建了国内第一个戴学研究组织"戴震研究会"。1993 年，安徽师范大学成立了徽商研究中心，中国社会科学院历史研究所徽州文书研究室改组为徽学研究中心。同年，徽州师专也成立了徽州文化研究所。1999 年，安徽大学成立徽学研究中心，该中心系教育部人文社会科学重点研究基地。

就有关的学术会议看，1923 年 10 月，梁启超与"讲学社"和"北大国学门研究所"等学术团体，在北京筹办了一个纪念戴震 200 周年诞辰的"东原学术讲演会"，决定在 1924 年 1 月 14 日在"安徽会馆"举办纪念会。为此，自 1924 年 1 月 19 日始，北京的《晨报副刊》陆续刊出了"东原二百年纪念号"。1962 年安徽省历史学会举行座谈会，讨论戴学。1986 年 5 月，首次戴震学术研讨会在安徽屯溪市举行，会上交流了 40 余篇论文，汇集为《戴震学术思想论稿》于 1987 年出版。1991 年 8 月，在徽州师专举行了第二次戴震学术研讨会和《戴震全集》出版的首发式，会后出版了论文集《戴学新探》。

就主要学术研究的专著来看，有如下八种。① 周辅成的《戴震——

---

① 此处只简要列出部分著述。2005 年及其以前出版或问世的著述目录，参见吴根友、黄敦兵的《近五十年戴震哲学思想研究述评》后附"相关论著及博硕论文存目"，见冯天瑜：《人文论丛（2005 年卷）》，470 页，武汉，武汉大学出版社，2007。

十八世纪中国唯物主义哲学家》（湖北人民出版社，1957 年）一书，是 20
世纪 50 年代中国大陆戴震哲学研究的最重要成果。王茂的《戴震哲学思
想研究》（安徽人民出版社，1980 年）一书，逐渐恢复了对戴震哲学的思
想研究，该书虽然还囿于唯物、唯心主义，辩证法与形而上学的旧框
架，但在 20 世纪 80 年代对戴震哲学思想的发掘具有启蒙意义。蒙培元
的《理学的演变：从朱熹到王夫之戴震》（福建人民出版社，1984 年），
该书虽然还是将戴震纳入理学的系统来考察，但第一次明确地揭示了戴
震哲学与王夫之一系的中国以气论形式表现出的唯物论思想谱系。李开
的《戴震评传》（南京大学出版社，1992 年）一书，第一次系统地阐述了
戴震的生平与思想，特别是引进现代西方的语言哲学、解释学等新的哲
学思想，为戴震的哲学研究开拓了新的思想视野。周兆茂的《戴震哲学
新探》（安徽人民出版社，1997 年）一书，其主要学术贡献揭示了戴震哲
学与朱子学、新安理学的内在联系，深化了人们对于戴震哲学与朱子一
系哲学思想关系的认识，将戴震的哲学与学术思想研究推向了深入。进
入 21 世纪，有关戴震的学术、思想的研究又向新的境界迈进。许苏民
的《戴震与中国文化》（贵州人民出版社，2000 年），从明清早期启蒙思
想的角度，揭示了戴震哲学的现代性品格，第一次较为系统地梳理了戴
震哲学思想对于中国现代思想的影响。吴根友的《中国现代价值观的初
生历程——从李贽到戴震》（武汉大学出版社，2004 年），主要从价值观
念变化的角度，揭示了戴震伦理思想、经验论的哲学思维方式与现代价
值观念与哲学思维之间的内在关系。徐道彬的《戴震考据学研究》（安徽
大学出版社，2007 年）一书，则集中研究了戴震的考据学思想及其成
就。值得注意的是，丘为君的《戴震学的形成：知识论述在中国的诞生》

（新星出版社，2006 年）一书，第一次正式提出了"戴震学"的概念，希望将戴震的思想研究拓展到经学及其他方面，形成一个立体的戴震学术、思想研究的系统。另外，老一辈学者张舜徽先生有关戴震学术、思想的研究成果也出版面世，如《清儒学记·自序》（华中师范大学出版社，2005 年），其中有很多有关戴震的有价值的论述。在戴震哲学思想的外推方面，成中英编译的《戴震原善研究》（美国东方研究所香港办事处，1969 年）一书，第一次将戴震的部分思想推介到英语世界，也是 20 世纪英语世界里较早研究戴震的学术译介性成果。改革开放之初，安正辉选注的《戴震哲学著作选注》（中华书局，1979 年）一书，对于传播戴震的哲学思想，也起到了积极的作用。

下面着重述评有关戴震学术、思想的研究成果。前面章节中涉及的大家有关戴震的论述则略而不论。如学界所论，作为 18 世纪中国哲学界一颗巨星的戴震，其哲学思想对后世产生了巨大的影响。20 世纪以来，众多思想家、学者对其思想进行了广泛而深入的研究。在本章中，我们只拟从哲学思想的角度，回顾 20 世纪的研究成果，以期在新的起点上推进戴震哲学思想研究，发掘其中的丰富内涵，从而使我们的学术既能继承 20 世纪以来"新文化运动"的思想成果，又能与自己民族固有的精神传统相契合，在新的历史起点上推进中国哲学的创造性转化。本章分成三节，第一节、第二节以 20 世纪前 50 年代为期，第三节从 1951 年开始直至 20 世纪结束。个别的地方稍延伸到 21 世纪近十年的研究成果。

第一节　20 世纪前半叶戴震哲学研究之鸟瞰

20 世纪，章太炎是较早研究戴震的人物之一。他在一系列的文章中分析、评价了清学与戴震哲学的成就与意义。此后，梁启超、胡适等人加入了研究阵营，使得戴震哲学思想引起了更多学人的关注，一度成为 20 世纪初期的显学之一。

由于 20 世纪上半叶中国社会现代化的自身要求，中国学术界普遍地引进西方学术范式来研究中国学术与思想。戴震哲学研究亦深深地打上了这一时代印痕。概言之，20 世纪上半叶的戴震研究有如下几个方面的特点。第一，反对封建主义，主张维新变法，高举自由、民主大旗的早期启蒙学者，对戴震学术基本上持肯定性的评价，如章太炎、梁启超、胡适、蔡元培等。第二，信奉宋明理学思想的人物，如王国维、熊十力、冯友兰等人，则对戴震的哲学思想持批评的态度，或给予较低的评价。第三，主要以传统学术史的方式来研究思想史与人物，如钱穆偏重以史学家的客观叙述方式研究戴震思想的变化过程及其学术与思想的渊源。然而，由于钱氏本人的思想倾向比较肯定宋学，因而对戴震批评宋儒的思想还是持比较委婉的批评意见的。第四，早期中国的马克思主义学者侯外庐先生，从唯物主义的认识论路线出发，对戴震哲学思想的成就与局限，有独到的认识。一方面，他将戴震哲学思想看作清代启蒙思想的一线曙光；另一方面，又对其哲学的纯知识论立场的局限性有较敏锐的洞悉。然而，由于时代环境的局限，侯氏对戴震哲学积极成就的认识略嫌不足。

从整体上看，20 世纪上半叶中国学术界对戴震哲学思想认识的多元化倾向，其实与当时中国学术界自身所面临的历史任务密切相关。首先，向西方学习，用西方近代思想的模式来批判传统哲学中不适应现代化要求的思想，是 20 世纪中国上半叶思想界的主要历史任务。宋明理学以及政治化的儒学都成为该时代首当其冲的批判对象。其次，现代化的主题之一是新的资产阶级反对旧的贵族。在此漫长的过程中，对占据主流、维护旧贵族政权的思想及其意识形态的批判成为新兴阶级必然的理论要求。在中国，代表新兴工商阶层利益的平民思想对居于统治地位的官方儒学——后期主要以宋明理学形式表现出来的儒学及其道德原则的批判，就成为中国早期启蒙思想者的主要内容之一。然而，由于中国现代社会面临着沉重的反抗帝国主义压迫的任务，在民族危难面前，要求个人具有高度的气节与强烈的民族感情，甚至是牺牲个人的利益而保存整个民族的历史要求，必然要求人们具有崇高的道德理想。因此，宋明理学中所包含的道德理想主义原则就被一部分学者抽象地继承下来。后来，伴随着中国现代化运动的深入，广大工人与农民阶层也找到了自己阶级的代言人，马克思主义在中国迅速获得了长足的发展，形成了巨大的思想潮流。他们亦从本阶级的利益出发评判传统思想在现代社会中的价值。这几股思想力量交织在一起，构成了复杂的历史互动局面。而每个思想家、学者心中所关心的问题及其学术侧重点有所不同，因此就自觉或不自觉地选择以与他自己的价值理想相近的理论资源评价他们的研究对象。因此，20 世纪前半叶戴震哲学思想研究的多元格局由此形成，与这一特殊历史时期的文化变迁的具体要求是相一致的。尽管在今天看来，其中的有些分析与批判失之简单，然在当时的社会情境中则各具有其解释的历史合理性。笔者将从问题入手，分别从四个方面来叙述20世纪前半叶的戴震哲学（天道观、认识论、伦理学、方法论）思想研究的基本内容：戴震哲学思想的旨趣及其方法论特征、戴震伦理学思想中的自由精神、戴震哲学思想的精神源泉之探讨、戴震哲学思想的历史地位及其贡献之评价。

一、戴震哲学思想的旨趣及其方法论特色之分析

（一）理论旨趣

20世纪初期，章太炎先生率先对戴震哲学思想进行研究，并给予了积极评价。他对清初诸儒有如下认识："叔世有大儒二人，一曰颜元，再曰戴震。颜氏明三物出于司徒之官，举必循礼，与荀卿相似。戴君道性善，为孟轲之徒。持术虽异，悉推本于晚周大师，近校宋儒为得真。"[1]章氏从历史学的角度出发，对戴震哲学中为民请命的终极旨趣给予了高度的肯定。他说："戴君生雍正乱世，亲见贼渠之遇士民，不循法律，而以洛、闽之言相稽。哀矜庶戮之不幸，方告无辜于上，其言绝痛。"[2]又云："戴震生雍正末。见其诏令谪人不以法律，顾摭取洛、闽儒言以相稽，觇司隐微，罪及燕语。……震自幼为贾贩，转运千里，复

---

[1] 刘梦溪：《中国现代学术经典·章太炎卷》，562页，石家庄，河北教育出版社，1996。

[2] 同上书，562页。

具知民生隐曲，而上无一言之惠，故发愤著《原善》《孟子字义疏证》，专务平恕，为臣民诉上天，明死于法可救，死于理即不可救。又谓袵席之间，米盐之事，古先王以是相民，而后人视之猥鄙。其中坚之言尽是也。震所言多自下摩上，欲上帝守节而民无癏。"①

另外，章氏还初步梳理了戴震以降的"皖学"师承关系，对以戴震为代表的"皖学"与以惠栋为代表的"常州学派"之间的差异给予了精辟的分析。他说："震生休宁，受学婺源江永，治小学、礼经、算术、舆地，皆深通。……凡戴学数家，分析条理，皆密严瑮，上溯古义，而断以己之律令，与苏州诸学殊矣。"②而且，他还肯定了戴震考据学的成就及其思想价值；对魏源批评戴震及其学派的观点进行了反批评。

章太炎之后，梁启超、胡适第一次对戴震哲学思想进行了系统的研究。

之后，现代新儒家之一冯友兰也对戴震的哲学思想做了少量的研究。不过，在冯氏的思想框架里，清代哲学只不过是宋明理学的继续罢了，对戴震哲学的主旨缺乏真切的体认。他认为，戴震"自以辟道学家之学为己任，如孟子以辟杨墨为己任然"③，这一观点其实将戴震"孟子化"了，只能是冯氏个人思想倾向的曲折反映。

---

① 刘梦溪：《中国现代学术经典·章太炎卷》，536 页，石家庄，河北教育出版社，1996。

② 同上书，256 页。

③ 冯友兰：《三松堂全集》第三卷，397 页，郑州，河南人民出版社，2000。

（二）方法论特色及其贡献与不足

20 世纪初，蔡元培对戴震哲学的方法论特色及其贡献有较精到的认识。他认为："东原之特识，在窥破宋学流弊，而又能以论理学之方式证明之。"其学说的优点有三条。第一，"心理之分析"，以"欲、情、知三者为性之原质"，与西洋心理学家将心分为意志、情感、知识三部分相同。第二，对情欲之界限有所规定，"以人之欲为己之欲之界，以人之情为己之情之界"。第三，对善的标准之设立，"使人人得遂其欲，得达其情"。简言之，东原之学说"其立说之有条贯，有首尾，则尤其得力于名数之学者也"。当然，蔡氏亦看出了戴震伦理学之不足。他说："东原囿于当时汉学之习，又以与社会崇拜之宋儒为敌，势不得有所依傍，故其全书，既托于孟子，而又取群经之言一一比附，务使与孟子无稍异同，其间亦不免有牵强附会之失。而其时又不得物质科学之助力，故于血气与心知之关系，人物之所以异度，人性之所以分于阴阳五行，皆不能言之成量，此则其缺点也。"①

除蔡元培之外，容肇祖先生对戴震"以学求理"的理性方法给予了高度的肯定，认为这种方法"是应用科学的方法去研究事物"。以此为例，进一步论证清代"朴学""确有'科学'的精神"。

容氏将戴震的求理方法概括为两种："强恕以去私""学以去蔽"，前者是通过伦理情感的启发，后者是通过知识的学习，皆是用理性的方法获得人事之理与客观事物之理。容氏基本同意胡适对戴震哲学地位的评价，并进一步认为："戴震说的理及其求理的方法，是戴学的精髓，所

---

① 蔡元培：《中国伦理学史》，56～61 页，北京，商务印书馆，1987。

以使戴震在中国哲学史上站立了一个顶重要的位置的原因。"他认为，戴震说的理，"就是在事物中所得的条理"。"他以为则，匪自我为之，必求诸物，即科学上客观的寻求于事物上之'法则'。又以为理是天下之民无日不秉持为经常，即人类行为的定则。言行之得当与否，就是得理与失理的分别。""他以为'理'是抽象的，不是实质的。"这种"实体实事自然上的必然法则"，"是人心的明白能够分别出来的，即人人所承认的必然的法则"，而且这种生于"心知之明"的"理""是存乎情欲之中，必然而无憾"的。他虽然主张达情遂欲，但不是提倡放纵情欲，而是"要在情欲中求其无疵，求其不惑乎所行"。这便是戴震所说的"理"。根据以上对戴震"理"字内涵的归纳，容先生对戴震所说的"理"进一步分析道："是事物上的条理，客观上所得的事物的法则，故此他很重分析的研究。"而且戴震所运用的方法——"事物之理，必就事物剖析至微而后得"，乃"是用着科学上分析的方法，去研究他所谓的理"①。另外，容氏还对戴震学说之于后世的影响做了简要概述，从而揭示了 20 世纪现代中国哲学与自己民族精神传统的内在关系。

冯友兰对戴震哲学的主旨似无深入体认，然对戴震的方法论则有所关注。他认为，戴震的"求理方法"可以从两个方面去看。一是从人事方面，这种求理之方法，即"絜人之情"是也。也即"孔子所谓忠恕之道，《大学》所谓絜矩之道"。二是在别的事物方面求理，"则'必就事物剖析至微，而后理得'"②。

---

① ［清］戴震撰，张岱年主编：《戴震全书》第七册，434、415、419、420、421、422、423 页，合肥，黄山书社，1997。

② 《三松堂全集》第三卷，405 页。

　　另外，有些学者通过对戴震诗学的研究，概括出了其学术研究的方法，亦具有一定的哲学方法论意义。如吴时英在论戴震的诗学时，对戴震的治诗方法做了研究。他认为，戴震反对汉儒的"缘辞生训"方法，而创立了"通证"的方法。这种方法是"取诗中同样的字归纳拢来求一个共通的解释；或者取同样组织的辞句归纳来得一个共同的辞例"。举例言之，诗《周南·卷耳》"采采卷耳"句，《毛传》说："采采，事采之也"，朱熹说："采采，非一采也"，二者都将"采"字当作动词。戴震不同意他们的解释，在诗中举出与之类似句式，如"采采苤苢"，又如"蜉蝣之翼，采采衣服"等句，以证明"采采"为形容词，为一望而众多貌。① 像这种解释诗的方法，在其诗补注中还有很多例子。由此可知，戴震以具有现代科学精神的归纳法和内证法来进行古典文献研究，其研究方法亦体现了一种近代哲学精神气质。

二、对戴震伦理学中自由思想、重要概念的现代解读

　　蔡元培最早揭示出戴震伦理学中具有现代自由的精神。他在《中国伦理学史》附录中说："至于欲，则自来言绝欲者，固近于厌世之义，而非有生命者所能实行。即言寡欲者，亦不能质言其多寡之标准。至东原而始以人之欲为己之欲之界，以人之情为己之情之界，与西洋功利派之

---

① 《戴震全书》第七册，469～471 页。

伦理学所谓人各自由而以他人之自由为界者同。"①蔡元培在分析了中国学说为何不能有大步的进展原因之后，对清初以来由黄宗羲、戴东原等人所开创的新伦理学之先声给予了高度的评价。他说："此所以自汉以来，历二千年，而学说之进步仅仅也。然如梨洲、东原、理初诸家，则已渐脱有宋以来理学之羁绊，是殆为自由思想之先声。"②

　　蔡元培之后，梁启超进一步分析了戴震伦理学对自由与命定关系的认识，并对其自由思想之特征进行了分析（见第一章第一节）。容肇祖先生一方面肯定戴震伦理学中包含了自由精神，另一方面又对戴震伦理学的思想体系做了较详细的理论分析，并指出了戴震伦理学中"以情絜情"思想的漏洞，可以说是对戴震伦理思想研究的深化。容氏说："以情絜情的学说，是一种消极的道德。戴氏所谓'遂己之好恶，忘人之好恶，往往贼人以逞欲'，如果能用这以情絜情的方法去律己，当然可以免除这种弊病。""但是如果把以情絜情的方法，应用于积极的方面，以为施于人的标准，这是有流弊的。因为人的好恶不是一致的，断不能以己之好恶，作为他人的好恶的标准。"那么戴震伦理学毛病出在何处呢？容氏认为问题出在他的大前提上，即"欲出于性，一人之欲，天下人之同欲也"③。我们可以说"人是同有欲的"，但不能说"人是同所欲的"。"'遂己之好恶，忘人之好恶，往往贼人以逞欲'，即所谓侵犯他人的自由，这固然是不好；而施于人以己所能受者，亦不免有时流于困苦他人的毛

---

① 《中国伦理学史》，60 页。
② 同上书，68 页。
③ 《戴震全书》第七册，426 页。

病。则所谓'以情絜情而无爽失于行事'，当不易做到。"①

20世纪40年代末期，侯外庐对戴震哲学中包含的自由思想及其特征亦有所肯定。他认为戴震对自然与必然关系的论述，颇类似于"自由乃必然之把握"这一命题。大体上是说："如果放任自由，而不把握必然并占有自然，则人类是自然的奴役，而非自然的主人，反丧失自由，这道理是接近科学的。但东原是观照论者，不是实践变革论者，故亦仅能部分地接近真理而已。"②

三、戴震哲学思想的精神源泉之探索

戴震哲学思想与前代思想家之关系，是20世纪前半叶戴震研究中的重要问题之一。这虽然是清代学者戴望提出的问题，然而在具体的论证方面有所深化。

首先，章太炎通过对戴震人性论思想的分析，揭示了其思想与荀子的思想颇为接近之处。其次，梁启超以假说的方式揭示了戴震哲学与清初哲学家颜元、李塨的关系，丰富了后人对戴震哲学与清初思想家的关系的认识。

容肇祖综合前人的研究成果，认为戴震学说的渊源可以从两方面看。从远源看，其学说与荀子的思想有关，如戴震说"解蔽莫如学"就与

① 《戴震全书》第七册，427页。
② 侯外庐：《近代中国思想学说史》（上），409页，上海，生活书店，1947。

荀子的解蔽思想有关。此点容氏与章太炎的观点相同。就近源看，容先生基本上同意梁启超的说法，只是认为梁氏的证据不够完全，故他又从文献上找出了颜元、李塨论理的资料，以证明戴震与颜李二人之关系。这些材料，与胡适所举相同，此处不再重复引证。

　　冯友兰在两卷本《中国哲学史》中，更进一步地分析了戴震哲学思想的来源。他认为戴震在恶之来源与去恶向善的方法论两个问题上，与荀子思想相同。他说："'知之失为蔽''解蔽莫如学'。此二语完全荀子之意。"①不过，他又进一步地分析了东原与荀子思想的不同之处，揭示了戴震与宋明理学之关系。他说："不过东原与荀子不同者，荀子之宇宙论中，无客观的理。礼义道德，皆人伪以为人之生活之工具者。东原则以为有客观的理，礼义道德，皆此客观的理之实现。此东原所受于理学家之影响也。"②冯氏还认为："（戴震）对于理、气及性、形之见解，乃与蕺山、梨洲，有相同处。蕺山、梨洲为心学之继续。盖颜、李、东原在此方面之主张，与心学较相近也。"③冯氏关于戴震与心学之间关系的认识，实有发前人所未发之处，值得今人高度的关注。

四、对戴震哲学思想的历史贡献之评价

　　20 世纪前半叶的学者和哲学家从各自的学术立场和哲学倾向出发，

---

① 《三松堂全集》第三卷，408 页。
② 同上书，409 页。
③ 同上书，410 页。

对于戴震哲学思想的历史贡献给予了不同的评价。

冯友兰从现代儒家的立场出发，以宋明儒学的思想为准绳，对清代哲学的整体成就评价不高，认为清代哲学只是宋明理学的余绪，他们在个别问题上虽有一些新见解，然而在整体思想框架上未能跳出宋明儒学的宏规。他在 1946—1947 年美国宾夕法尼亚大学用英文写作的《中国哲学简史》中，对清代哲学只字未提。即使在他的两卷本《中国哲学史》中，清代哲学所占的比重亦很小，戴震只占其中的一节。在这一节中，冯先生着重介绍了戴震哲学中的道、理、性、才四个概念，然后分析了戴震哲学的"求理方法"，戴震对人性善恶来源问题的看法，戴震与荀子和宋代理学之关系。基于以上几个方面对戴震哲学的认识，冯先生对戴震哲学的成就及其历史地位做出了如下评价："由上所述，吾人可见东原之学，实有与宋儒不同之处；但东原未能以此点为中心，尽力发挥，因以不能成一自圆其说之系统。此东原之学，所以不能与朱子、阳明等匹敌也。"[1]这与胡适、梁启超二人对戴震哲学成就及其在中国思想史上的意义的评价大相径庭。

20 世纪上半叶，除上面几位系统的研究者之外，像刘师培、王国维等人对戴震学说的历史贡献及其不足亦给出了自己的判断。处在革命时期的刘师培对戴震的"达情遂欲说"做了肯定性的评价。他说："孰意宋儒倡说，以权力之强弱定名分之尊卑，于是情欲之外，别有所谓义理、三纲之说，中于民心，而君上之尊，遂无复起而抗之者矣。戴氏此言，本于《乐记》，力破宋儒之谬说。孔门恕字之精义，赖此仅存，不可

---

① 《三松堂全集》第三卷，410 页。

谓非汉学之功也。"①

王国维在中西比较的宏观背景下，曾对戴震哲学中"理"字的哲学意义给予了较高的评价。他对于"理"字有如下认识："于形而上学之价值（实在）外，兼有伦理学上之价值（善）。其间惟朱子与国朝婺源戴氏之说，颇有可味者。"②

在此认识基础之上，他又进一步分析了戴震与朱子对"理"字理解的同与异。他说："朱子所谓'安顿得好'，与戴氏所谓'絜人之情而无不得其平'者，则其视理也，殆以'义'字、'正'字、'恕'字解之。于是'理'之一语，又有伦理学上之价值。其所异者，惟朱子以理为人所本有，而安顿之不恰好者，则谓之欲；戴氏以欲为人所本有，而安顿之使无爽失者理也。"③

然而，由于他对清代哲学的整体成就评价不高，故在与宋学的比较中，对戴震哲学的整体成就评价亦较低。在《国朝汉学派戴阮二家之哲学说》一文中，王国维说："近世哲学之流，其胶浅枯涸，有甚于国朝三百年间者哉！……其中之最有价值者，如戴东原之《原善》《孟子字义疏证》，阮文达之《性命古训》等，皆由三代、秦、汉之说，以建设其心理学及伦理学。其说之幽玄高妙，自不及宋人远甚。"④

不过，王国维对以戴震为代表的汉学对中国哲学的贡献还是给予了

<hr>

① 刘师培：《〈中国民约精义〉案语》，见李妙根：《国粹与西化——刘师培文选》，59 页，上海，上海远东出版社，1996。
② 王国维：《释理》，见《王国维集》第一册，277 页，北京，中国社会科学出版社，2008。
③ 同上书，277～278 页。
④ 王国维：《国朝汉学派戴阮二家之哲学说》，见《王国维集》第一册，403 页。

较高的评价。他认为清代汉学："一方复活先秦之古学，一方又加以新解释，此我国最近哲学上唯一有兴味之事，亦唯一可纪之事也"①。又说："要之，以宋儒之说还宋儒，以三代之说还三代，而使吾人得明认三代与唐、宋以后之说之所以异，其功固不可没也。"②

　　然而，王国维接下来的扩展性论述，以戴、阮二人哲学为代表以证明中国人不擅长理论思维，这样的结论可能不太切合实际。他说："度戴、阮二氏之说，实代表国朝汉学派一般之思想，亦代表吾国人一般之思想者也。此足以见理论哲学之不适于吾国人之性质，而我国人之性质，其彻头彻尾实际的有如是也。"③后来，王国维又通过对《水经注》的比较研究，认定戴震在人品上有瑕疵，进而对戴震的哲学进行了严厉的道德批判。他说："东原学问才力，固自横绝一世，然自视过高，鸷名亦甚。其一生心力，专注于声音、训诂、名物、象数，而于六经大义所得颇浅。晚年欲夺朱子之席，乃撰《孟子字义疏证》等书，虽自谓'欲以孔孟之说还之孔孟，宋儒之说还之宋儒'，顾其书虽力与程、朱异，而未尝与孔、孟合。"④另外，王国维对戴震的人品进行了严厉的批评。其理由如下：其一，平生不肯言学问所自出；其二，袭取赵本水经注的成果而不言。由此二条，王国维进一步认为，戴震的错误"实与其性格相关"⑤。王国维对戴震学术及其性格的批评，含有很浓的价值判断意味，

---

① 王国维：《国朝汉学派戴阮二家之哲学说》，见《王国维集》第一册，403 页。
② 同上书，408 页。
③ 同上书，409 页。
④ 王国维：《聚珍本戴校水经注跋》，见《王国维集》第四册，191 页。
⑤ 同上书，192 页。

而非纯粹的学术批评。而有关戴震与赵氏《水经注》之关系，胡适晚年有十分详细地辨析。其结论是戴震并非抄赵氏《水经注》，与王国维结论相反。由于此问题与本书的主题相去甚远，故暂不深论。

第二节 梁启超、胡适的戴震哲学思想研究之专论

一、梁启超的戴震哲学思想研究

从学术史的角度看，把明清三百年学术与思想作为一个特殊的思想史单位来研究，乃始于梁任公①。当年，这位"新思想界之陈涉"②，为蒋方震《欧洲文艺复兴史》一书作序时，因一发而不可收，写出了《清代学术概论》(1920 年 10 月)，三年之后，又写出了《中国近三百年学术史》(1923 年冬—1925 年春)讲稿，明确地把明末(1623 年)至清末(1923 年)这三百年作为一个特殊的思想史单位，将其本质概括为"道学的反动时期"。而在研究清代学术史的过程中，将以戴震为代表的清代学术"正统派"看作清代学术的全盛期，并高度评价了戴震在清代学术中的崇高地位及其对清代学术的巨大的贡献。他说："苟无戴震，则清学能否卓然自树立，盖未可知也。"又说："戴氏学术之出发点，实可以代表清学派

---

① 与梁启超同时的蒋方震有《欧洲文艺复兴史》一书。

② 梁启超：《清代学术概论》，见朱维铮校注：《梁启超论清学史二种》，73 页，上海，复旦大学出版社，1985。

时代精神之全部。"这种精神即"盖无论何人之言，决不肯漫然置信，必求其所以然之故；常从众人所不注意处觅得间隙，既得间，则层层逼拶，直到尽头处；苟终无足以起其信者，虽圣哲父师之言不信也。此种研究精神，实近世科学所赖以成立"①。梁启超甚至认为，戴震所著的《孟子字义疏证》一书，以"'情感哲学'代'理性哲学'"，意欲"为中国文化转一新方向"，"其斥宋儒之糅合儒佛，虽辞带含蓄，而意极严正，随处发挥科学家求真求是之精神，实三百年间最有价值之奇书也"。② 在1924年所写的《戴东原哲学》一书中，初步系统地考察了戴震哲学的历史背景及其对中国思想界的影响，以及戴震哲学的内在结构，并在比较哲学的视野下阐述戴震哲学的自身特征及其所具有的现代意义，开辟了戴震哲学研究的新方向。

（一）"苟无戴震，则清学能否卓然自树立，盖未可知也。"——梁启超对戴震的高度评价

梁启超认为，清代学术的基本精神在于"以复古为解放"。而复古又分成以下四个步骤：第一，复宋代之古，使人从王学下解放出来；第二，复汉唐之古，使人从程朱学说下解放出来；第三，又复西汉之古，使人从许、郑的家法下解放出来；第四，复先秦之古，使人从一切传注下解放出来，最终使人从孔、孟的束缚下解放出来。而之所以"能著著

---

① 《清代学术概论》，见《梁启超论清学史二种》，28～29 页。
② 同上书，35 页。

奏解放之效者，则科学的研究精神实启之"①，是因为梁启超特别重视清代学术中的研究方法与科学精神，因此，他又将以戴震为代表的"皖派清学"看作清代学术的真精神之所在。综观梁氏的戴震思想研究，大体上可以归纳为两点：一是肯定戴震学术研究过程中所体现出的科学精神；二是肯定戴震哲学，特别是他的伦理学所体现出的现代精神。

1. 科学精神

梁启超认为："凡欲一种学术之发达，其第一要件，在先有精良之研究法。"②而清代学术研究法近于"科学的"的一派当数全盛期的皖派汉学戴震一系的考证学。在全盛期的考证学当中虽有惠栋、戴震二位巨匠，而"戴学之精深，实过于惠"③。而戴震之所以超出惠栋的地方在于他继承了清代学术启蒙期的"怀疑的精神""批评的态度"④，从而将自己的学术奠定在科学的基础上。依照本章引言中所引证的文献来看，戴震学术中的科学精神大体上可以从以下三个层面去理解。第一，是不盲从任何权威所说的话，对一些重要的、根本性的问题要追问出一个所以然来。"盖无论何人之言，决不肯漫然置信，必求其所以然之故。"第二，"善疑"并能以逻辑的方式去解决疑问，将问题弄个水落石出。第三，如果没有必然不可易的真以使他相信某一结论或观点，存疑，决不因为是"圣哲学父师之言"而盲从。

---

① 《清代学术概论》，见《梁启超论清学史二种》，6 页。
② 同上书，24 页。
③ 同上书，25 页。
④ 同上书，28 页。

梁启超认为，简单地把戴震看作"汉学家"，其实非常不妥。戴震"一生最得力处"在于"不以人蔽己，不以己自蔽"二语。他所追求的两大学术理想："志存闻道，必空所依傍"和"寻求而有获十分之见"，"最能传写其思想解放之精神"，体现了"科学家定理与假说之分"。① 戴震在《与姚姬传书》一信中曾这样介绍了自己做学问的方法与理想："凡仆所以寻求于遗经，惧圣人之绪言暗汶于后世也。"②

梁启超从现代科学方法的角度对此段文字加以解释道："其所谓十分之见与未至十分之见者，即科学家定理与假说之分也。科学之目的，在求定理，然定理必经过假设之阶级而后成。初得一义，未敢信为真也，其真之程度，或仅一二分而已，然姑假定以为近真焉，而凭借之以为研究之点……凡科学家之态度，固当如是也。"③

梁启超还仔细分析了戴震学术研究的特点。在分析赵东潜、全祖望、戴震三人的《水经注》的研究特点时，梁启超揭示了戴震治学的具体特点。他说："戴氏治学，精锐无前，最能发明原则，以我驭书。"他认为，戴震的《水经注》研究发明了三大体例，从而为后人认识经文与注文提供了原则。这三大体例是："一、经文首云'某水所出'，以下不更举水名，注则详及所纳群川更端屡举；二、各水所经州县，经但云'某县'，注则年代既更，旧县或湮或移，故常'某故城'；三、经例云'过'，注例云'迳'。"梁启超认为："此三例，戴氏所独创，发蒙振落，其他小

---

① 《清代学术概论》，见《梁启超论清学史二种》，30 页。

② 同上书，30 页。

③ 同上书，30～31 页。

节，或袭赵氏，不足为轻重。"①

梁启超也指出了戴震在具体门类科学研究方面的不足之处。阮元在《畴人传》一书曾对戴震在算学方面的贡献给予了高度的评价："盖自有戴氏，天下学者，乃不敢轻言算数，而其道始尊。〔然则戴氏之〕功，〔又〕岂在宣城（梅氏）下哉！"梁启超认同阮元对戴震于算数方面的贡献的评价，说道："读阮氏此论，可以知戴氏在斯学之位置矣。"②不过，梁启超也指出了戴震在具体科学研究方面的不足之处，他说："东原受学于江慎修，而尤服膺其历算。慎修笃信西法，往往并其短而护之，东原亦时所不免。"③

2. 提倡平等精神，"作伦理学上一大革命"

梁启超认为，从"破蔽"的知识论角度出发，戴震在伦理学方面也做出了革命性的贡献。"《疏证》一书，字字精粹，右所录者未尽其万一也。综其内容，不外欲以'情感哲学'代'理性哲学'，就此点论之，乃与欧洲文艺复兴时代之思潮之本质绝相类。……文艺复兴之运动，乃采久闷室之'希腊的情感主义'以药之。一旦解放，文化转一新方向以进行，则蓬勃而莫能御。戴震盖确有见于此，其志愿确欲为中国文化转一新方向。其哲学之立脚点，真可称二千年一大翻案。其论尊卑顺逆一段，实以平等精神，作伦理学上一大革命。其斥宋儒之糅合儒佛，虽辞带含蓄，而意极严正，随处发挥科学家求真求是之精神，实三百年间最有价值之奇

---

① 《中国近三百年学术史》，见《梁启超论清学史二种》，377～378 页。
② 同上书，490 页。
③ 同上书，488 页。

书也。"①

梁氏在此虽然肯定了戴震伦理思想的革命意义，但这一伦理学的革命意义是透过"科学家求真求实之精神"展示出来的。"科学精神"是戴震思想的底色。这是梁启超个人重视科学的思想追求在戴震思想研究中的一种表现。

(二)梁启超对戴震哲学思想的分疏

1924年，梁启超与胡适等人发起了纪念戴震200周年诞辰的学术研讨会，为此，他写出了长文《戴东原哲学》。该文与胡适的《戴东原的哲学》长文可以看作20世纪初期研究戴震哲学思想的最重要的理论成果。梁氏此文以《孟子字义疏证》为主要资料，从五个大的方面勾勒了戴震的哲学思想内容，第六个方面的宇宙观因为时间的关系，未能完成。除这五个大的方面之外，梁氏还对戴震哲学的特点、时代背景及其学术渊源进行了分析，为后人进一步研究戴震的哲学思想提供了多方面的启示。

梁启超是从以下五个方面来概括戴震的哲学思想的。

第一，追求客观的理义，反对主观的意见。梁启超认为，戴震所说的"客观的理义"包括两个方面，一是从客观的事物看出来的"物理"，二是从"情""欲"上看出来的"事理"。而从"情""欲"上看出来的"事理"还需要有"客观的万人认同之标准"，无此标准，则这种"理"就不是理而是"意见"。而所谓"意见"，即"离却客观的事物条理与同情同欲的公认标

---

① 《清代学术概论》，见《梁启超论清学史二种》，34~35页。

准，而欲从主观上别求一个先天的理，便是'意见'"。① 梁启超高度肯定了《孟子字义疏证》一书中戴震批评宋儒以意见当作理的几段文字，满怀深情地说道："哎！这几段话读起来多么沉痛呵。天下几多不平等不自由的事，受者不知感几大的苦痛，而施者以为当然。在家庭里社会里国家里充满了愁痛郁抑愤恨乖离，不是酿起大乱，便是把全个社会憔悴销沉下去完结，据东原看起来，一切罪恶根源，都起于误拿意见当做理。他所以不能不大声疾呼以'正人心'者在此。"②

第二，情欲主义。梁启超认为，戴震不把"义理和情欲"分为二事，而是认同"理者存乎欲者也"的观点。"东原把'欲'和'私'分别讲，依他的见解，'欲'是中性的，说不上好坏。'欲之失为私'，是因'欲'过了限制生出来的，才可以说是坏。"③这样，东原就以此为标准把"儒教和佛老根本不同之处"区别开来了。梁启超通过对戴震一系列辨别"欲和私"的不同的文字，将戴震的伦理学思想奠定在"欲"的根基上，认定戴震的伦理学是一种肯定"生"和"人生"的哲学，符合"儒教以人生为立脚点"的精神。而戴震之所以批评宋儒，正是要剥离宋儒中"杂取佛老"的"无欲"思想，而不是宋儒中的儒家思想。梁启超将戴震批评宋儒"理欲之辩"引起的不良后果概括为三点：一是"令好人难做"，二是极易"养成苛刻残忍的风俗"，三是"迫着人作伪"。而戴震本人提倡的"情欲主义"，"不过对于宋儒之'非生活主义'，而建设'生活主义'罢了"。④

---

① 《戴震全书》第七册，362～364 页。
② 同上书，365～366 页。
③ 同上书，366 页。
④ 同上书，367～368 页。

第三，"性一元论"。梁启超认为，宋儒之所以把理欲看作两橛，是因为他们在"性"论方面持二元论的观点，认为性一部分是义理之性，另一部分是气质之性，而义理之性为善，气质之性为恶。而戴震则是持"性一元论"的观点，即"天下惟一本所外，有血气则有心知，有心知则学以进于神明，一本然也"。同时，戴震又是主张"性善说"，所以不得不与宋儒争论这一问题，以桃仁杏仁为例，"说明性是整个的、单一的，不是凑合的、外加的"，批评宋儒硬是在性上再加一个"理"，从而在理论上造成矛盾。戴震讨论性究竟是二元还是一元，"不是和宋儒争闲气"，因为这是"教育学上绝大问题"！孔子讲"人能弘道，非道弘人"，依照宋儒的说法，"便要靠外来的一个道来弘人"，这样就与孔子的思想相去甚远。① 所以戴震要在性论问题上坚持一元论的观点。

第四，命定与自由意志。梁启超引用了西方伦理学上的自由意志与命定论的一对范畴来解读戴震伦理学中的性与命分（音"fèn"）的关系问题，虽不一定很准确，却开拓了戴震伦理学思想研究的新视野。梁启超这样说道："命定与自由意志，是哲学上很重要的问题。这两件事像是绝对不相容，东原是两说都主张而令他不矛盾。"②根据梁启超的研究，戴震所讲的"命定"，"全是'分限'的意思"。这种"分限"主要来自三个方面：一是"遗传的分限，如树的华实叶之喻便是"；二是"环境的分限，如水随时随地而异味殊清清浊之喻便是"；三是"受动的——即别方面的动作加于我的——分限，如水被汲于罍瓶缶之喻便是"。③ 不过，戴震

① 《戴东原哲学》，见《戴震全书》第七册，372～373 页。
② 同上书，374 页。
③ 同上书，374 页。

在承认人有三种"分限"的同时，又承认人有能动性。梁启超认为，戴震对孟子"口之于味也"一段文字的解释最能体现尊重"自由意志"的思想。因为人虽然有"命定"，但人"毕竟有能知之性"。"不能因为分限不如人，就不复求知，所以说：'不谓命'——不借口于分限。虽有性而不借口于性以抹煞命，是承认命定说，叫人安心在遗传环境之下做分内事。虽有命而不借口于命以抹煞性，是承认自由意志说，叫人常常向上一步实践道德责任，这便是东原的意思。"①

第五，修养实践论思想。梁启超认为，正如"中国哲学，以利行为出发点"一样，东原的哲学也是如此，"他极力阐发孟子性善之旨，积极的修养方法，不外'扩而充之'那句话"②。就其思想的体系来看，戴震对于如何解决人的恶的问题提出两种方法，一是去私，二是去蔽。然而从哲学史上来看，戴震所讲的"去私"主张，"比较上也不过平平"，而戴震"最注重者还在去蔽"。因为戴震说过这样的话："求去私不求去蔽，重行不先重知，非圣学也。"又说："人之知能极是非之致。"可见，"连强恕都是由知而来，所以去蔽是东原的修养第一义"③。

在梁启超看来，戴震所讲的"去蔽"无非就是重视"客观的事情"，反对"主观的意见"，追求"十分之见"。他所有的论"去蔽"的话并不只是"专从智识方面讲，无与于德性"。在戴震看来，"天下罪恶起于蔽者什而八九，不蔽则几于至善了"，正是从这一点说，戴震的哲学是"新知行

---

① 《戴东原哲学》，见《戴震全书》第七册，375 页。
② 同上书，376 页。
③ 同上书，377 页。

合一主义"。①

梁启超饱含深情地引用了戴震的这一段话："儒者之学，将以解蔽而已矣。解蔽斯能尽我生，尽我生斯欲尽乎义命之不可以已，欲尽乎义命之不可以已而不吾慊志也，吾之行己，要为引而极之当世与千古而无所增，穷居一室而无所损。"并大加赞扬道："读这几句话，不独可以见出东原精粹的学术，并可以见出他的俊伟的人格了。"②

除上述五个方面之外，梁启超还对戴震哲学的方法论特征及其方法与内容的矛盾关系给予了充分的关注。首先，他肯定了戴震哲学由文字、语言入手这一方法论的特点及其意义。梁启超说："一个字表示一个概念，字的解释弄不清楚，概念自然是错误混杂或囫囵……所衍出来的思想当然也同一毛病，所以'辩名当物'是整理思想第一步工夫。"他甚至认为，之所以"中国思想界不能健实发展"是因为"正坐很少人做这步工夫，东原怕算是头一个哩！"他又举例论证概念明确的重要性："试拿译外国语假做个比方，佛典里头译过来的'空'字，我们一望便浮出'虚无'的概念，欧语译过来的'自由'字，我们一望便浮出'放纵'的概念，你想和原来的意味差多么远！"由此而引申出一系列问题，我们将"罗素著的《向自由之路》也可以理解为'向放纵之路'。你想这是多么大的危险！"同理类推，如果"拿已经变质的概念放在古字里头去读古书，危险正复如此"。而且戴震自己亦说："言之谬非终于言也，将转移人心。心受其蔽，必害于事害于政。"所以梁启超说："概念错误，生思想错误，

---

① 《戴东原哲学》，见《戴震全书》第七册，379页。
② 同上书，379页。

影响延及社会，这是当然的。东原这部书，把哲学上许多重要名辞，各各求出他本来的概念，确是思想上正本清源的工作。"①一方面，梁氏肯定了戴震哲学中的文字、语言学的新方法；另一方面，梁氏亦非常敏锐地注意到了戴震哲学的内容与形式之间表面上的不协调性，如《孟子字义疏证》本来是戴震阐述自己新思想的著作，却"很像是一部注释专经而且偏重逐字训诂的"著作，从而表现出内容与形式的不协调性。

其次，在戴震哲学思想与前代思想家关系的老问题方面，梁启超也提出了新的猜想。此一问题为 20 世纪前半叶戴震研究中的重要问题之一，由清代学者戴望提出，章太炎先生进一步通过对戴震人性论思想的分析，揭示了戴震思想与荀子思想的内在联系。梁启超以假说的方式揭示了戴震哲学与清初哲学家颜元、李塨的关系，丰富了后人对戴震哲学与清初思想家的关系的认识。梁启超说："我深信东原的思想，有一部分是受颜、李学派影响而成，虽然在他的著作中一点实证也找不出来，但我觉得这件事有可能性。"②梁氏提出这一假设的理由如下：第一，方望溪的儿子方用安为李恕谷的门生，而方用安是桐城方家传颜、李学说的人，东原与方家的人有来往，故有可能接触颜、李的学术与思想；第二，李恕谷曾在江南竭力宣传他们学派的主张，而是仲明则既有与李恕谷的论学书，亦有与戴震的论学书，东原或可能是从仲明处得知颜、李学派的观点；第三，程绵庄和程鱼门是戴震的挚友，绵庄是江南颜、李学派的大师，程绵庄死时，戴震已经四十多岁了③，而程鱼门则与戴震

---

① 《戴东原哲学》，见《戴震全书》第七册，354～355 页。
② 同上书，361 页。
③ 梁氏原文认为此时戴震是三十岁。当误，今正之。

有较深的交往，故戴震有可能从程氏叔侄二人处得知颜、李的学说，或得到颜、李的书籍。

上述梁氏的这些推断虽还缺乏直接的证据，然可以帮助人们做进一步的思考。胡适在此问题上沿着梁启超的思路，进一步探索着这一思想史的内在脉络之关系。

(三)梁启超对戴震哲学思想研究之局限性

从学术发展史角度来看，梁启超对戴震和乾嘉学术及其与中国文化关系的研究，尚属草创阶段，其研究方法及其具体结论，都存在着可进一步推敲之处。从今人的角度来看，梁启超研究的贡献可以有以下几点。

第一，他将明清之际三百年的学术作为一个单独的研究单位，跳出"汉学"与"宋学"对峙的旧思想模式，从"清学"的整体来考察戴震、乾嘉学术的继承与发展关系，具有开山之功。他将清代学术看作对"宋明理学之一大反动"的说法，有其合理之处，他看出了中国学术发展的内在逻辑矛盾及其转化的轨迹(虽然他对矛盾的分析过于抽象，对变化轨迹的描述还不够细致)。如他从"人类德慧智术进化"之"公例"，论证明清学术对宋明理学反动的历史与逻辑的合理性时说："夫宋明理学何为而招反动耶？学派上之'主智'与'主意'，'唯物'与'唯心'，'实验'与'冥证'，每迭为循环。大抵甲派至全盛时必有流弊，有流弊斯有反动，而乙派与之代兴。……然每经一度之反动再兴，则其派之内容，必革新焉而有以异乎其前。人类德慧智术之所以进化，胥恃此也。此在欧洲三千年学术史中，其大势最著明，我国亦不能违此公例，而明清之交，则其嬗代之迹之尤其见者也。"①这显然是将进化论的观点引进了学术史、思想史领域，这种进化的观点还很难真正成为学术、思想变化之"公例"。

第二，他从比较文化的视角来考察清代三百年的思想运动和"戴震思想、乾嘉学术"的性质，努力发掘中国学术的现代性因素。通过探求中西现代学术的异中之同与同中之异，把清代学术、戴震思想、乾嘉学术与现代西方学术联系起来，拓宽了清代学术、戴震思想、乾嘉学术研究的思想的视野。

第三，他具体探讨了以考据为正统的清代学术，由统一走向分裂的内在原因与外在的社会环境的原因。初步体现了现代学术对学理探讨的新型学术风格。他认为，从学术发展的内在逻辑看，清代考据学的衰微有以下几种原因。其一，"考据学之研究方法虽甚精善，其研究范围却甚拘迂"。许多问题经大师阐述之后，余下的皆为细枝末节问题，不易出现巨大成就。其二，受生物的周期律影响。当清学成为"学阀"之后，在思想界形成了"汉学专制"的局面，使人厌恶。其三，清学家既教人以尊古，又教人以善疑。这种内在矛盾导致学派内部的异军突起而致使旧的学派衰微。从外部社会原因看，首先，嘉庆、道光以后，专制政治局面有所松弛，人心获得解放，而人们已经预感到社会的危机将至，故起而批评汉学于经世之无用；其次，清学发源地江浙一带，咸丰、同治大乱以后，"文献荡然"，学者亦流徙他方；最后，鸦片战争之后，新的矛盾激化，现实政治的忧患使学者将目光转向了现实，再加上海禁解开之后，西学大量输入，追求新知之欲压倒了对旧学的兴趣。凡此种种外

---

① 《清代学术概论》，见《梁启超论清学史二种》，6页。

缘，皆促使了清代考据学的解体。①

这三个方面的分析及其通过分析所得出的具体结论还可以做进一步的丰富、深化，然而这种学术方法已经远远超越了《明儒学案》的学术史范式及其学派的狭隘性，体现了现代学术史的思想性特征和现代学者纵观全局、吞吐百家的宏伟气派，使得清代学术、戴震研究、乾嘉学研究，既不因门户之见而将思想史化约为某一个具体学派的思想承传史，也不是一种简单化的思想史实之再现，追求一种所谓客观的思想历史进程，而是力图通过对学派发生、发展、衰微规律的探索，以现代学术方式体现了中国传统学术研究中的"经世致用"精神，为众多后进深入探索明清三百年学术与思想变化的规律提供了可贵的思想起点。

第四，与钱、侯二人不同，梁氏自觉地将自己看作清代学术发展链条中的一环。他曾经精研晚清古文经学，后又成为晚清今文经学运动中的健将，实际发动、参与、推动了晚清的社会改革运动。这一合行动者与思想者为一身的特殊身份，使得他所著的《清代学术史》对后人而言有一种"深切同情之了解"的意味。这种特殊的学术视角可能限制了他对清代学术与思想做出更为超然的评价态度，然而也正因为如此，使得他的明清学术与思想研究具有更为独到之处：那就是他所叙述的学术与思想史有一种可亲的历史感。他将明清三百年的学术与思想看作对"宋明理学的一大反动"的说法，其可贵之处在于：他能从晚清"汉宋之争"的迷雾中跳出来，以一种全新的"世界史"眼光来审视清代学术、戴震思想、乾嘉学术精神的变化，初步将清代学术思潮纳入"世界史"的潮流之中，

① 《清代学术概论》，见《梁启超论清学史二种》，59 页。

使清代三百年的学术、思想史成为现代世界精神史的一部分。相对于他之前的学者，如江藩、方东树、唐鉴对戴震、乾嘉学术研究而言，甚至是其同时人章太炎对戴震、乾嘉学术的研究而言，梁氏在研究方法方面亦有巨大的突破。他跳出了传统的学案形式——如《明儒学案》，初步引入了西方学术规范，从政治与社会心理变化的角度来审视学术、思想的变化，使学术史、思想史获得了广阔的背景知识，摆脱了传统学术史中的门户之争。

梁启超对戴震、乾嘉学术研究的不足也是明显的，从大的方面讲主要有如下几点。

第一，透视焦点的单一化。具体表现在两个方面：其一是用科学精神来贯穿对戴震、乾嘉学术精神的解释；其二是仅看到了戴震、乾嘉学术对宋明理学的"反动"的一面，而未能更加精细地看到他们之间存在内在联系的一面，从而对戴震、乾嘉学术的复杂性认识得不足。

第二，资料堆砌的痕迹明确，很多地方缺乏必要的剪裁。而在有些地方"以述代作"。

第三，对西方哲学与文化的了解不够，比较时有点信手拈来的毛病。有些地方结论下得过快。

尽管梁启超对戴震、乾嘉学术的研究存在种种不足，然而作为开创时期的研究者，既给后人留下了很多重要的研究成果，也拓展了这一领域的研究空间，为后人的进一步研究提供了广阔的学术空间。

二、胡适的戴震哲学思想研究

(一)"近世哲学"视域下的戴震与清代学术研究

由于受西方学术与历史观念的影响，20世纪以来关于中国历史的分期问题，在学者之中一直存在着很大的分歧。因为历史分期而引发出的哲学史、思想史分期，是广义思想史研究中不可回避的重要问题。陈启云先生在《中国历史分期的观念》一文中列举了中外若干种历史分期观点，其中涉及"近古"与"近世"概念的有：夏曾佑的《中国古代史》将自唐末到清末的一千余年称作"近古"；吕思勉的《白话本国史》将明至清末(1368—1911年)称作"近世"；章嵚的《中华通史》将五代至明末称作"近古"，清以后称作"近世"；王桐龄的《中国史》称宋、元、明为"近古"。①最近，陈来教授也接受"近世"的概念，将北宋以来的新儒家思想称作近世思想，著出了《近世思想史》的皇皇巨著。本节着重分析胡适在"近世哲学"的视域下，对戴震与乾嘉学术研究的观点。

1."近世哲学"概念的内涵与外延

胡适有关中国"近世哲学"的观念，早在他写《中国哲学史大纲》时就已经形成。他将中国哲学史分成三个阶段：古代哲学、中世哲学、近世哲学。而所谓"近世哲学"，其内涵主要是指"印度哲学在中国，到了消化的时代，与中国固有的思想结合，所发生的新质料，便是中国近世哲学"②。从时间上看，主要是指北宋至晚清时期，近千年的历史。

---

① 陈启云：《中国古代思想文化的历史论析》，33～35页，北京，北京大学出版社，2001。

② 胡适：《中国哲学史大纲》，见《胡适学术文集》(上)，12页，北京，中华书局，1991。

后来，胡适一直沿用这一历史学概念，只是在具体的场合下，他对"近世哲学"的具体解释稍有出入。在《戴东原的哲学》一书中，胡适将自北宋至明末的近七百年的哲学，称为"近世哲学"，将这一阶段的思想史称为"近世思想史"。此处的"近世哲学"只包含了近七百年历史，清代学术没有包括在其中。但在《中国哲学史纲要》一文中（该文原系英文，发表于 1942 年 10 月的《亚洲杂志》），他又说道："而近世这一时期，则为中国理智复兴时期；这一时期，远从第十世纪大规模的刊印书籍，以及第十一世纪、十二世纪新孔子学派起来的时代起，一直延长到我们这个时代。每一时期，都占了将近千年的光景。"①其他地方，关于"近世哲学"的时间跨度问题还有一点小出入，如胡适又将近世哲学分成两个时期：一是"理学时期——西历 1050 至 1600"；二是"反理学时期——1600至今日"。② 但大体上是指北宋自清代，有时延伸到现代的近千年历史时期的哲学或思想的历史。

"近世哲学"既然是一个描述近千年历史时期思想史的大概念，那么在这近千年的历史过程中，思想的发生、发展又经历了多少不同的阶段呢？对此，胡适似乎没有明确的说法，我们只能综合胡适对"近世哲学"的有关论述，大体上得出这样的看法，即他将"近世哲学"分成几个时期：发轫期，中唐，以韩愈为代表；成立期，北宋，11、12 世纪，是"唯理哲学"③（理学的复兴与形成期）；完全成立期，明代以后，此期蕴含着新的突破，那就是："明代以后，中国近世哲学完全成立。佛家已

---

① 《胡适学术文集》（上），513 页。
② 《几个反理学的思想家》，见《胡适学术文集》（下），1143 页。
③ 《中国思想史纲要》，见《胡适学术文集》（上），519 页。

衰，儒家成为一尊。于是又生反动力，遂有汉学宋学之分。清初的汉学家，嫌宋儒用主观的见解，来解古代经典，有'望文生义''增字解经'种种流弊。故汉学的方法，只是用古训、古音、古本等等客观的根据，来求经典的原意。"①

作为一个描述大跨度历史阶段学术的概念，"近世哲学"或近世思想史，其概念的外延大抵是指自北宋到清末近千年历史时期的哲学与思想。然而其概念的内涵又是如何呢？换句话说，这一概念所揭示的近千年历史时期内的思想共性又是什么呢？对此，胡适有较明确的说法。他说："中国近世思想的趋势在于逐渐脱离中古的宗教，而走上格物致知的大路。但中古宗教的势力依然存在；'居敬''主静''无欲'都是中古宗教的变相。致知是纯粹理智的路，主敬是宗教的路。向来理学家说这两条路'如车之两轮，鸟之双翼'，其实这两条路'分之则两全，合之则两伤'。五百年的理学所以终于失败，正因为认路不清，名为脱离中古宗教，其实终不曾跳出宗教的圈子。这三百年的学术界的趋势只是决心单走那格物致知的路，不管那半宗教半玄学的理学。"②

应当这样说，胡适虽然提出了"近世哲学"的思想史概念，将两宋与元明清近千年的学术、思想看作一个整体的思想史单位。但这并不表明他对这近千年思想史的研究无所侧重。从现有的研究成果来看，其"近世哲学"的研究中心似乎还是放在清代学术方面。其对清学与戴震的研究成绩远大于对宋学与对朱子、全阳明等人的研究。他所著的《戴东原

① 《中国哲学史大纲》，见《胡适学术文集》(上)，13 页。
② 《几个反理学的思想家》，见《胡适学术文集》(下)，1164 页。

的哲学》一书，可以看作 20 世纪初较早系统研究戴震的少数奠基性著作之一，与梁启超一道，成为 20 世纪戴震哲学研究的开创者。即使从今天的角度来看，这部著作中的某些说法仍然具有很高的学术价值。

2. 戴震的哲学"是科学精神的哲学"——胡适对戴震哲学精神的肯定

在《戴东原的哲学》一书中，胡适对宋元明清思想的发展史做了简要的钩沉，通过钩沉凸显了戴震哲学在中国思想史及其在现代转型过程中的作用。从大的方面讲，胡适对戴震研究的主要贡献表现在如下三个方面。

第一，在历史的长镜头里，对戴震在哲学史上的地位给予了高度的评价。他认为宋明以降这八百年来，"中国思想史上出了三个极重要的人物，每人画出了一个新纪元。一个是朱子（1130—1200），一个是王阳明（1470—1528），一个是戴东原（1724—1777）"[1]。他认为，在朱子哲学统治的七百年里，"中间只有王阳明与戴东原两个人，可算是做了番很有力的反朱大革命"[2]。具体说来："（戴震）在破坏方面是攻击宋明儒者的理欲二元论和主观的天理论；在建设方面是提出理欲一元论，点出理义有客观的存在并且必需客观的证实，他批评程朱的学派虽然同时并列致知与主敬两方面，实际上却是'详于论敬而略于论学'。"[3]最终，他认定：从戴震到胡适所处的时代（1927 年）的二百年来，戴东原在哲学上

---

① 《戴东原在中国哲学史上的位置》，见《胡适学术文集》（下），1002 页。王阳明的生卒年一说为 1472—1529 年。

② 同上书，1102 页。

③ 同上书，1105 页。

"真成独霸了"①。

第二，在宏观背景下肯定戴震哲学所具有的现代意义。胡适认为，十八世纪鼎盛的"朴学"其实"是一个史学的运动，是中国古文化的新研究，可算是中国的'文艺复兴（Renaissance）时代'"②。但这个时代的特色是"没有组织大哲学系统的野心"。"其时有大思想家（案：原文无'家'字，依文意补）戴震出来，用当时学者考证的方法、历史的眼光，重新估定五百年的理学的价值，打倒旧的理学，而建立新的理学。是为近代哲学的中兴。"③

第三，以历史的眼光揭示了戴震哲学的历史使命。他认为，戴震的哲学旨在推翻旧理学的理气二元论，恢复人的感性要求在人生中的地位。戴震"认清了理学的病根在于不肯抛弃那反人情性的中古宗教态度，在于尊理而咎形气，存理而去欲，故他的新理学只是拼力推翻那'杂糅傅会'的、半宗教半玄学的旧理学"。"旧理学崇理而咎欲，故生出许多不近人情的，甚至于吃人的礼教。一切病根在于分理气为二元与分理欲为二元。故戴震的新理学只从推翻这种二元论下手。"④

第四，用科学精神来诠释戴震的哲学精神。胡适十分重视戴震哲学中所包含的科学方法与科学精神。他说："这个时代是一个考据学昌明的时代，是一个科学的时代。戴氏是一个科学家，他长于算学，精于考据，他的治学方法最精密，故能用这个时代的科学精神到哲学上去，教

---

① 《戴东原在中国哲学史上的位置》，见《胡适学术文集》（下），1106页。
② 《几个反理学的思想家》，见《胡适学术文集》（下），1153页。
③ 同上书，1154页。
④ 同上书，1156页。

人处处用心知之明去剖析事物，寻求事情的分理条则。他的哲学是科学精神的哲学。"①

(二)对戴震哲学思想的来源、基本结构及其局限性的分析

1. 对戴震哲学思想来源的分析

胡适亦曾对戴震与颜、李学派的关系进行了考察。胡适的最直接证据是戴望在《颜氏学记》中曾说，戴震的学说是根据颜元的思想而阐发的。然而亦找不到更进一步的证据。他也只好进行推测性的分析。首先，因为程廷祚(绵庄)是徽州人(1691—1767 年)，寄籍江宁(袁枚曾在此做过知县)。戴震二十多岁时曾随父到江宁去请教一位同族而寄寓江宁的时文大家戴瀚之家(约在 1742—1743 年)。1755 年入京后，曾三次到扬州，时间分别是 1757、1758、1760 年。这其间皆有可能见到程绵庄。② 1762 年戴震中举，而在这之前，他屡次到江宁应试，亦有可能见到程绵庄。其次，程绵庄的族侄程晋芳(鱼门)亦徽州人士，寄籍淮安，是戴震的朋友。戴震或者可能从他处得知颜、李学说。胡适深知程晋芳非常推崇程廷祚，然反对程晋芳所推崇的颜、李之学。他是否会向戴震

① 《几个反理学的思想家》，见《胡适学术文集》(下)，1163 页。
② 其实，以两淮盐运使卢雅雨为枢纽人物，对于当时聚集扬州的具有新思想倾向的学者与文学家艺术家之间的交游关系，可以做更进一步的考察。1763 年，卢雅雨主持第二次红桥修禊，郑板桥与袁枚相遇，不甚欢洽。时年，郑板桥已经是七旬老翁。乾隆二十二年(1757 年)，戴震在卢府识惠栋。而是年三月，卢主持第一次红桥修禊，郑板桥作四首七律和诗。若戴震在三月之后与惠栋相见于卢府，可能闻知郑板桥。戴震在京城结识钱大昕等人，一时名动京师。或许郑板桥、袁枚皆知有戴震其人。袁枚曾在《小仓山房诗文集》中著有调停汉宋之争的文章，或有感而发。

介绍颜李学说，这一点尚不能确定。不过，我在胡适之先生的考证基础上做一点引申。既然程晋芳要批评颜、李之学，必须要研究批评的对象。故程晋芳实亦极熟悉颜、李学派的主要思想。他或许在与戴震的交往中吐露过颜、李的主要思想。

不过，撇开具体的交谊不谈，从学理上看，戴震的"分理说"与颜元、李塨，甚至惠栋等人对"理"的解释有关。胡适说："戴氏论性即是气质之性，与颜元同；他论'道犹行也'，与李塨同。不过他说的比他们更精密，发挥的比他们更明白，组织的也比他们更有条理，更成系统。戴氏说'理'，也不是他个人的创获。李塨和程廷祚都曾经说过"理"即是文理，条理。惠栋在他的《易微言》里，也有理字一条，引据了许多古书，想比较归纳出一个定义来。"①胡适十分清楚地看到，虽然从学术的脉络上看，戴震把"理"解释成"分理"的观点可能受到了颜、李的影响，如"颜元、李塨的学派提倡'正德，利用，厚生'，也是倾向于乐利主义的。戴氏注重'生养之道'，主张'无私而非无欲'，与颜李学派似有渊源关系"②。但是戴震对"分理"内涵的把握与其价值的理解，则远远超过了他们三位。胡适说：戴氏与李塨、程廷祚对"理"字的理解大旨相同。"他们都说理是事物的条理分理；但颜李一派的学者还不曾充分了解这个新定义的涵义。这个新定义到了戴氏的手里，方才一面成为破坏理学的武器，一面又成为一种新哲学的基础。"③

从方法论角度看，胡适认为，戴震直接继承了顾炎武、阎若璩、

---

① 《戴东原的哲学》，见《胡适学术文集》（下），1022 页。
② 同上书，1033 页。
③ 同上书，1023 页。

"他不但用那比较考证的方法来治古音，并用那方法来治校勘，来讲训诂。他的天才过人，所以他在这几方面都有很好的成绩。"①然而"戴震在清儒中最特异的地方，就在他认清了考据名物训诂不是最后的目的，只是一种'明道'的方法。他不甘心仅仅做个考据家；他要做个哲学家"②。

2. 对戴震"道论"、伦理学的分析

在 20 世纪 20 年代，胡适与梁启超同时对戴震哲学思想进行了全面的研究。相对于梁启超而言，胡适更加明确地从"科学精神"的角度揭示戴震哲学的宇宙论与伦理学两部分内容：一方面与梁启超的戴震研究构成相互呼应的关系；另一方面也补充了梁启超的戴震研究的某些不足之处，如对其宇宙论的论述。

胡适紧紧抓住戴震哲学中"道"的概念并给予详细的解释。他认为戴震所说的"道"字含有两种意义："一是天道，一是人道。天道即是天行，人道即是人的行为。"而且，胡适认定，戴震的天道论是"一种自然主义"，是"一种唯物论"。这种唯物论的基础是理气一元论，因而是"一元的唯物论"，"与宋儒的理气二元论不相同"。③

胡适将戴震的宇宙观概括为三点。第一，"天道即是气化流行"。第二，"气化生生不已"。第三，"气化的流行与生生是有条理的，不是乱七八糟的。生生不已，故有品物的孳生；生生有条理，故有科学知识可言。最奇特的是戴氏的宇宙观完全是动的，流行的，不已的。这一点和

---

① 《戴东原的哲学》，见《胡适学术文集》(下)，1006 页。
② 同上书，1009 页。
③ 同上书，1010～1013 页。

宋儒虽兼说动静，而实偏重静的宇宙观大不相同"①。这里的问题是：为什么胡适认为戴震的宇宙观是动的就是奇特的呢？《易传》哲学中的宇宙观也是动的，为什么就不是奇特的呢？这与胡适本人当时对科学的宇宙观感兴趣有关。因为在科学家的眼里，宇宙是动的。而早期的胡适是相信科学的。所以胡适对戴震哲学中所蕴含的科学因素特别感兴趣，甚至称戴震"是当日的科学家"，因为他"精于算数历象之学，深知天体的运行皆有常度，皆有条理，可以测算""宇宙观也颇带一点科学色彩，虽然说的不详不细，究竟不愧为梅文鼎、江永、钱大昕的时代宇宙论"。②

胡适还比较系统地研究了戴震哲学的宇宙论与伦理学之关系。他认为，与其宇宙论相一致，戴震伦理学中的人性论亦是"一种唯物的一元论，又和宋儒的理气二元的性论相冲突了"③。而且，"戴氏的人生观，总括一句话，只是要人用科学家求知求理的态度与方法来应付人生问题。他的宇宙观是气化流行，生生不已；他的人生观也是动的，变迁的"④。

在伦理学方面，胡适集中分析了戴震哲学中的核心概念——"理"字。在胡适看来，戴震对"理"字有如下三种说法：第一，"事物之理，必就事物剖析至微，而后理得"；第二，"总须体会孟子'条理'二字，务要得其条理，由合而分，由分而合，则无不可为"；第三，"古人曰理解者，即寻其腠理而析之也"。⑤ 这是将分析与综合方法结合起来了，"最

---

① 《戴东原的哲学》，见《胡适学术论文集》（下），1012 页。
② 同上书，1013 页。
③ 同上书，1014 页。
④ 同上书，1036 页。
⑤ 同上书，1029 页。

可以代表那个时代的科学精神"①。

胡适认为，戴震在哲学史上的最大贡献也是"他的'理'论"。戴震认为："心不是理，也不是理具于心。理在于事物，而心可以得理。"②心怎样求得"理"呢？这要看所求之"理"的种类。戴震将理分为两类："一种是关于人事的理，一种是关于事物的理。""关于人事的'理'，他只主张'以情絜情'。"③关于戴震所言"事物之理，则必就事物剖析至微，而后理得"，胡适有其自己的看法。胡适认为："戴氏说理，无论是人情物理，都只是要人用心之明，去审察辨别，寻求事物的条理。"④

在《戴东原的哲学》一书中，胡适虽然主要从科学主义的立场来研究戴震的伦理学，并没有明确地说戴震伦理学包含有自由意志的成分，但在比较戴震的伦理学与西洋的功利学派的伦理学时，还是间接地揭示了戴震伦理学有追求自由的倾向。如胡适说："戴氏的主张颇近于边沁(Bentham)、弥尔(J. S. Mill)一派的乐利主义(Utilitarianism)。乐利主义的目的是要谋'最大多数的最大幸福'。"⑤戴震也主张："'圣人治天下，体民之情，遂民之欲，而王道务。''道德之盛，使人之欲无不遂，人之情无不达，期已矣。'"⑥而边沁、弥尔(今作密尔)等人功利主义派的伦理学恰恰是属于自由主义学派的，胡适看到了戴震伦理学与功利主义学派的关系，实际上也算是看到了其伦理学追求自由的特征。

――――――――――――

① 《戴东原的哲学》，见《胡适学术论文集》(下)，1029 页。

② 同上书，1027 页。

③ 同上书，1027～1028 页。

④ 同上书，1029 页。

⑤ 同上书，1032～1033 页。

⑥ 同上书，1033 页。

3. 对戴震哲学不足之处的分析

胡适虽然高度肯定了戴震哲学的成就，但他还是从现代哲学的高度分析了戴震哲学的不足。这一点与梁启超完全从肯定的角度来分析戴震思想的做法有一定的不同。

首先，他认为戴震的人性论认定"凡性皆善，故才亦美"，亦有错误之处。

其次，胡适也看出了戴震"以情絜情"说的理论缺陷。他说，"以情絜情"的理论前提是"一人之欲，天下人之同欲也"。然而，这一前提"是不很靠得住的"。"所以'以情絜情'的话，虽然好听，却有语病。"不如孟子所说的"心之所同然""更稳当些"。"要求心之所同然，便不可执着个人所欲，硬认为天下人之同欲；必须就事上求其'不易之则'。这就超过'以情絜情'的套话了。"戴氏因为"自托于说经，故往往受经文的束缚，把他自己的精义反蒙蔽了"①。

这些批评性的意见表明：胡适对戴震哲学成就及其不足之处的评价还是非常有分寸的。没有一味地拔高戴震哲学的成就。体现了现代学者（其实也是乾嘉学者在真理面前不让于师）的应有态度。

他将清学与现代思想联系起来，发掘了清代至现代思想史上反理学的思想家及其思想，使得中国现代学术与自己固有的学术传统结合起来了，为引进西方新思想提供了广阔的文化背景。如他在研究反理学的思想家时，把反理学的思想发展分成两个方面、三个阶段。两个方面具体如下。第一方面是打倒（破坏），即"打倒太极图等等迷信的理学"——黄

---

① 《戴东原的哲学》，见《胡适学术文集》（下），1028 页。

宗炎、毛奇龄等，"打倒谈心说性等等玄谈"——费密、颜元等，"打倒一切武断的、不近人情的人生观"——颜元、戴震、袁枚等。[①] 第二方面是建设，即"建设求知识学问的方法"——顾炎武、戴震、崔述等，"建设新哲学"——颜元、戴震等。[②] 三个阶段具体如下。第一阶段由顾炎武开始。顾氏实为反理学时代的开山大师。第二阶段是17、18世纪，以颜元、戴震为代表。第三阶段是20世纪初期开展的新文化运动，其代表人物是吴稚晖。

胡适以现代学术精神来重新解释清人的考据学与戴震的学术，使之与科学精神与重视民众物质需求的现代性思想结合起来了，从而在清代学术与西方现代思想之间构筑了一个可以对话、理解的平台，凸显了清代学术的现代性特质。

第三节　20世纪后半叶戴震哲学思想研究述评[③]

1956年，侯外庐等人主编的《中国思想通史》第五卷出版，该书是在他20世纪40年代出版的《中国近代思想史》的基础上修改而成的，而且曾经作为《中国早期启蒙思想史》单独出版过。在此次修订出版的著作中，很多评价性观点已经迥异于此前的同类著作。而其中有关戴震的思

---

① 《几个反理学的思想家》，见《胡适学术文集》（下），1143页。
② 同上书，1143页。
③ 此部分与黄敦兵合写，第一稿由黄敦兵执笔，特此注明。

想可以看作侯先生20世纪后半叶的新观点。是年，周辅成在《哲学研究》上发表了题为《戴震的哲学》的长文（一年后以此文为基础出版了专著），标志着20世纪后半叶戴震哲学思想研究的新进展。此后，戴震哲学思想研究进入新的阶段。首先，在戴震哲学史料选编与解读方面，一批选注作品问世。① 其次，《戴震全书》与《戴震全集》相继出版，为戴震哲学思想的深入研究奠定了新的基础。② 再次，国际性及地方性戴学研讨会的召开及会议论文的结集，将戴震哲学思想研究不断向前推进。③ 最后，20世纪90年代后，相关研究专著及单篇论文的出版与发表，一批博士、硕士论文及博士后研究报告的涌现，使戴震哲学思想研究，无论从数量、质量看，还是从广度、深度看，都取得了度越前贤的进展。

从研究成果的形式来看，20世纪50年代至70年代末，戴震哲学研究没有出现专著，单篇论文较多，一些思想史与哲学史的相关论著辟有戴震思想研究的章节。研究成果的系统性不够强。20世纪80年代以后，戴震研究进入新的境界。王茂的《戴震哲学思想研究》一书，是中国大陆第一部系统研究戴震哲学思想的著作。在该书中，作者将戴震哲学的性质规定为"十八世纪中国的一个形而上学唯物主义体系"。继王茂之后，一些有关戴震研究的专著相继问世，戴震哲学思想研究开始朝专精方向

---

① 安正辉：《戴震哲学著作选注》，北京，中华书局，1979；成中英编译：《戴震原著研究》，香港，美国东方研究所香港办事处，1969。

② 戴震研究会等：《戴震全集》，北京，清华大学出版社，1991—1998；张岱年主编：《戴震全书》，合肥，黄山书社，1994—1997。

③ 1962年安徽省历史学会举行座谈会；1986年5月，首次戴震学术研讨会在安徽屯溪市举行，交流了40余篇论文，汇集为《戴震学术思想论稿》于1987年出版；1991年8月又召开了一次戴震学术研讨会，结集出版了《戴学新探》。

发展。

伴随着中国社会改革开放的进程，中国的文化事业也在恢复的过程中向前发展。戴震哲学思想研究也在此大的社会文化背景下向前发展。1982年，地方政府对"戴氏私立东原图书馆"（创立于戴震200周年诞辰）进行修缮，并命名为"戴震纪念馆"，于1986年5月9日开馆。该馆存有乾隆手抄戴震著作稿本、微波榭刊《戴氏遗书》、雕孤楼刊《戴氏合刻》、乾隆谕旨、戴震手迹等。①

20世纪90年代至今，中国大陆学术界的戴震哲学思想研究朝向更为广阔的方向展开，并在某些领域向纵深方向发展。从更加广阔的学术视野来审视戴震哲学思想在中国文化现代转向过程中的作用，是这一时期戴学研究的一大特点。如李开的《戴震评传》，萧萐父、许苏民合著的《明清启蒙学术流变》，许苏民的《戴震与中国文化》，王国良的《明清时期儒学核心价值的转换》，吴根友的《中国现代价值观的初生历程：从李贽到戴震》等著作，既继承了侯外庐等早期中国马克思主义者提出的中国有早期启蒙思想的主张，同时也开拓了一些新的研究视角，如引入语言哲学、解释学的观点来解释戴震哲学的新特点等。

相对于20世纪前半叶戴震哲学思想研究的情况来说，20世纪后半叶的戴震哲学思想研究主要表现出以下五个方面的特征。第一，伴随着对明清哲学研究的深入，特别是研究范式的变更，大批哲学家的思想被发掘出来，特别是王夫之思想的被发现，对戴震在明清哲学史上的地位

---

① 江志伟：《独寻真知启后人——戴震纪念馆巡礼》，载《人民日报》（海外版），1986-08-11。

的评价有所下降。第二，关于戴震哲学的性质的争论更加多元化，使戴震哲学的多面性与丰富性得以充分的展开。第三，由于"文化大革命"的影响，20世纪60年代到80年代初期，戴震哲学思想研究基本上处于停滞状态。直到20世纪80年代中后期，戴震哲学思想研究才进入一个新的恢复、发展期。第四，由于《戴震全集》《戴震全书》的相继出版，戴震哲学思想研究逐渐朝向更加深入的方向发展。第五，伴随着研究者学术视野的变化，在继承前贤研究成果的基础上，有些新的研究视角逐渐展示出来了，如从语言哲学、解释学的角度来重新考察戴震哲学在中国哲学现代转向中的意义等。

本节将从五个层面对20世纪50年代以来，直至21世纪初几年内有关戴震哲学思想研究给出宏观综述，努力总结这半个多世纪的戴震哲学思想研究的新成果，并希望在此基础上对戴震哲学思想研究的新方向给出预测。

一、早期启蒙思想家抑或其他——戴震及其哲学思想性质之争

戴震哲学有无近代启蒙意义，是贯穿整个20世纪戴震研究的一个重要问题。这一关涉戴震哲学思想性质问题的研究，在20世纪后半叶又衍生出新的问题：戴震究竟是唯物主义思想家，还是唯心主义思想家？如果是唯物主义思想家，又是什么样的唯物主义思想家？这关系到戴震哲学思想定性问题之争，大体上可以归纳为三种主要观点。

第一种观点认为，戴震是中国 18 世纪重要的启蒙主义思想家。如周辅成认为，戴震是一位具有"理性主义"与"人道主义"精神的思想家，"是中国哲学史上具有最鲜明的唯物主义色彩的启蒙思想家"①。1980年，王茂在《戴震哲学思想研究》一书中做了如下阐释，戴震在社会哲学方面，已经"具有欧洲十八、十九世纪的那种人本主义的性质和内容"，他的哲学是"自觉地与封建主义意识形态相抗争的一种新的、启蒙的哲学"。② 通过对理学演变历史的考察，蒙培元认定，戴震"是一位真正的启蒙主义思想家"，"戴震完成了王夫之所没有完成的任务，正式宣告了理学的终结"，人性学说是戴震在哲学上的最大贡献。③

对于何为"启蒙"的哲学判断标准及在何种意义上具有启蒙意义等两个问题，以萧萐父先生为代表的珞珈学者提出了比较系统的看法。萧萐父先生本人认为，要审视一个思想家的哲学有无启蒙意义，其重要标尺在于看它是否"与资本主义萌芽发展相适应"，是否"反对中世纪蒙昧主义"，即必须从"作为封建旧制度崩解的预兆和新思想兴起的先驱这一特定涵义来确定它的使用范围"。④ 许苏民认为，戴震对知识的积累与对真知的探求、追求真理"必空所依傍"、抨击"以理杀人"的作为专制统治思想的程朱理学，从这几方面看，戴震学说具有"无可争辩"的启蒙意

① 周辅成：《戴震——十八世纪中国唯物主义哲学家》，1 页，武汉，湖北人民出版社，1957。苏联学者雅·布·拉杜里扎图洛夫斯基等人也持此种观点。

② 王茂：《戴震哲学思想研究》，3、84 页，合肥，安徽人民出版社，1980。

③ 蒙培元：《理学的演变：从朱熹到王夫之戴震》，515 页，福州，福建人民出版社，1984。

④ 萧萐父：《中国哲学启蒙的坎坷道路》，载《中国社会科学》，1983(1)。原文写于1982 年 7 月。

义。戴震自觉以启蒙为己任的学术进路，使得他在本体论与人本主义上以理性启蒙为特色，认识论和知识论上为知性启蒙，伦理学与情感哲学上为感性启蒙。笔者本人认为，肯定人的基本物质欲求，要求将抽象的道德价值原则建立在具体的感性生活基础之上，是嘉靖、万历以来早期启蒙思想者的"一贯思想"，这一思想"一直延续到18世纪戴震等人的思想之中"。从李贽的"人必有私，而后其心乃见"，中经王夫之的"天理寓于人欲之中"，最后到戴震正面展开对宋明理学所构造的旧的天理观念的批判，明清三百年的早期启蒙思想对以宋明理学为代表的中世纪的意识形态的批判，基本上"走完了一个逻辑的过程"，即"破坏、调整、彻底地扬弃与解构，将旧的'天理'观念解构之后，创立新的'分理说'，从而在理论上宣布了宋明理学'天理'观念的死亡"。① 具体来说，戴震哲学的启蒙意义从三个方面得到了展开。一是揭示旧的天理观在理论上的缺失。二是从旧的天理观的实践危害性入手，进一步批判旧的天理观的理论危害性，要求人们扬弃这一理论，选择新理论作为生活的指导。三是要求以常识理性代替理学家所设想的高调伦理，要求伦理理性回到日常理性之中，并表现出要将伦理与法律分开的朦胧意识。将由宋明理学颠倒了的物质生活与道德伦理的关系，重新颠倒了过来，使新的道德、伦理原则奠基于人类感性的物质生活的坚实基础之上，从而在理论上为人的现实功利追求提供了一个相适应的新道德新伦理原则，并为其行为的合理性进行了理论的辩护。②

---

① 吴根友：《中国现代价值观的初生历程——从李贽到戴震》，299页，武汉，武汉大学出版社，2004。

② 同上书，313～314页。

还有其他一些学者从不同角度揭示了戴震哲学的启蒙意义，如黄俊杰从孟子学解释史角度对戴震的《孟子字义疏证》一书给予了高度的评价，认为戴震"站在中国思想史上'传统'与'近代'交界点上"，对孟子学的解释"处处充满新意，深具所谓'近代性'"。戴震透过释孟批驳宋儒，"使他的孟子学取得了鲜明的护教学性质"。①

冒怀辛认为，戴震是"唯物主义发展道路上的一盏'传灯'"，但却以经学为主，致力于考据学，影响了他在思想上的更大成就，在封建势力笼罩下，他"留传了一线可贵的抗议精神，在进步思想的潮流中处于承启的地位"。②

针对有些学者将戴震哲学的启蒙性质与儒家思想对立起来的观点，刘清平提出了不同的看法。他认为，戴震哲学中的儒家因素与其启蒙倾向并不相互抵触。18世纪中国社会的历史发展，决定了戴震只能在对先秦儒家传统，尤其是对孟子哲学的某些具有古代民主人道精神的合理思想展开创造性解释的前提下，提出他的那些富含启蒙意义的进步观念，从而透露出启蒙的晨辉。戴震哲学思想构成了中国古代哲学向近代哲学过渡转化的重要环节之一。③

第二种观点认为，戴震哲学中含有启蒙主义思想因素，但不宜评价过高。如侯外庐先生在《中国早期启蒙思想史》中指出，戴震的"人等于

---

① 黄俊杰：《中国孟学诠释史论》，291、316页，北京，社会科学文献出版社，2004。

② 冒怀辛：《关于戴震哲学思想的评价问题》，载《江淮学刊》，1963(1)。

③ 刘清平：《儒学传统中的启蒙晨辉——论戴震哲学的思想实质》，载《武汉大学学报》，1992(3)。

我"的社会哲学思想"反映了市民阶级的要求","在这一点上,他复活了
17 世纪清初大儒的人文主义统绪,启导了 19 世纪的一线曙光"。但这是
一道微弱的光,并非是"新哲学的建设"或"哲学的中兴",戴震哲学"不
是清代哲学的建设者,尤其他的观照论与唯知主义思想,仍然是唯心主
义的传统",并非"清代学术的全盛期,而仅仅是清初传统的余绪(极小
程度的发展)",并且"仅仅是在有限范围内对清初哲学的继承",而且他
的哲学"没有'发展'的观点,没有'实践'的观点,没有勇敢追寻历史前
途的精神"。① 姜广辉同意侯先生的观点,说道:"戴震属于早期启蒙思
想家,对其启蒙意义不宜估计得很高,说他'启导了十九世纪的一线曙
光',是比较准确的。"②他又进一步地补充道:"戴震是古代性理哲学的
最后一位思想家,也是近世启蒙思潮的先驱者。"戴震哲学是"披着'经
言'外衣的启蒙学说",其特点是:对理学的批判与对封建特权的批判紧
密地结合起来,建立起具有人道主义意义的人性理论,提出了具有近代
性质的形而上学方法论。③

　　由任继愈主编的《中国哲学史》一书的作者群认为:戴震"有某些朦
胧的启蒙思想",但他"还没有脱离封建地主阶级的立场,因而也就不能
根本摆脱封建的传统的意识形态"。④ 李锦全也有类似的看法。他说:
"戴震并不是一个自觉的启蒙思想家,他并没有要改变封建制度的认识,

---

① 侯外庐:《中国思想通史》第五卷,407、413 页,北京,人民出版社,2011。

② 姜广辉:《何为启蒙思想家》,载《黄山日报》,1990-10-21。

③ 姜广辉:《戴震哲学——披着"经言"外衣的启蒙学说》,见《戴震学术思想论稿》,
63~78 页,合肥,安徽人民出版社,1987;又见姜广辉:《走出理学——清代思想发展
的内在理路》,326~345 页,沈阳,辽宁教育出版社,1997。

④ 任继愈:《中国哲学史》第四册,110 页,北京,人民出版社,1979。

也没有预见到资本主义社会的到来，只是在客观影响上他的某些观点对近代学者会起到一些启蒙作用。"①杨宪邦等人则认为："戴震对程朱学派'理欲之辨'的批判是尖锐的、深刻的，其中包含了某些朦胧的启蒙思想"。但是，戴震也没有摆脱地主阶级的立场，其目的还是为了维护封建统治。"②还有一些学者认为，戴震哲学仍然属于中国古代哲学，戴震仍然是一位"朴素唯物主义者"，戴震哲学中包含有近代思维因素，但不占主导地位。

周兆茂从中西方近代启蒙思想共同特点的新理论认识出发，对戴震哲学的启蒙性质提出自己的看法。他认为，启蒙哲学具有两个共同特征：第一，高扬理性主义精神，强烈批判中世纪的宗教蒙昧主义；第二，高扬民主、自由、平等精神，强烈批判封建专制主义。从这两个标准来看，戴震对程朱理学的批判与近代哲学所提倡的反权威、反传统的批判精神是一致的，但使用的武器是孔孟之道，并非近代唯物主义哲学，"无论从形式上和内容上来看，都不能归入彻底反权威、反传统的近代启蒙思想范畴"。戴震终其一生，都对程朱的人格十分尊崇，因而其反传统反权威的精神是有限度的，而无法与李贽、傅山、颜元等人相提并论；戴震虽同情广大人民群众，但与封建统治者不即不离，具有种种"庸人"气息，"不仅与西方启蒙学者大相径庭，而且与何心隐、李贽、颜元、傅山等中国启蒙学者反对封建专制的立场也是无法比拟的"③。

---

① 李锦全：《人文精神的承传与重建》，279 页，广州，广东人民出版社，1995。

② 杨宪邦：《中国哲学通史》第三册，407 页，北京，人民大学出版社，1990。

③ 周兆茂：《关于戴震的"以理杀人"和"启蒙"思想的再评价》，载《学术界》，1993(4)。

　　对于上述低调的评价，学界也有人持反对意见，如孙振东等认为，戴震是18世纪杰出的唯物主义哲学家、我国启蒙思想及运动的先驱者，对中国哲学思想发展做出了杰出的贡献，有着光辉的历史地位，侯外庐等人对戴震的评价有些过低。戴震虽处于清朝统治相对稳定的时期，但在这一相对稳定之中也包含了剧烈变革的契机，其哲学思想正是当时阶级斗争的反映，对阮元、焦循及以后的谭嗣同等的思想也有影响。孙氏认为戴震的思想反映了当时阶级斗争情况，这一观点中有拔高戴震思想启蒙意义的地方。①

　　第三种观点认为，戴震是18世纪进步的唯物主义哲学家，但在其哲学中不含有启蒙主义思想，如杜国庠认为，戴震哲学是"披着'经言'外衣的哲学"，其本质属于进步的唯物主义，《疏证》是"近三百年的哲学杰作"。② 这一观点，与20世纪前期冯友兰将戴震视为"清代道学的继续"，以及钱穆的相关观点颇相类似。也有学者直接指出戴震哲学"不具有近代启蒙意义"，因为"近代西方启蒙运动主论个性的自由发展，这是近代思想的启蒙的本质特征"，而"戴震对后儒的批判，使用的武器不是个人主义与民主主义，而是'无欲'之欲。……他未否定人治思想，也未否定无私观念，这决定了戴震缺乏近代启蒙的思想基础"。③

---

　　① 　参见沈心康：《省学术界热烈讨论戴震哲学》，载《安徽日报》，1962-07-28。

　　② 　杜国庠：《杜国庠文集》，370页，北京，人民出版社，1962。

　　③ 　舒凡：《戴震思想具有近代启蒙意义吗?》，载《黄山日报》副刊《徽苑》，1990(141)。

二、对于戴震哲学的理论形态及其内在结构的研究

20世纪50年代以来的戴震思想研究专著，对戴震哲学的宇宙观、认识论、伦理学给出了新的解释，如周辅成、王茂等人从唯物论角度来研究戴震的哲学思想，周兆茂则从戴震思想的前后期变化的角度，揭示了其哲学由唯心向唯物过渡的历史过程。值得注意的是，深受中国学术界的影响，人称为"用马克思主义研究中国哲学的第一人"的日本学者村濑裕也，在1995年山东人民出版社出版的他的汉语版著作《戴震的哲学——唯物主义与道德价值》中，也从存在论、认识论、人论及道德论四个方面，对戴震哲学的精神实质及其体系特征，做出了别开生面的解释。另外，还有学者从人学思想角度来研究戴震思想，但并未提出新的见解。

(一)对戴震宇宙论的现代解读

学术界较为一致的观点是，在自然观上，戴震的"气化流行"天道观是一种唯物论立场，如周辅成认为，戴震"仍然承继中国古典唯物论者以气或阴阳五行来表示物质或物质现象"，这样，他所说的"道"就是非虚而实、非静而自动的，然而又是可以被思想的"恒该理气"的实际存在。其宇宙论的贡献是：第一，尽可能接受科学成果来解释自然，"摆脱宗教神秘的观点，比过去任何一个唯物论者更彻底"，"他的天道观，最少神秘意义"，"他从物质与运动二者密切不可分一点立论，始终不曾去借助另一超物质的力量来说明自然现象的运动的来源与发展"；第二，发展了中国唯物论者所谓"理不离事"或"理不离气"的见解，从事物发展

的动静、生息方面谈规律或理，并注重在事物的"分"或"性"上谈理的基础，为殊异性争取合理基础；第三，在身（物质）心（意识）关系上，既认为"有血气，夫然后有心知"，又认为"血气"绝非比"心知"低贱，人与禽兽同有"精爽"，而人有"心知"，能"学"以进于"神明"，不再假定什么"圣心"或心知之外的更高级存在来说明自然世界以至社会界的最基本规律或最高原则的来源，"比较彻底地贯彻了唯物主义的观点"；第四，既注重从"分"与"性"上去求理，又看出心知不外是血气的结果，反对"得于天而具于心"的理，于是整个自然界除了"气化"或物质外，不再假定其他超物质的存在，更不能说自然界有什么总的目的存在了。①

　　有关戴震唯物论哲学的特质及其成就，20世纪后半叶的学者提出了很多看法。有的学者对其唯物论思想的成就评价很高，如舒凡认为，戴震哲学在思想上接近古代儒者，在立说、论证上接近近、现代的学风，是一个值得大做的题目。朱熹持理、气为二本，且赋予二者价值预设；戴震反是，持气一本论，且无价值预设。朱熹认为仁义礼智是天赋之性，因而修养是"复其初"；戴震反是，主张性只是所禀之气，仁义是通过问学、"扩而充之"达到的。如果一定要为戴震归个类，戴震可以算入唯物主义哲学家之列。"不过立刻要补充一句：他之称为唯物主义者，是在马克思唯物主义意义上，而不是旧唯物主义意义上。"②这种评价在现在看来，显然过高。

　　有的学者认为，戴震以气释道，但气不等于道；且"溯而上之，全

---

　　① 　周辅成：《戴震的哲学》，载《哲学研究》，1956(3)。

　　② 　谢遐龄：《戴震哲学之二三问题》，载《复旦学报（社会科学版）》，1993(4)。

是止矣"，到气为止的观点说明其不彻底性，不如柳宗元、王廷相的气无始无终的观点更为彻底。反对者认为，"到气为止"的说法正是其唯物主义天道观的体现，因为气以上不应再有什么东西，正如物质之上再没有什么别的本原一样，且与柳宗元所说的气为无始无终的观点并不矛盾。[①]

有学者认为，戴震认为宇宙万物一经形成，便停止了变化，天体"相距不移""终古不变"，生物"以类滋生""各循其故"，这与欧洲17、18世纪哲学家的形而上学观点很相像，故戴震哲学宇宙观思想中也有形而上学萌芽。反对者认为，戴震肯定了"气化流行"即物质运动，怎么能说是形而上学呢？不过，戴震如中国古代哲学家一样，在发展观上不够彻底。

在近20年的戴震哲学研究中，学者对于其哲学的形上学特质之认定，颇有分歧。或认定"气论"为其形上学的基础，或认定"道论"为其形上学基础，然亦有学者认定戴震哲学缺乏"本体论"的内容而只有宇宙论，从而以宇宙论代替了其哲学的形上学。对此问题，许苏民提出了别开生面的解释。他认为，尽管戴震哲学的本体论即形上学仍然是传统的"元气本体论"，然其实质是"近代的人学本体论"，这是戴震的"本体论学说为中国哲学史所提供的新东西，是戴震的本体论学说的独特价值和意义之所在"，并将气论、道论与人本论结合起来。探讨戴震哲学的形上学特征，确实深化了前人在此问题上的研究，并为解释戴震哲学的近代性意义提供了理论的根据。这一观点足以成一家之言。

---

① 《关于戴震哲学思想的讨论》，载《光明日报》，1963-05-31。

(二)对戴震认识论思想的评价

在认识论方面，周辅成认为，戴震哲学的积极贡献在于他严格区分了"意见"与"理"，认定"理"如果脱离了客观物质世界的规律，便是"意见"，揭露程朱与道、释、陆王心中的"理"全是主观的偏见、私见。认为耳目鼻口"迎受"作为"实体实事"的物；"心之精爽，驯而至于神明"，才"主于耳目百体"；但心不能代耳目鼻口，"彼其能者，各自具也，故不能相为"，耳目鼻口是"外内相通""开窍"的。这是对感觉与实在问题的深入发挥，揭穿了心可独立自存的唯心谬说。而"有物必有则""非事物之外，别有理义""理义非出一意之可否"，故认识非程朱等所谓回转自身、深入体会"无蔽"以"复其初"，而是向外求"明"，要求学明理，"解蔽莫如学""惟学可以增益其不足而进于智""明理者，明其区分者也"，要"重学问，贵扩充""行其人伦日用之不蔽"，说明他充分估计到人类实践的积极作用。"但戴震如能把这种个人意见的分析再推进一步，看出这些统治者的'理'或'意见'不只是个人的，而且是一阶级的，这理论便会更深刻了。"①

冯契认为，戴震在哲学上的主要贡献是对"心物（知行）"之辩做了唯物主义的解决，着重考察了"知"，提出了一些新的见解。但戴震"不懂得通过不同意见的争论和实践的检验而达到真理的辩证法"，在他的"哲学思想中有较多的形而上学倾向"。② 有学者指出，戴震在批判程朱唯心主义理学中建立了唯物主义认识论，坚持了从"从物到感觉和思想"的

---

① 周辅成：《戴震的哲学》，载《哲学研究》，1956(3)。
② 冯契：《中国古代哲学的逻辑发展》(下)，见《冯契文集》第六卷，367页，上海，华东师范大学出版社，1997。

唯物主义反映论，批判了程朱的理"得于天而具于心""冥心求理"的唯心主义先验论，在认识论上提出了"有血气，然后有心知""就事求理"的唯物主义主张；认为"私"和"蔽"是人之两种不同的大患，私生于血气，是情欲之失，蔽生于心，为知之失，故须去私去蔽，统一理欲；勤奋好学是扩充知识的重要途径，凡事必穷究根源以明其真相，必旁征博引以断其是非；区分了真理与意见，以多数人同意为真理标准，反对以实际上是个人偏见的理责人、杀人。但也有唯心主义因素。如区别圣、愚，圣人具"天法之知"，愚人则须反复学习；以多数人同意为真理标准，既难以操作衡估，也缺乏理论论证，不能理解实践是检验真理的标准。① 当戴震说："人之精爽如火光之照物，得理者其照不谬也。"人们能不能认识事物，应通过实践，不能说如火光一照就能了然于心，不能是先天的能力，显然是唯理论，是唯心的，割裂了感性与理性的辩证关系。

但也有学者认为，戴震认定"声、色、臭、味"及"人伦日用"等客观事物"在物不在我"，接于我之"耳目鼻口"及"心知"之后才产生认识的，是不折不扣的唯物主义反映论。而他把人的认识能力比作"火光"，把人的观察客观世界比作"照物"也无错误，并非唯心论。戴震的认识论可与费尔巴哈并列而无愧。他在真理标准上的认识是不妥当的，这也正如费氏未能真正理解实践的作用一样，但不能因此而否认他是唯物主义。② 也有学者认为，戴震注意分析的看法是建立在客观事物是千变万化的这一观点之上的。杨宪邦等人认为，戴震的认识论是消极的、静观的反映

---

① 姜国柱：《论戴震的认识论》，载《江苏师院学报》，1980(3)。
② 《关于戴震哲学思想的讨论》，载《光明日报》，1963-05-31。

论。侯外庐等人则认为，戴震的认识论有唯物主义反映论与唯心主义先验论的二重性的特点。

(三)关于戴震思想发展的阶段性分析

学界对戴震哲学思想的研究，一般重在其晚年思想上。其实，戴震思想本身也有一个演变过程。侯外庐等人认为，若依据戴震对宋学态度的变化，大体可以四十岁为界标，分为前后两个时期，"前期虽力倡汉学，但不排斥宋学；后期独标经书新义以力攻宋学"①。杨向奎认为，戴震从 35 岁到 40 岁走出程朱派，进而反对之，主张一本说而反对二本说，但与距离程朱相比，戴震思想距离孟子思想更远。因为子思、孟子在哲学上属于一元唯心论者，而戴氏《孟子字义疏证》却是以唯物一元疏解唯心一元；名义上是在为《孟五》作疏证，其实是在发挥自己的学说。这种叛离的色彩，在其《论性》《原善》中还不明显，因这些著作是他思想处于转变中的表现，是早期与晚期思想发展的分水岭，说明他还没有形成自己的思想体系，对程朱没有批判，只是站在孟子立场上反对告子与荀卿。

还有学者认为，戴震的《疏证》是在内外学术压力下所撰就的，历史上既有领导当时学风的考证学家戴东原，还有一个与当时学风相悖的思想家戴东原。戴震一生思想可划分为三个阶段：第一阶段以 1757 年为转折点，此时戴震以考证之学扶翼程朱义理；第二阶段以 1766 年为分水岭，此时戴震以义理、考据、词章分源并观，《原善》三篇为戴震义理

---

① 侯外庐：《中国思想史纲》下册，124 页，北京，中国青年出版社，1981。

之学的发轫；第三阶段是他生命的最后的 10 年，以《疏证》为代表，此时他已将义理与考据熔于一炉而自成体系。

周兆茂对历来被学者所忽视的戴震早期与中期哲学思想做了详细的考察，认为戴震哲学有一个从信奉程朱理学到批判程朱理学，从唯心主义理一元论到唯物主义气本论的发展过程，前期是"程朱理学的干城"，基本哲学概念是"道"，后期哲学是"气一元论"，变成了"彻底的唯物主义气本论"。在其绝大部分学术人生中，都是崇奉程朱理学或徘徊于唯物主义与唯心主义之间。[①] 对于上述观点，笔者本人提出了不同的看法。笔者认为，"戴震哲学一直是以'道'为形上学的本体"，前期的"道"的概念"更多地侧重于伦理学意义"，中、后期的"道"则"突出了'实体实事'的存在论意义"，使其哲学及人道论具有更为明确和坚实的唯物论基础。原因如下：一是戴震本人曾明确地道出了自己哲学的价值追求；二是进入中晚年后，戴震开始批评宋明理学所谓"理"的概念，认为"理"字在儒家经典中不多见，要恢复儒家思想的真精神，必须回到儒家原典的语词中；三是成熟时期的戴震提出了"道赅理气"的观念，找到了打通天人且又符合儒家原典精神的哲学概念——道，从而完成了对宋明理学形上学的批判工作，由解构到建构。所以，"道论"是戴震哲学的核心，从早期到后期都内蕴着价值追求，村濑裕也将戴震哲学后期"道论"看作纯粹论述实体实事而与价值无关的观点，是缺乏文本根据的。[②] 不过，笔者认为，周兆茂对戴震与"新安理学"、与朱子学的关系进行了明晰的考

---

① 周兆茂：《戴震哲学新探》，14～46 页，合肥，安徽人民出版社，1997。

② 吴根友：《戴震哲学"道论"发微——兼评村濑裕也〈戴震的哲学——唯物主义与道德价值〉》，载《中国哲学史》，2003(1)。

察，以实证材料揭示了戴震与朱子一系的"理学"的学脉关系，揭示了清代哲学与宋明理学的继承性一面，补救了侯外庐以来"早期启蒙说"一系过分强调明清哲学对宋明理学的批判性之偏。①

三、对戴震伦理学的新认识

从总体上说，20世纪后半叶有关戴震伦理学思想的研究，都可以看作对蔡元培等人在20世纪前期时戴震伦理学思想研究的深化，其突出的成就表现如下三个方面。

(一)对戴震伦理学中人性论及自由思想认识之深化

周辅成主要从"内在必然"与"外在必然"的两个角度，揭示了戴震人性论中包含着自由思想。他认为，戴震提出必然与自然合一、理欲合一的社会道德论，说"尽乎人之理，非他，人伦日用尽其必然而已矣"，道德不离日常生活，"必然"的概念"乃语其至，非原其本"，"把道德的来源和标准从主观方面或超越方面割断"，并"进一步主张人的行为，都是继天而为"。② 戴震将与人密切相关的"人道"分为三个方面：命、性、才，三者都是人禀于宇宙生化而来，合称为"天性"。"践形之与尽性尽其才，其义一也"，性、命、才三者同时增进，相反相成。戴震既认为

---

① 吴根友：《精神现象考古的知性价值与文化学意义——读许苏民〈戴震与中国文化〉》，载《江汉论坛》，2002(8)。

② 周辅成：《戴震的哲学》，载《哲学研究》，1956(3)。

"性"是"存乎材质所自为""逞己而为"，则性的展开，"是殊性的展开，也是殊性展开的自由，这就指道德行为上自由的意义"，这"也合乎马克思主义出现以前唯物主义者如斯宾诺莎等所谓'内在必然性即自由'的意义"；相应地，戴震的"命"既是"如或限之"，则命就成为性的发展范围，即"道德行为上的必然限制的意义"，也合乎斯宾诺莎等所谓"外在必然性"的意义。这说明，"戴震已看出命定的必然中有自由，自由中有命定的必然"，这是他思想中的"卓越的见解"。周先生认为，戴震正是从"自由"中推演出"善"的意义，"善"即"能知其限而不逾之"，即"血气心知能底于无失"，善循乎命，实是认为人的意志自由是相对的；又提出了"无失"与"纯粹中正"为善的标准，否认了善的超现实来源。同时认为一切恶的来源，皆是由于"道之出乎身，失其中正也"，失其正，即对于命的限制有所逾越，对于善的客观基础有偏差。可见，规定善者虽恃于人的"性"，但更为重要的是恃于客观的"命"，这说明戴震是承认善有其客观基础。善与恶，应归于人的选择之得当与否。必然对自然，"乃原其后，非原其先"，"自然与必然，非二事也"，"归于必然，适完其自然"。自然即指"欲"，必然即指一般道德，可以说戴震的自然与必然一致的理论，正是要证明理欲一致，以反对宋明唯心论主张的理欲二元论，"是很有力量的"。戴震认为性无所谓"气质之性"与"天性"的分别，而"理者，存于欲者也"，是"情之不爽失"，由欲言理，理在于欲，这是古今所谓善的起点，"也是重视人民要求的起点"。而且他主张欲出于天性，故与天理不违；仁智即为由欲至天理的途径，善"不是高悬在天空，而是握在任何人的手内"，这种天理人欲学说，"充分发挥了人道主义的精神""是当时一般市民向封建统治者争取基本权利的基本理论"。戴震"把

'理'与非理的界限，划在人与禽兽的分界上。而不划在圣人与常人上"，所以他的这一争执，"不仅是理欲之争，实是人的尊严与权利之争"，"这种理欲的辩论，一转就是人身自由和生存自由的争论"，反映了当时人民大众的要求，这"是戴震思想中进步的一部分"。人如何用仁智以求做到理欲一致？戴震说"圣人以通天下之情，遂天下之欲，权之而分理不爽，是谓理"，从智的方面去接近，权即"知常""知变"而"不蔽"。周先生认为，戴震"以情絜情"的主张，"虽未必即是人人平等的见解，至少是注意到人民一切情隐的见解"。而戴震认为程朱唯心论基本大错的根源，在于将理欲之分视为正邪之分，实为"去生养之道"的"贼道"，这"代表了人民反抗的呼声"①。戴震伦理学的局限在于：第一，戴震虽然区别天道与人道，但未把人道视为一件独立的社会规律来处理；他力图孤立地证明道德意识的物质基础，但未能注意到道德意识的社会基础；第二，戴震仍然从抽象的人性概念出发谈社会道德问题，未把人性视为社会发展的结果，完全陷入唯心论，这也是他的本身阶级性所决定的。

笔者本人认为，从16世纪李贽提出"穿衣吃饭即是人伦物理"，经由17世纪王夫之的"天理寓于人欲之中"，再到戴震的"欲而不私"的观念，中国早期启蒙思想中的新道德、新伦理思想基本上走完了一个逻辑的历程。戴震对必然与自然的关系及由此对"命"的重新解释，从而"强调了价值对事实的规范与引导作用，突出了儒家哲学以伦文范导自然，以道德理性范导人的自然情感、欲望的重人文品格。然而，他又对人的自然欲求给予了充分的肯定。因此，这一新思想是对儒家伦文思想的人

---

① 周辅成：《戴震的哲学》，载《哲学研究》，1956(3)。

文化的提升，也是对传统儒道两家哲学思想综合之后的一次创造性的转化"①。笔者还认为，明清之际有三种人性论——以李贽、顾炎武为代表的基于自然人性论基础上的"人必有私"论，以王夫之为代表的"继善成性""习与性成"与"性日生日成"的辩证、发展的人性论，以颜元、戴震等为代表的"气质之性一元"论。这三种人性论为中国传统伦理学的现代转向奠定了理论基础。这种新伦理学的基本精神如下：一切伦理原则必须奠基在人的感性生活基础之上，只有通过符合人性的伦理的规范与引导，人性的完满与光辉才能展示出来。② 笔者认为，在人性论方面，戴震承认个人的欲望、情感是一切价值原则的基础，"明显地具有现代'人道主义'和'人本主义'的色彩，属于现代资产阶级人文主义的范畴"③。而其"分理说"以个体价值欲求的满足为优先原则，可以说是现代文化中"个性主义"原则的中国式表达。戴震又将个人正当的欲望与过分的欲望——"私"加以区别，明确提出了"欲而不私"的观念，从而"在理论上堵塞了其'分理说'的非道德化倾向，而且也因此构成了与 17 世纪启蒙大师'公天下'价值理想的继承关系"，也是"新旧伦理学的理论分水岭"。④

　　笔者在周辅成的观点基础之上，进一步从哲学本体论的角度揭示了

---

　　① 吴根友：《戴震哲学"道论"发微——兼评村濑裕也〈戴震的哲学——唯物主义与道德价值〉》，载《中国哲学史》，2003(1)。

　　② 吴根友：《明清之际三种人性论与中国伦理学的现代转向》，载《学术月刊》，2004(5)。

　　③ 吴根友：《中国现代价值观的初生历程——从李贽到戴震》，308 页，武汉，武汉大学出版社，2004。

　　④ 同上书，311 页。

戴震伦理学中蕴含的自由精神。戴震把宋明理学本体论意义上的"天理"解释成"分理",从而在哲学的本体上为其伦理学的自由思想奠定了基础。戴震伦理学中包含的可贵的自由思想,可从以下四个层面把握:第一,本体论意义上的是分理与自由的关系;第二,自由意志与道德律令之间的孰先孰后的关系;第三,"欲而不私"观念揭示出的自由的边界问题;第四,"尽性知命以逞才"的观念揭示出自由实践性问题。"戴震与宋明理学伦理学的根本区别不在于要不要人欲的问题,而在于要不要自由的问题",而"揭示戴震'分理'说中所包含的自由精神,是判别戴震后期学说与程朱理学分道扬镳的根本标志"。① 而且,戴震提出的"理也者,情之不爽失也"和"欲而不私"两个命题,与现代自由主义者探讨的自由意志与道德律令及其边界等问题可以沟通,其自由思想在精神上与李贽一脉相承,但其对自由的认识与论述比李贽更深刻、更圆通。②

(二)对戴震人性论思想的新认识

王茂认为,戴震的观点和欧洲18、19世纪的人本主义哲学观点相似,即认识人的本质就是人的物质实体即肉体的一切特性和机能,把人仅仅作为自然的人来观察,但由此却导出人类的平等观和人民饮食男女等正当欲望合理性的进步结论。这在当时程朱理学把人性分为义理之性和气质之性,仇视和蔑视人民的欲望,以及反对董仲舒、韩愈以来的人性等级论,是有历史意义的。19世纪的费尔巴哈和车尔尼雪夫斯基也

---

① 吴根友:《分理与自由——戴震伦理学片论》,载《哲学研究》,1999(4)。
② 吴根友:《戴震伦理学中的自由思想申论》,载《武汉大学学报》,1999(4)。

正是运用人本主义作为反对唯心主义和封建贵族思想的理论斗争武器。戴震的"抽象人性论"应以历史主义的态度给以分析和估计，他的推己及人的"仁"论，和费氏的"爱"论相似，同是人本主义的人性论所必然导致出的政治观点。孙振东认为，戴震不了解阶级斗争，抽象地了解人性，因而在社会历史领域内最终失足于唯心主义泥沼；但把卑、贱、幼与尊、贵、长相对立，并把天下大乱的原因归之于后者而不是前者，这是很大的贡献，其人性论基本上是唯心主义的，但有唯物主义因素。①

　　有的学者认为，戴震的人性论共有四个方面：第一，人物"皆气化之自然"，"性者，分于阴阳五行以为血气心知"，欲、情、知"血气心知之自然"，"舍气类，更无性之名"；第二，"性善者，论人之性"，以人的欲望感情和认识能力两个方面构成人性的基本内容，可以和费尔巴哈的人性论相媲美；第三，戴氏提出"理在事情"，道德规范存在于人类生活之中的思想，既不源于天，也不具于心，但心既能"辨理义"，又能"悦"道德，这就否定了程朱"理得于天而具于心"和陆王"心即理"的先验论，这又与18世纪西方的唯物论者是一致的，不同在于，后者是感觉论者，戴震强调理性认识的作用；第四，戴震提出理即"情之不爽失"，进而提出"遂己之欲，亦遂人之欲""以我之情絜人之情"，反对"快己之欲，忘人之欲"。这是合理的利己主义观点。然而与18世纪法国唯物论者的合理利己主义道德原则相比，他们虽然都主张从个人出发，关心和照顾别人，但后者以关心别人为利己的手段，利己是目的；而戴震认为

―――――――――

① 沈心康：《省学术界热烈讨论戴震哲学》，载《安徽日报》，1962-07-28。

"遂人之欲"本身就是目的而非手段，因而有利他主义的因素。①

有的学者认为，戴震人性论和伦理观基本上是唯物主义的，因为他把人性说成是人的"血气心知"即自然本质，把"性善"说成是正确地反映客观事物的可能性，而把理义或仁、义、礼说成是正确地反映客观法则的标志，这些都是以其唯物主义自然观为基础的。② 但没有认识到人性的阶级性即其社会本质，并且没有跳出封建道德的旧范畴。

也有人认为，戴震在承认有天赋观念这一点上，还是唯心主义的，如果说这也是唯物主义，那无疑美化了他。有的学者说，戴震认为"人心之通于理义，与耳目鼻口之于声色臭味，咸根诸性，非由后起"，这就是说"礼义出于性"而不是教，人的伦理观念是先天的，不是后天的，说明戴震还是有天赋观念的。③

(三)对"以理杀人"的论争

肯定戴震伦理学具有启蒙意义的学者，大都将其批判程朱理学"以理杀人"的观点视为一个重要创见，甚至认为戴氏这一思想是在清廷大倡程朱理学、大兴"文字狱"、疯狂迫害知识分子的历史背景下提出的，具有"石破天惊"和"振聋发聩"的作用。张岱年认为："戴氏对于理欲之辨的指责是深刻的、沉痛的。……对于理欲之辨的批判实质上是对于专制主义的批判。他明确指出，所谓理欲之辨已成为专制君主统治人民的

---

① 袁德金：《论戴震的伦理思想》，见《中国哲学》第九辑，435 页，北京，生活·读书·新知三联书店，1983。

② 《关于戴震哲学思想的讨论》，载《光明日报》，1963-05-31。

③ 同上。

工具，这是有重要进步意义的。"①李开认为，"以理杀人"是对程朱理学和社会现实的血泪控诉，是"逻辑的、历史的、现实的必然答案"，这样的思想因子"逻辑地贯穿在戴震哲学的各个方面"。②

然而，对此观点也有不同的看法，如周兆茂认为，戴氏这一思想表明戴震在哲学上进一步完成了对程朱理学由信奉到批判、由唯心主义论到唯物主义气本论的转变，在 18 世纪中叶启迪人们进一步认识程朱宣扬的"存天理、灭人欲"的反动性以及反对封建专制主义等方面的贡献，是不争的事实，但不宜评价过高。原因如下：第一，"以理杀人"并非戴震首创，戴氏以来，戴元、王源、朱健、颜山农、何心隐、李贽等都有相同或相似的说法；第二，当时也并非戴氏一人之言，如惠栋、纪昀、曹雪芹、吴敬梓也直接或间接论及；第三，这与乾隆中期对程朱理学从尊崇到贬抑的文化调整政策不无关系，"痛诋宋学"（江藩《国朝宋学师承记序》）、抨击"以理杀人"等已经形成了"那时的一种潮流"（鲁迅《买〈王学大全〉记》）。又据《清代文字狱档》，乾隆时期大小文字狱计 65 起，其中属于政治上反清而构罪者 40 起，属于"牢骚""疯癫"言论等而构罪者 23 起，属于反对程朱理学而构罪者仅 2 起，即乾隆六年"谢济世著书案"与乾隆二十二年"陈安兆著书案"。乾隆在政治上对反清者严峻处治，动辄"凌迟""立斩""枭示"及株连亲朋故旧等。但乾隆又说："朕从不以语言文字罪人"，不但不治谢济世，后来还让他官至湖南驿盐道；宣布陈安兆"妄辟朱注"无罪。因此，"那种把戴震批判程朱理学'以理杀人'与

---

① 张岱年：《"义利理欲之辨"评析》，载《河北师院学报》，1986(2)。
② 李开：《戴震评传》，393 页，南京，南京大学出版社，1992。

清廷'文字狱'联系起来，甚而认为是针对清廷'文字狱'而发的观点，显然是不符合历史事实的"①。

在理欲观问题上，有的学者指出，戴震认为"理者存于欲者也"，把理与欲联系起来，提出"圣人之道，使天下无不达之情求，遂其欲而天下治"，这就有力地摇撼了封建统治"存天下，去人欲"的理论根据。但由于时代和阶级的局限，戴震关于"理欲""性"的观点是从抽象人性论出发的。也有学者认为，戴震哲学从总体来看，"论说的中心是与宋儒（特别是朱熹）辨论理欲。其他如天道观、人性论、性善论、认识论、道德论，都是环绕这一中心而为之服务的"②，这从《理》之一章占据《疏证》全书三分之一即可看出。乐寿明也持相同观点，认为"理欲关系问题是戴震整个思想体系的核心，也是他的代表作《孟子字义疏证》的中心议题"，批判了程朱"理欲对立"的观点，提出"理存于欲"的进步学说，把欲和理的关系看作物与则、自然和必然的关系，提出"体情遂欲"的政治理想，"以理论的形式表达了广大人民要求解除封建专制压迫的悲愤呼声和追求自由、平等、个性解放的强烈愿望"。③

---

①　周兆茂：《关于戴震的"以理杀人"和"启蒙"思想的再评价》，载《学术界》，1993(4)。

②　王茂、蒋国保、余秉颐、陶清：《清代哲学》，611 页，合肥，安徽人民出版社，1992。

③　乐寿明：《论戴震的理欲观》，见《中国哲学》第五辑，289～312 页，北京，生活·读书·新知三联书店，1981。

四、从解释学与现代语言哲学的角度分析戴震哲学及乾嘉考据学的新动向

　　20 世纪 80 年代后期，伴随着西方现代哲学很多新思想大量涌入中国，在戴震哲学研究领域里也出现了新的视角。从语言哲学、解释学的角度对戴震经学方法论进行现代诠释，是 20 世纪后半叶戴震哲学思想的新进展。

　　20 世纪后半叶的明清哲学研究，比较一致地看重王船山哲学，并特别突出了其哲学对近、现代哲学的影响力，而对戴震哲学的评价则有相反的观点。20 世纪 50 年代以后，侯外庐则比较低调地处理了戴震哲学的现代意义，冯契、萧萐父等学者都对王船山哲学推崇备至。海外华裔学者成中英等人则比较肯定戴震哲学在儒家系统内部的方向性的转化意义。他们认为戴震所代表的儒家是第四阶段批判性的儒家，将戴震与章学诚看作清代学术与思想的两面旗帜，将戴震看作儒学由"尊德性"到"道问学"的递嬗过程中的代表性人物。然而，受其自身学术关注点的限制，对戴震学术在清代同辈和稍后知识群体中的广泛影响力，亦未予以足够的重视。因此，戴震在"乾嘉学术"中的影响力，以及通过"乾嘉学派"而对 20 世纪中国哲学思想与学术所发生的巨大影响力，一直是个暗而不彰的精神现象。只有少数学者，如许苏民对戴震哲学思想在 20 世纪的影响力做了巨大的精神考古工作，但对其语言哲学、解释学的思想并没有给予足够的重视。

（一）关于戴震经学方法论的研讨

　　孙以昭较早地注意到戴震哲学的方法论问题。他认为，戴震的治经

方法的取向是由小学而经学，最终才进而探究哲理。具体如下：第一，从文字训诂入手，故训为义理服务；第二，要用综合研究的方法，即不但要具备文字训诂、名物制度等方面的深切知识，就是对天文、地理、历法、测算也要有一定的研究；第三，必经"三难"即"淹博""识断""精神"三个阶段；第四，实事求是，要"不以人蔽己，不以己自蔽"。经学方法论之有益因素如下：第一，提出了"明道"的理论，敢于对"高踞庙堂"的宋学进行针锋相对的斗争；第二，强调语言文字作为基本功的重要性，批判了宋学"凿空""轻恁胸臆"的空洞说教的虚妄；第三，指出综合研究的必要性，在某种程度上说明了"博"与"专"的关系；第四，"三难"的提法，说明其对理论的重要性有一定的认识，而且他自己也是付诸实践的；第五，"实事求是"敢于打破传统的见解。戴震有时过分强调故训，忽略了思想的阐发，且有将经学神秘化的倾向。学说仍以经学为主。考据方法还是烦琐的，基本上用的是形式逻辑的归纳法，他只能枝节地说明单个孤立的具体事实，还不能进一步做出历史的阐述。①

有的学者认为，"在乾嘉学派中，由经典研究而上探哲理的也只有他一人而已"，但戴氏这种"求真"的做法有局限性，如有时他过分强调了"故训"的重要，而"忽略了思想的阐发"；仍以经学为主，《原善》《孟子字义疏证》两书在其全部著作中毕竟只占了很小的篇幅，认为"他一生的大部分精力多用在训诂考据之学上面，从而大大影响了他在思想上的更高成就"②。黄俊杰也同意这样的观点，他认为戴震的一套方法论可

---

① 孙以昭：《戴震经学方法论初探》，载《安徽大学学报》，1979(2)。
② 孙以昭：《关于戴学研究的几点意见》，载《安徽大学学报》，1992(2)。

以称为"将诠释学问题转化成训诂学问题"，不过，这个方法论上的转化，固然可以熔训诂与义理于一炉，"但其说与孟子学之大经大脉皆有所牴牾，其所得诚不偿其所失也"。①

（二）关于戴震与乾嘉考据学

20 世纪 50 年代后中国大陆学者，对"乾嘉考据学"的看法，有一个由低到高，再回归平实的过程。20 世纪 80 年代以前，其基本倾向认为，乾嘉考据学的贡献在于古文献的整理校订方面，而乾嘉考据学的兴起，与士子逃避现实有关，故而沦为清贵族封建政权服务的工具。也有个别学者认为，这种论断是片面的，指出以戴震为首的一部分乾嘉学者继承了顾炎武、黄宗羲、王夫之等所代表的爱国传统。戴震的主要贡献在于哲学方面，其代表作《孟子字义疏证》是以"通圣人之心志"为掩护，把孟子的唯心论改造成为唯物论，成为攻击当时新孔教官方唯心主义烦琐哲学的有力武器。而且戴震的考据工作不同于卖身求荣的"博雅之学"，而是继承与发扬遗产，揭露欺骗说教，与顾炎武的《天下郡国利病书》同样具有"经世致用"的现实主义意义。②

20 世纪 90 年代以后，学者们对乾嘉考据学的评价更加平实，因而对戴震哲学与考据学的关系也有了新的认识。如有的学者认为，在文化思想几乎处于断层之际，"高举唯物论大旗，勇敢抗击程朱理学，终清一代，唯以戴震为最著"，而"在万马齐喑的局面中，戴震的哲学以其对

① 黄俊杰：《中国孟学诠释史论》，317 页。
② 张德光：《启蒙学者戴东原底唯物论哲学》，载《云南大学学报（人文社科版）》，1957(3)。

封建王朝的反抗和批判，更加显示出了他思想的睿智和光芒"，他明确地指出"故训"是手段而不是目的，这是"戴震与乾嘉学派经师们迥然相异之处"。①

关于惠栋与戴震的关系，20 世纪上半叶比较权威的说法之一是由钱穆提出的，认为戴震见惠栋是前者人生道路和学术生涯的转折点，他甚至因此而"走上了新的学术道路"。许苏民不同意这种简单的看法，认为"吴派自吴派，皖派自皖派，各有特色"，"由词以通其道"是戴震的一贯主张；但惠、戴相见，实使戴开始重视吴派的治学思路和学术成就，并因此扩大了他的学术视野。②

(三)关于戴震哲学与现代解释学

戴震对哲学形上学的追求，展开于"由字以通其词，由词以通其道"的过程之中。李开认为："考据学的最本质的学术精神，还是戴震的语言解释哲学。"③戴震的考据学贯穿于其一生的事业中，以现代视角来看是人文科学的语言文字学。戴震利用语言文字学诠释古代经典，以寻求所谓"道"，以阐发自己的哲学思想。这样，"作为人文科学的语言解释哲学，不过是戴震完成从语言文字到'通道'的全过程的方法学，也是戴震从纯粹的学问家转化为卓越的思想家的一个内在的逻辑动因"。李开较早地注意到戴震哲学与语言解释哲学的关系。认为戴震从语言文字入

---

① 郎丰生：《戴震：前清学术之集大成者》，载《深圳大学学报(人文社会科学版)》，1991(1)。

② 许苏民：《戴震与中国文化》，52 页，贵阳，贵州人民出版社，2000。

③ 李开：《简论戴震对乾嘉语言解释学的建树》，载《学术月刊》，1990(11)。

手，意味着他抛弃了宋明理学而架空立言。戴震的语言文字学著作遍布中国传统的语言解释学文字学、训诂学、音韵学各个领域，而最终目的又是"以词通道"，从而形成"我国十八世纪获得空前发展的语言解释哲学"。李开又进一步地指出，西方语言哲学往往把语言看作与世界有相同的逻辑结构，从而以语言解释代替对世界的认识；戴震的语言解释哲学则以语言文字解释为逻辑起点，通过书本知识，寻求道德哲学及其具体表现。"在语言和世界的关系上，西方是代替论，戴震是凭借论。"戴震的关于字、词、道关系之学说，正处于传统语言学说向近现代语言理论过渡的交汇点上，他建构的文字学、训诂学、音韵学系统是用来为语义学服务的。[1]

刘清平认为，注疏儒家经典是戴震建构自己具有启蒙意义思想体系的必不可少的工具和手段，并由此"形成了一些与西方解释学（包括现代解释学）内在相通的思想见解"。他从早期的由词通道、由故训以明义理的主张出发，转变到后期的由字通词、执义理而后能考核的原则，就是想借此弥补由于"时为之"的"今古悬绝"所造成的过去视界与现在视界之间的差异断裂。戴震正是在18世纪这种特定的历史氛围中，凭借自己"自幼为贾贩，转运千里，复具知民生隐曲"的人生经历、密切接触资本主义商品经济的萌芽和普通百姓的苦难艰辛的亲身体验，依据自己在这种生活环境中自发形成的闪烁着启蒙光辉的进步志向和义理，运用一种新的时代视角，对先秦儒家传统中的朴素、民主、人道主义精神展开了创造性的解释，将其提升到一个新思想境界，

---

[1] 《戴震评传》，279～341 页。

从而实现内在的融合。①

　　戴震哲学与语言解释哲学的关系，是个重要的课题。笔者承担的教育部人文社科基地重大项目"戴震、乾嘉学术与中国文化"，试图从16世纪以来世界各主要文明古国开始的"从国别史世界史转向"的进程与"历史自我批判"的内在逻辑的宏观视角出发，考察以戴震为代表的"乾嘉学术"的内在思想史意义及其与中国文化的现代转型之关系。该课题以哲学思想为核心，以戴震为旗帜，综合研究乾嘉时期（18—19世纪初）的学术思想，通过对思想史的逻辑分析，并借鉴现代西方语言哲学和现代解释学的理论成果，揭示中国哲学与学术发展的内在脉络。他认为，戴震深信"圣人之道在六经"（"道"即现代意义上的真理），从文字、训诂、名物制度的考订这一广义的语言学研究方法角度，批评宋儒哲学思考的方法论之缺失，主张"由字以通词，由词以通道"，展开了自己哲学语言学之自觉与形上学追求，这使得他的语言哲学接近海德格尔式的现代解释学。面对"庄子式的言意难题"，戴震主张在"言"与"道"之间加入"心"，通过理解者之"心"的作用，使存在于"言"中的圣人之"道"得以揭示。他所创设的这一"人文实证主义方法"高扬了其"道论"中人的主体性。在一定意义上看，其"道存于六经"的理论设定与"披言以求道"的方法论追求具有理论的封闭性，但"心"概念的引入，通过主体之扩充心智、"大其心"及"学"的过程，又使其哲学具有化解言与道之间解释学循

_____

① 刘清平：《儒学传统中的启蒙晨辉——论戴震哲学的思想实质》，载《武汉大学学报（社会科学版）》，1992(3)。

环的封闭性、面向事实和生活本身开放的可能性。①

五、其他相关传统问题研究的新进展

从哲学史与文化史相结合的角度研究戴学，是 20 世纪后半期以来的一种新的具有普遍意义的方法。许苏民用巨大的心力，以生动的个案研究再一次揭示了戴震与中国思想和文化的关系，证实了中国近代思想具有自己的内在传统，从而加强了 20 世纪上半叶明清思想史研究的一个著名论断：从万历到"五四"，是一个同质的思想解放过程。

(一)哲学史研究的"泛化"与"纯化"的结合

正确处理这种哲学史研究的"泛化"与"纯化"之间的辩证关系，可以从大的方面进行宏观阐释，更主要的是可以通过广泛地发掘史料，从细节方面突破一些问题。如许苏民引纪昀《阅微草堂笔记》中所载，戴震记其祖先不怕鬼的故事，以说明戴震性格中"不怕鬼，不信邪"的坚韧的一面，颇有说服力；又从《四库全书总目提要》中辑出戴震对徐光启的《几何原本》研究的资料，以此证明戴震思想中所包含的西方科学思想，言之凿凿，皆发以往戴学研究者所未发；又对戴震死因提出了质疑，亦属有根据的怀疑，可供学术界继续探讨。

---

① 吴根友：《言、心、道——戴震语言哲学的形上学追求及其理论的开放性》，载《哲学研究》，2004(11)。

（二）戴震哲学的理论旨趣及产生的时代背景

在一批用马克思主义理论进行分析研究的哲学家、哲学史学家中，张岱年先生是具有代表性的一个。他认为，戴震是"清代中期的卓越的唯物主义者"，在《原善》《疏证》中阐明了"唯物主义的基本原理，锐利地批判了程、朱与陆、王两派的唯心主义思想"；相比王夫之而言，"戴震的唯物主义学说蕴含着反抗专制暴政的实质。他们都是同情人民的进步思想家"。[①]

周兆茂认为："生活于十八世纪的戴震，建立了'气化流行，生生不息'的唯物主义气本论的哲学体系，恢复了唯物主义哲学的权威；在伦理观上，提出了'絜情同欲'的进步伦理思想，批判了程朱理学'存理灭欲'的反动谬论；在社会政治观点方面，戴震对封建专制制度的腐朽与黑暗进行了大胆的揭露和批判。"[②]戴震在唯物主义一元论的基础上，从自然观、认识论和伦理观等方面，对程朱理学展开了全面的猛烈的批判，由此进一步揭露了其"以理杀人"的反动本质，从而把我国自宋明以来的反理学斗争，推到了一个新的阶段。戴震的唯物主义和进步伦理思想无论在当时还是后世都曾产生过重要影响。[③]

周兆茂非常强调戴震晚期的思想，认为它是 17、18 世纪中国政治、经济、哲学、文学艺术和自然科学等诸多因素互相激荡和整合的产物，既与明末清初资本主义萌芽、与徽商有着密切关系，又与戴震继承、弘

---

① 张岱年：《中国唯物主义思想简史》，100、104 页，北京，中国青年出版社，1957。

② 周兆茂：《关于戴震的"以理杀人"和"启蒙"思想的再评价》，载《学术界》，1993(4)。

③ 《戴震哲学新探》，150～185 页。

扬中国哲学史上唯物主义传统和批判程朱理学以及新安理学有着密切关系，同时又与明末清初人文主义思潮以及西方自然科学的影响有着密切关系。①

有的学者认为，戴震是我国 18 世纪杰出的思想家，其宇宙观具有唯物主义因素，社会政治思想是进步的，对于反对正统派理学起了一定作用，继 17 世纪明清之际启蒙思想的巨大浪潮之后，又推起了波澜。由于程朱理学当时占据统治地位，戴震哲学思想在当时所起的作用并不大。反对者认为，戴震哲学发展到了中国古典唯物主义的最高峰。杨向奎甚至乐观地指出："东原实在是新理学大师，或者是新儒学大师，而中国近现代之所谓新儒家非其伦也。"②

更多的学者认为，戴震哲学思想是由多种因素共同促成的。如周辅成认为，明末资本主义生产要素的萌芽、清代的高压统治、发达的科学知识，是戴震唯物的哲学系统的基础。③ 冒怀辛认为，戴震哲学是大兴文字狱、推行高压政策以加强封建统治的时代及资本主义萌芽时代的产物，反映了新兴市民阶级对封建统治的不满和反抗。李谷鸣认为，戴震的自然科学研究、幼年生活、徽州商品经济发展、对市民阶级的要求的了解，是戴震成为杰出的启蒙思想家的因素之一。④

重在掘发戴震哲学理性启蒙意义的许苏民，在其所著《戴震与中国文化》一书中认为，戴震的思想虽然与专制统治者尊奉的正统的中国文

① 《戴震哲学新探》，94～113 页。
② 杨向奎：《戴东原哲学思想分析》，载《历史研究》，1989(5)。
③ 周辅成：《戴震的哲学》，载《哲学研究》，1956(3)。
④ 沈心康：《省学术界热烈讨论戴震哲学》，载《安徽日报》，1962-07-28。

化格格不入，但戴震的思想恰恰又是中国文化自身的历史发展之所孕育的，是"中国社会的历史发展之所造就"。

(三)关于戴震哲学的思想渊源

20世纪初，章太炎、梁启超、胡适、容肇祖、钱穆等人就已注意到这个问题，并做了有益的探讨。有学者认为，戴震"继承了颜元、李塨等人的传统"[①]，与南宋以来一直占据统治地位的程朱理学进行了不调和的斗争。这种观点最初来自清代同治年间的学者戴望的《颜氏学记》，此后，梁启超、胡适都认为戴震思想有一部分是受颜李学派的影响而成。

与胡、钱等人戴学渊源于颜李学派及惠栋的说法不同，王茂认为，戴震哲学渊源"或当来之于浙东刘宗周、黄宗羲学派"；此外，"很有可能还有另一个远绍古希腊的源头。明清间中西文化交流史的研究，是个薄弱环节，许多问题仍在若明若暗之中，弄清戴震与西学的全部关系，将俟诸异日"。[②]周兆茂认为，戴震哲学渊源是多元的，主要有四个方面：第一，批判地继承了陈淳、朱升等人理学思想中的唯物主义因素；第二，弘扬、发展了《周易》及荀子、张载等人的古代唯物主义和朴素辩证法思想；第三，受17、18世纪人文主义思潮的撞击；第四，中西方

---

① 郎丰生：《戴震：前清学术之集大成者》，载《深圳大学学报(人文社会科学版)》，1991(1)。

② 王茂：《戴震哲学思想研究》，129、132页，合肥，安徽人民出版社，1980。

自然科学的影响。① 如他认为，戴震的气一元论宇宙观来自张载，把鬼神解释为一种可以使原始物质元素得以运动化生的"精气"，即不可理解的神妙创造力，仅借用了《中庸》的词汇而已。

这种多元渊源论有很强的解释力，有不少学者持此观点。在许苏民看来，戴震讳言自己的思想来源，除了《十三经注疏》外很少明言自己读过其他一些什么书，这完全是不得已。具体来说，戴震人学本体论思想源于李贽以来的早期启蒙学者关于"百姓日用即道"和"气质之性"一元论的大量论述；其认识论思想，如尊重公理与逻辑的科学态度，来自傅山、唐甄、颜元、李塨、程廷祚等人的有关著述以及徐光启和利玛窦对《几何原本》的译释；其论知识与道德的关系，与唐甄最为一致，论理欲关系、情理关系，更与明末清初的一大批早期启蒙学者的思想倾向完全一致。同时，许苏民指出："以上所举亦不过是择其与戴震所提出的命题特别相似者而言，是不可以绝对地执为定论的。"②

杨向奎在他影响颇大的《清儒学案新编》中并没有为戴震立学案，他对戴震哲学的论述散见于几篇论文中。杨先生认为，戴震对生的哲学更有正确的理解，对充满生意的宇宙进行了体会与描述，以和谐为美，进一步使中国哲学美学化，从而批判了走向偏枯的程朱之学，发展了明道与横渠的学说。明道使其学说走上和谐理论，横渠学说使其主张"由气化有道之名"。可谓视角与立意皆颇新。

近年来，不少学者注意研究戴震与朋辈学者之间的关系。这是一个

---

① 周兆茂：《戴震与程朱理学——兼论戴震哲学思想的形成与发展》，载《哲学研究》，1992(1)。

② 《戴震与中国文化》，194 页。

值得重视的学术动向。对此，孙以昭认为，要深入开展戴学研究，必须重视对戴震学术思想的渊源与影响的研究，如注意戴震对扬州学派的影响。应把戴震的有关思想"放在中国哲学思想发展的大文化背景和清代徽州文化的地方文化背景中，并结合当时的社会政治历史因素加以考察，研究其形成的原因和价值"①。从中国哲学发展来看，顾炎武、王夫之都反对理学，但是从哲学根本问题入手，深刻揭露理学唯心主义本质并进行猛烈抨击的，只有戴震。他不但比顾炎武、在有些地方也比王夫之都更为尖锐、彻底地批判了程朱理学思想。

另外，王茂等人的《清代哲学》第二十章专从戴震哲学的批评者与拥护者两个层面分述了"戴震哲学的反响"。许苏民的《戴震与中国文化》从第八、第九、第十章专门讨论了戴震思想的影响。

也有部分学者指出了戴震思想的局限性，如戴震视农民战争若"洪水横流""淫佚作乱"（《孟子字义疏证》，卷上）；在《于清端传》中，赞扬顺治、康熙年间镇压湖北等地农民起义的"恩威并用"的于成龙；在《郑子文传》中把郑成功诬为"海寇"；在《查氏七烈女墓志铭》中诬李自成的农民起义军为"流贼"；在《戴节妇家传》中一再讴歌封建贞节观，说徽地"穷巷里曲之妇人女子，其节操比于丈夫"。这些观点，对于全面、深入、立体地的认识戴震的思想都具有积极意义。

回顾整个20世纪戴震哲学思想研究的主要成果，我们现在要深入思考的问题如下。第一，梁启超、胡适、钱穆、侯外庐、萧萐父等著名思想家、学者所开创的研究典范，在今后的研究中如何进一步地去资

---

① 孙以昭：《关于戴学研究的几点意见》，载《安徽大学学报》，1992(2)。

借？第二，如何使戴震研究取得新的进展？我们认为，如下三个方面的趋势将是未来戴震研究的新方向。其一，伴随着中国社会进一步的对外开放，中国人对外部世界的理解也更加全面与深入，在比较哲学的视野里来重视审视明清哲学思想的特质及戴震哲学的意义，将是戴震研究无法回避的历史趋势。其二，伴随着宋明哲学研究的深入，戴震与宋明哲学，特别是朱子学与阳明学的内在关系，将会得到更进一步地揭示。其三，由于《戴震全书》《戴震全集》的出版，戴震思想的细化研究也将是势在必行。

自 20 世纪 90 年代李开在《戴震评传》中涉及戴震哲学与中国哲学的语言学转向问题、戴震哲学与解释学的问题之后，有关戴震与中国哲学的语言学转向、戴震与中国的哲学解释学问题得到了更多学者的关注，并将继续有新的成果问世。如何深入研究由惠栋、戴震等著名学者所开创的"乾嘉学派"，他们在语言学、语言哲学方面的自觉努力，对于中国哲学的语言学转化的贡献？戴震及其后学如焦循、凌廷堪、高邮王氏父子、阮元等所开创的哲学语言学转向，其历史效果及其局限性何在？对这些问题的探讨，都将进一步推动以戴震为中心的清代哲学研究向更深入的方向迈进。

在 20 世纪末 21 世纪初，许苏民在《戴震与中国文化》一书论述了戴震对段玉裁、龚自珍的影响，但对龚自珍从古文经学向今文经学转化的契机并没有来得及给予分析。因此，在传统哲学向近代哲学转变的过程中，以龚自珍（戴震的大弟子段玉裁的外孙）为枢纽人物，揭示清代"汉学"——古文经学向今文经学的转化的内在学理，或许将是一个重要的学术问题。

众所周知，"白话文运动"是中国现代文学转化的根本契机。然而对于这样一场空前的现代"语言学"运动与中国哲学的语言学转向关系，以及与中国固有的学术精神之关系，在研究中国古代哲学的同行们中未能引起足够的重视。比如说，大家都知道胡适先生是"白话文运动"的先驱之一，然而研究现代文学的人不知能有几人知道胡适先生又是戴震哲学研究的专家呢？虽然，他写《戴东原哲学》一书迟在 1923 年，然其对戴震哲学的知解肯定在此之前多年。戴震哲学中所包含的语言学思想——"由字以通其词，由词以通其道"，对胡适先生的白话文革命的思想的形成是否有影响？

最近，司马朝军在其皇皇巨著《〈四库全书总目〉编纂考》一书中，提出了一个新的学术问题，认为乾嘉考据学中存在着一个"四库馆派"的官方考据学派，不同于惠栋、戴震等人所开创的民间考据学派的学术风格。如果这一说法确能成立，则戴震在清代考据学中的地位就应该被重新审视，章太炎、梁启超、胡适等人对戴震的评价也应该被重新审视。

第二章 ｜ 戴震的道论与"分理"说

　　戴震(1723—1777 年)，字慎修，又字东原，安徽
休宁人。因与其同乡前辈学者江永之字相重，后仅以
"东原"为其字。他出身一个贫寒的小商人家中，少年
时无力就师学习，仅在私塾里读书。35 岁以前的戴震
基本上是靠自学成才。当然也曾向同乡先贤江永等人
问学。其一生最重要的哲学著作为《孟子字义疏证》一
书。目前有《戴震全书》《戴震全集》行于世，为学界全
面研究戴震的学术与哲学思想提供了比较完备的资料。
学界关于戴震学术与思想研究的著作、文章已经很多。
本章在努力吸取前贤已有的主要成果基础上，试图对
戴震的哲学思想的形成及其特点，做出新的阐述。至
于他的生平事迹，他与乾嘉学者的关系，可以参看李
开的《戴震评传》、许苏民的《戴震与中国文化》等书。

第一节 戴震的道论思想

一、戴震"道论"思想的发展历程

戴震"道论"思想有一个较长的发展时期。30 岁左右时，戴震从"体用"的角度来论述"道"。他在《法象论》中说："盈天地之间，道，其体也；阴阳，其徙也；日月星，其运行而寒暑昼夜也；山川原隰，丘陵溪谷，其相得而终始也。"①这是说，道为体，阴阳为用，而日月星辰是道体的具体表现。这段文献表明，戴震此时的"道论"思想还有很深的程朱理学的印痕，因为他将"道"看作更根本的存在，而阴阳二气只是道体的显现。这与朱子理学讲理先气后的根本思想有类似性。

不过，戴震又从分与合的角度论述了条理与道的关系。他说道："天地之道，动静也，清浊也，气形也，明幽也。外内上下尊卑之纪也，明者施而幽者化也。地在天中，德承天，是以配天。凡天之文，地之义，人之纪，分则得其专，合则得其和。分也者，道之条理也；合也者，道之统会也。"②这一道分为条理，合则为道的思想又有不同于程朱理学之处。程朱理学有时将道、理互用，多数情况下讲他们自己所创立的"理"，而不讲"道之分为条理"观点。

到了作《中庸补注》和《绪言》时（40 岁左右），戴震对"道"的认识开

---

① 《戴震全书》第六册，477 页。
② 同上书，476 页。

始有了自己更为鲜明的特色了。他在《中庸补注》中说："经传中或言天道，或言人道。天道，气化流行，生生不息是也。人道，以生以养，行之乎君臣、父子、夫妇、昆弟、朋友之交是也。凡人伦日用，无非血气心知之自然，故曰'率性之谓道'。"①从这则材料可以看出，40岁左右时的戴震已经将自己的道论奠基于气化论的思想基础之上了。气化论与道论融为一体。这一思想与早年的"道体气用"的观点有了根本性的不同。

《绪言》一书中，戴震有意将"道"与"理"分开言说，并表现出以"道论"统合历史上理、气两派学说的理论倾向。他说："古人言道，恒赅理气；理乃专属不易之则，不赅道之实体。而道、理二字对举，或以道属动，理属静，如《大戴礼记》孔子之言曰'君子动必以道，静必以理'是也。或道主统，理主分；或道赅变，理主常。此皆虚以会之于事为，而非言乎实体也。"②在此条文献里，戴震深化、细化了早年"道之分为条理"的思想，明确地以道来统贯理与气，从理论上表现出要综合宋明理学中气学与理学两大思想传统的思想倾向。

晚年，戴震作《孟子字义疏证》一书，分别从天道与人道两个方面，阐述了道的特征，专门列出了天道与（人）道的条目，既看到天道与人道的区别，又阐述了人道与天道的内在关系。在天道层面，戴震明确地从"气化流行"的角度阐述天道的"实体"特征："道，犹行也；气化流行，生生不息，是故谓之道。"③在人道层面，他从人性具有血气心知双重属性的起点出发，以人伦日用的"实事"来阐述人道的特征："人道，人伦

---

① 《戴震全书》第二册，51页。
② 《绪言》，见《戴震全书》第六册，88页。
③ 《孟子字义疏证·天道》，见《戴震全书》第六册，175页。

日用身之所行皆是也。在天地，则气化流行，生生不息，是谓道；在人物，则凡生生所有事，亦如气化之不可已，是谓道。"①

由上所论可知，在戴震的思想中无论是"天道"还是"人道"，都不是虚构的思维实体，而是有其具体感性内容的"实体实事"，故"立天之道，曰阴与阳，立地之道，曰柔与刚"。阴阳、刚柔是天道之实，而"人伦日用"则是人道的"实事"，"率性之谓道""修道之谓教""天下之达道五"等，都是人道"实事"的具体表现。但戴震的这一思想似乎又不能与西方哲学中的自然主义简单地画等号，从理论上讲，他看到了人伦之道与大自然的气化之道一样，都具有实在性的特征，但人道似乎更受"必然"（今天伦理学上的"当然"）的制约，而这一"必然"又不脱离"自然"，而恰恰通过"必然"来实现"自然"的极致。惜乎戴震没有花费更多的笔墨来讲清楚天道与人道二者之间的区别，给后人留下了很大的理论空间。

二、戴震论天道与人道

在戴震看来，天道与人道的区别在于："在天道不言分，而在人物，分言之始明"②，戴震的意思是说，天道运行是自然的，不讲分别与差异。而人道则要讲究分别、差异，甚至是"察之而几微必区以别之"，因而要讲"分理"，这样，人伦的关系才能变得更清晰、更有秩序。但是，

---

① 《孟子字义疏证·道》，见《戴震全书》第六册，199页。
② 同上书，201页。

天道与人道又有内在的联系，这种联系是通过人的能动性——"继之者善"的社会行为来贯通天人的。"《易》言天道而下及人物，不徒曰'成之者性'，而先曰'继之者善'，继谓人物于天地其善固继承不隔者也；善者，称其纯粹中正之名；性者，指其实体实事之名。一事之善，则一事合于天；成性虽殊而其善也则一。善，其必然也；性，其自然也；归于必然，适完其自然，此之谓自然之极致，天地人物之道于是乎尽。"①

此段文献中所讲的"必然"，即今天伦理学中所讲的"应然"。但戴震从理论上相信人伦具有某种客观性，尤其相信儒家的"五伦"具有不得不如此这样的必然性，故称之为"必然"。而他将人性之性看作"自然而然"的实有性，必须受善的"必然"法则的规范与约束。就此点而言，他的人性论思想接近历史上的告子、荀子从自然性的角度规定人性的哲学思路，属于孟子一系所谓"义外"论者。然而，戴震又十分重视人性中"心知"的先验性，认为通过长养人性中的心知，可以让人性提升到神明的境界。故戴震坚决维护孟子的性善说，批评荀子的性恶说。因此，对于戴震的人性论思想，我们既不能简单地说其是与告子、荀子一系的，也不能简单地说其就完全等同于孟子的性善论。尤其不能接受的是，因为戴震的人性论思想中有告子、荀子的思想元素，就推论说戴震不重视道德、伦理。更不能像熊十力所说的那样，清代以后社会风气的败坏、道德的沦丧与戴震提倡的伦理学思想有关。

戴震还进一步地论述了人道的特殊性，那就是"人道"概念既描述"实体实事"的"人伦日用之行"，也包含了表现"纯粹中正之名"的"仁义

---

① 《孟子字义疏证·道》，见《戴震全书》第六册，201 页。

礼"的伦理法则。如他说："古圣贤之所谓道，人伦日用而已矣，于是而求其无失，则仁义礼之名因之而生。非仁义礼有加于道也，于人伦日用行之无失，如是之谓仁，如是之谓义，如是之谓礼而已矣。"①

　　戴震此处所言，其实就是对《中庸》"道不远人，人之为道而远人，不可以为道"思想的重新表述。也可说是在晚明以降，特别是泰州学派"百姓日用即是道"的解释脉络之下的再阐释。但戴震对此古老命题在理论上似乎有所推进，即从"取实予名"的角度阐述了仁、义、礼等人伦规范之名，是从人伦日用的无失状态中产生的。换句话说，仁、义、礼等人伦之名是对人伦日用无失状态的一种命名。因此，仁、义、礼等人伦规范本身不具有第一性，而人伦日用本身才是第一性的。从这一"取实予名"的理论立场出发，戴震批评宋儒把仁、义、礼、等伦理法则客观化，进而把伦理法则与具体人伦日用行为两分，最终在理论与实践两个层面导致蔑视具体感性生活的伦理学思想。他说："宋儒合仁义礼而统谓之理，视之'如有物焉，得于天而具于心'，因以此为'形而上'，为'冲漠无朕'；以人伦日用为'形而下'，为'万象纷罗'。盖由老、庄、释氏之舍人伦日用而别有所（贵）〔谓〕道，遂转之以言夫理。"②而在戴震看来："人伦日用，其物也；曰仁，曰义，曰礼，其则也。专以人伦日用，举凡出于身者谓之道，故曰'修身以道，修道以仁'，分物与则言之也；中节之为达道，中庸之为道，合物与则言也。"③

　　由上可知，戴震所讲的"道"，既代表实体实事——物，又代表人伦

---

① 《孟子字义疏证·道》，见《戴震全书》第六册，202 页。
② 同上书，202 页。
③ 同上书，203 页。

法则。从其天道论来看，气化之物是内在的具有法则的，即他说的"气化即道"。而人道与天道相似，故人伦日用的生活本身也是有规则的。而人道的法则即仁、义、礼等"纯粹中正之名"。这就是他与传统经学"有物有则"的思想保持高度一致的地方。但戴震的上述论证也有其理论上的困难之处，即我们若没有评判是非得失的标准在先，又如何能讨论人伦日用的无失与有失呢？更进一步地说，用来描述人道无失状态的仁、义、礼等规范难道与我们描述恒星运动的法则一样，具有客观性的内容和普遍的有效性吗？站在儒家立场之外的道家、佛教、基督教等人群能接受仁、义、礼这套法则吗？戴震批评"宋儒合仁义礼而统谓之理，视之'如有物焉，得于天而具于心'"的客观唯心主义进路的伦理学，体现了他重视"人伦日用"——感性生活第一性的新伦理思想倾向。但对于我们生活中的合理伦理规范是从哪里来的重大理论问题，戴震仍然没有给出新的、令人满意的回答。他所坚持的"取实予名"的经验论的认识论进路，将仁、义、礼等伦理规范看作对我们日常生活无失状态的一种命名，在思辨的理论层面具有一定的开放性，具有肯定感性生活优先性的思想倾向。但他将仁、义、礼等规范看作对人道中正无失状态的恰到好处的描述，即他所说的"纯粹中正之名"，又从经验论的理论进路将这些伦理规范客观化了。再者，由于仁、义、礼等伦理规范在中国文化传统里具有相对稳定的历史内涵，因而在现实层面就基本上消解了其理论中所包含的新义。他非常有力地批判了宋明儒伦理学客观唯心主义的缺失，但又在唯气论的理论体系里将仁、义、礼等的伦理规范重新客观化了，因而也就没有提供出一个更好的、能够替代宋明儒的新伦理学。

第二节　戴震的分理说

一、"天理云者，言乎自然之分理也"

戴震把"理"解释成"分理"时说："天理云者，言乎自然之分理也。"①这种自然的"分理"，在人类社会生活中就具体地表现为"以我之情絜人之情"的"忠恕之道"。这种忠恕之道承认每个人的基本欲望、情感的满足是他人欲望、情感满足的前提，因而包含有每个人都是目的而不是手段的思想内容，故这种"忠恕之道"与近现代西方发展出的承认每个人的生存权、发展权的人道主义思想有相互诠释的可能性，至少从理论上说是不相冲突的。这一"分理"可以从以下三个层面来认识。

第一，从生成论角度看，这一"分理"禀自于自然生化不息的过程。由于自然的生化不息过程，是一个有条理的过程，亦即一个自然而然的过程。每一具体的事物都根据自然的原则而自在地存在着，从而构成了一个万象纷呈而条理森然的物质世界。人类是从自然世界演化而来的，在自然界中表现的自然而然的特性，在人类的自身上就表现为先天禀赋的自律而自由的本性——也可以说人类生生不息的活动中先天具有一种道德的秩序性。但这种先天的道德秩序性不是宋明理学之先于气而存在的"大理"，而是人区别于物的人之所以为人的一种质的规定性。这种质的规定是血气心知合一的人，通过心知的培养与学习而能达到去私、解

① 《孟子字义疏证·理》，见《戴震全书》第六册，152 页。

蔽，从而具有较高的道德理性。

第二，从存在论的静态角度看，每一事物都有自己的内在结构和秩序。戴震坚信事物有自己的内在秩序与条理，这就是他一再阐发的观点——"有物有则"。"有物有则"的思想在《诗经》中就有，但与《诗经》中"物"的概念内涵不同，戴震思想体系中的"物"概念，具有高度的概括性，它包括自然之物与人类之事。他在《孟子私淑录》中是这样来定义"物"概念的："物者，指实体实事之名。""有物有则"偏重于对事物做静态的结构分析，其理论目的是反对宋明理学无处不在、无所不包的"天理"。具体事物之则即"分理"，而"分理"在人伦日用世界则无非是在"遂欲达情"的过程之中正无失的"条理"——亦即人伦。戴震强调事物的内在秩序和条理，实际上是借自然的秩序性来为人类的感性活动的自律性特征做理论上的论证，又借人类的自律性特征来为人达情遂欲的感性自由活动做理论的辩护，从而也借"分理"来保护每个具体个人的个性及其个性化的需求。

第三，分理与人的自律、自由的关系。在自然哲学层面上，戴震所说的"分理"即自然生化的有条不紊的过程，这一条理化的过程表现在人事之中即自律的过程。而正因为在自然领域里的物和事是有条理的，在人类社会活动中人的行为是自律的，故而也就不受任何超越具体事物之上的先验"天理"的干涉。人虽然要服从仁、义、礼等法则的约束。但在戴震看来，作为"分理"具体化表现的仁、义、礼等具体法则，具有"以我之情絜人之情，而无不得其平也"的理想效果。换句话说，具有以"必然"来规范"自然"而实现自然之极致的效果。

从自然哲学的角度来看，"分理"与人的自律与自由之间的关系应当是这样的：自然的生化过程是一个"生生而条理"的过程，因而每一事物按照自己所禀而具有了内在的秩序与规定性。这一"内在的秩序与规定性"使自己成为独特的"这一类"，获得了自己类的本质规定性，即戴震所说的"性"。由于所有的事物都处于生生不息的大化洪流之中，在这种生化的过程中，事物都遵循自己类的规定性而表现为一定的秩序性，这种秩序性即"分理"。在人类社会，这种"分理"就是人的行为的自律性特征，即人伦日用之道。正因为这种"自律性"特征，使得人的行为不受一个无所不在的"天理"束缚，人类道德行为秩序——"分理"也不是这一"天理"的影子，因为这一秩序——"分理"乃是从大化流行，从自然而又有秩序的自然界获得的自身的内在秩序，它先验地、有秩序地存在着，因而也就是自律而自由地存在着。自然界不存在自由的问题，即戴震所说的"天道不言分"，但其"生生而条理"的自然而然特征在人类看来仿佛是一种自律而自由的活动。因而这种"条理"性的特征就被人视为自己"自律而自由"的本性象征，成为人实现自己目的的一种最高的哲学说明。因此，戴震自然哲学中的"分理"落实在人类社会之中就变成了道德的自律，而这种自律正是其伦理学中自由的前提。正因为人具有这种道德的自律性特征，人才具有了自由的资格。在此，戴震自然哲学中的"分理"就成了理解戴震伦理学中包含"自由"思想萌芽的关键。

　　但必须预先指出，尽管戴震是从自然哲学的"分理"角度来谈论伦理学中人的自律与自由问题的，但他并没有把人类社会伦理的当然之则等同于自然界的"自然法则"（亦即我们今天所讲的"必然"法则）。他只是把"分理"作为人具有道德自律特征的形而上的根据，而并没有将二者画等号。自然哲学中的"分理"与伦理学中"自律与自由"的区分，就在于人类的自律与自由是人在理智指导下由自然的存在达到自为的存在的提升结果，人类的自律与自由是人的心智通过学习人道的一切规范，如仁义礼智、忠恕之道而上升到神明的理智境界，用戴震的话说，是"由自然而归于必然"，用今天的话说即由自在最终上升到自为，由野蛮进化到文明的过程。但为了解决人的道德理性是从哪里来的(或者说人为什么具有道德理性)这一理论问题，戴震才煞费苦心地论证了自然的条理性特征。自然的这一条理性特征下落到人类社会之中不仅表现为自由而自律的存在，即表现为人先天地具有道德理性，还表现为人先验地具有道德理性认知的潜能，这种潜在的道德理性认知能力通过学习而展开为现实的道德理性，从而使人远远地超越动物式的存在而使人把自己提升到神明境界。这是理解戴震在讲人性的问题时，一定会与"血气心知"紧密地联系在一起来讲，而不能有所偏至。正因为人具有这种道德认知潜能——心知，人才可以通过学习使这种潜能得以展开和扩充，把自己提升到"遂己之欲而遂人之欲""达己之情而达人之情"的自由而自律的境界。戴震非常抽象地要求人欲、人情的充分满足，以至于纤微无憾而区以别之的境地。这与宋明理学简单地把太极之性名之曰"天理"，而把人在社会历史过程中所形成的追求美色美味的行为斥之为人欲之荡逸的伦理思想大不相同。宋明理学与传统的儒家思想一样，都不绝对地排斥人欲，这是作为明清时期官方意识形态的理学与西方中世纪神学对待人欲的不同之处。但是这种理论一旦作为官方的意识形态来压制中下层社会成员发展经济的要求，其理论的保守性就是显而易见的。

在戴震哲学中，"必然"即不得不如此、应当如此的意思，是趋时而更新的，是伴随着人的具体历史生存条件的变化而变化的，不是一种僵化的外在规范。这种"必然"之则本身并不具有优先存在的可能性，而只是从具体生活中抽象出来的"至正"，它不能脱离具体的感性生活，也不具有永恒性，就其存在的理由来说，这一代表"至正"的当然之则就是要遂人之欲、达人之情以至于无纤毫之憾。反过来说，束缚人性自由发展的任何规范都不能作为人类生活的"当然之则"。

这样，戴震伦理学中的"必然"法则实乃是人类自由的保护伞，这把保护伞不是直接从气化的自然界顺手牵羊得来的"分理"，而是人类道德理性上升神明境界之后对人性的内在法则认知并将其制定出来的结果，如戴震在《孟子私淑录》中说："夫人之异于物者，人能明于必然，百物之生遂其自然也。"①这是说人类在遂欲达情的过程中能保持合理的界限，做到"欲而不私"，合理的利己，而动物则不能。

不过，亦应指出，戴震从自然的"分理"角度来论证人类道德生活的自律与自由问题，也有他的理论局限。那就是他是从"生生即条理"的前定和谐论的理论前提出发的，没有充分地注意到人类生活中的历史性特征。从而也就没有看到自由的相对性问题，也没有把自由看作人类的生活的特征，仿佛每个人通过自己的道德努力而无须人类的社会实践也可以进入自由的境界。这是马克思历史唯物主义出现以前所有唯物和唯心主义思想家在讨论人的自由的问题时所表现出的理论局限性。

---

① 《戴震全书》第六册，73～74 页。

二、"理也者，情之不爽失也"①

戴震的自由思想在现实生活领域就表现在为人情的充分实现而大声疾呼，他一再要为人情辩护，认为现实的规范无非就是为人的情感、欲望的充分满足服务的。他在《孟子字义疏证·理》中说："理也者，情之不爽失也；未有情不得而理得者也。"②又说："由血气之自然，而审察之以知其必然，是之谓理义；自然之与必然，非二事也。就其自然，明之尽而无几微之失焉，是其必然也。如是而后无憾，如是而后安，是乃自然之极则。"③这是说，人类的伦理规范本身不具有本体的意义，其存在的现实理由就是要更好地为人的现实欲望、情感之满足服务。人的现实生活本身才是伦理规范之"体"，伦理规范则是生活之"用"；变化发展了的生活是"本"，而为生活本身服务的伦理是"末"。戴震说："天下惟一本，无所外。有血气，则有心知；有心知，则学以进于神明，一本然也。"④不存在什么超越物质生活之上的伦理规范。所有的伦理规范都属于精神范畴，是人的"心智"上升到"神明"境界后的产物。而人的心智则

---

① 刘述先对于此一理论主张做出了非常严厉的批评。既然情有不爽失，就表明情是可爽失的。以可爽失之情如何能作为伦理的标准呢？刘氏的批评实际上不能成立。戴震并不要求以爽失之情来作为理，而只是要求以不爽失之情为矩来度量人与人之间的关系。不仅情是可爽失的，"理"也不尽然是正确的。戴震主张以正当的、恰到好处的"情"作为度量与他人相处的标尺，恰是传统儒家恕道在清代哲学中的发展。戴震所说的"情"并非新儒家思想中的"炎炽之情"，而只是一种"欲而不私"的合理的利己之情，虽不高尚，但也无甚大害。至于生活中有人以"炎炽之情"为标准去度量他人，亦如生活有人以不近人情之理来要求别人一样，这已经不是理论的问题，而是道德实践问题了。

② 《孟子字义疏证·理》，见《戴震全书》第六册，152 页。

③ 同上书，171 页。

④ 同上书，172 页。

是奠基于"血气"的物质生命的基础之上的；伦理规范本身不具有本体意义，它是人的感性生活的"至正"的表现，是深深地扎根于感性生活之中的。人类与时俱进的感性欲求，人根据自己的自由意志成全个性的发展，这种要求才是人类生活的本质特征。这样，无论是程朱的"理在气先"，还是陆王的"理具于心"，他们的共同理论的失误都在于把具体历史进程中形成的伦理原则放在了感性社会生活之上，使本应与时更新的伦理原则成为束缚人性自由的理论教条。戴震用"情之不爽失"来界定"理"，其理论意义在于：要求人类从自己具体的感性生活中，从自己自由的社会实践中抽象出维护人的自由，更好地实现人的自由本性的道德、伦理，而不是把历史上的道德、伦理作为教条来束缚人与时俱进的自由本性。

戴震把舍情而求理的行为称为"任意见"："苟舍情求理，其所谓理，无非意见也。未有任其意见而不祸斯民者。"[1]在《答彭进士允初书》中，他对欲、情的内涵及其与理的关系做了非常明晰的规定，说道："欲者，有生则愿遂其生而备其休嘉者也。情者，有亲疏、长幼、尊卑感而发于自然者也。理者，尽夫情欲之微而区以别焉。使顺而达，各如其分寸毫厘之谓也。"[2]对欲、情之于人的客观性与实在性做出了明确的阐述，并将"理"看作充分展现差别性的个人欲望与情感的正当表达与实现。戴震的言论中没有现代西方哲学"个性"一词，然"理者，尽夫情欲之微而区以别焉。使顺而达，各如其分寸毫厘之谓也"的理论化表述，在思想上

---

[1]　《孟子字义疏证·理》，见《戴震全书》第六册，155 页。

[2]　同上书，358～359 页。

与近现代西方重视"个性"、个性自由的理论主张，有相当一致性的地方。因此，我们可以这样说，上述戴震对欲望、情感与理之间关系的辩证阐述，实即对自由意志与道德律令、个人自由与社会规范之间的关系做出了辩证的论述。他肯定了生活的优先地位，亦肯定了自由意志的优先地位，但并不因此而否定伦理和道德律令的重要性。他要反对的是"冥心求理"的理，"严于商、韩之法"的理，而不是"尽夫情欲之微区以别焉"之理（即分理），如戴震说："圣人之道，使天下无不达之情，求遂其欲而天下治。后儒不知情之至于纤微无憾，是谓理。而其所谓理者，同于酷吏之所谓法。酷吏以法杀人，后儒以理杀人，浸浸乎舍法而论理。死矣！更无可救矣！"①又说："后儒冥心求理，其绳以理严于商、韩之法，故学成而民情不知，天下自此多迂儒，及其责民也，民莫能辩。彼方自以为理得，而天下受其害者众也！"②戴震对意识形态化了的理学思想从社会、政治治理恶果的角度加以批判，是乾隆时代高度政治专制的历史背景下大胆批评泛道德主义的不同凡响的声音，是那个时代社会良知的典型表露，具有不同寻常的思想史与社会意义。如果说黄宗羲的《明夷待访录》初步地表达了早期启蒙学者要求将政治与伦理做适当的区分，使传统的人治走向近代的法治的历史意图，那么，戴震批评后儒"以理杀人"，则表达了要将伦理与法律做适当区分的历史意图。作为当代的人们都应当而且理所当然地指责中世纪基督教教会宗教裁判所对于科学发明的严酷镇压行为。那么，对于异化的儒家伦理不也应当像戴

---

① 《与某书》，见《戴震全书》第六册，496 页。
② 同上书，496 页。

震一样予以严厉的批判吗？而且正是通过对异化的儒家伦理的严厉批判，才能将儒家思想中合理的内核释放出来。

戴震批评宋明理学不知"权"，把人的所有需求都统统称之为人欲："举凡饥寒愁怨、饮食男女、常情隐曲之感，则名之曰'人欲。'"①然后要用他们所说的"理"来控制人欲。从表面上看，这一批评并未切中宋明理学的要害，因为朱熹明白地说过"饮食男女，天理也"，因而戴震的批评未能切中宋明理学的"理欲之辨"的要害。其实不是这样的。从具体的历史脉络来看，首先，戴震不可能明目张胆地批评在位的统治者，他只能通过理论的批判达到对现实批判的目的；其次，戴震所说的"欲"，除了"饥寒愁怨、饮食男女、常情隐曲之感"的基本需求以外，更本质的含义乃是指人的，尤其是当时社会正在成长的市民阶层追求"美色美味"的欲望，这种欲望的真实历史内容即新兴工商业阶层要求发展经济、提高自己社会地位的自由意志。如戴震说："天下必无舍生养之道而得存者，凡事为皆有于欲，无欲则无为矣；有欲而后有为，有为而归于至当不可易之谓理；无欲无为又焉有理！"②戴震在中国的思想脉络下，没有也不可能使用自由意志的概念，但上述文献所说的思想内容，其实是说人的自由意志是人的有为的前提，也是人类社会规范、律令产生的前提。人类若没有了任何欲望，哪里有人的现实活动呢？而没有了人的有为行动，何以产生制约人的社会规范呢？合理的做法是："君子使欲出于正，不出于邪，不必无饥寒愁怨、饮食男女、常情隐曲之感。"③历史上的大

---

① 《孟子字义疏证·权》，见《戴震全书》第六册，216 页。
② 同上书，216 页。
③ 同上书，216 页。

圣人治天下，"何一非为民谋其人欲之事！惟顺而导之，使归于善"①。伦理规范存在的前提是承认人有自由意志，如果人无欲无为，如木石、僵尸一般，又哪里还需要制约人的"天理"呢？因此，问题不在于要不要人欲，而在于使人欲处于合理的范围之内，使个人的自由意志与社会必要的限制之间处于动态的平衡之中。

戴震称当时"在上者"所坚持的宋明理学的"天理"，乃是"忍而杀人之具"，他们所坚持的"天理"其实是祸民之"理"。尽管他们可以通过政治权力把自己所坚持的"理"美其名为"天理""公义"，但真正落实到社会之中则只能"祸其人"。因为他们是在"离人情欲求，使之忍而不顾之"的基础上来谈论所谓"理欲之辨"的问题，因而也就"适以穷天下之人尽转移为欺伪之人"，其为祸天下之人也就不可胜言了。正是从这一角度看，戴震对人情物欲的肯定与辩护，可以看作为人的自由意志做辩护。

第三节　戴震的德性论与伦理学中的其他问题

伴随着专制政治的解体，思想意识形态的解放，戴震思想中所包含的近代思想因素也逐步被人们认识。从 20 世纪初期开始，戴震伦理学中包含的自由精神就为现代进步思想家所认同。最早认同戴震等人自由思想的是蔡元培先生。蔡先生于 1907—1911 年在德国留学期间撰写《中

---

① 《孟子字义疏证·权》，见《戴震全书》第六册，216～217 页。

国伦理学史》时就说道：“然如梨洲、东原、理初（案：俞正燮）诸家，则已渐脱有宋以来理学之羁绊，是殆为自由思想之先声。”①蔡先生还将戴震的伦理学与西洋的功利派的伦理学做了比较，认为两者之间有相似之处：“至东原而始以人之欲为己之欲之界，以人之情为己之情之界，与西洋功利派之伦理学所谓人各自由而以他人之自由为界者同。”②

继蔡元培先生之后，梁启超在《戴东原哲学》一书中将戴震的哲学说成是“情感主义哲学”，并认为这种哲学对宋明理学的“理性主义哲学”是一种反动。而对其伦理学中具有的自由意志亦有明确的论述。在梁启超之后，系统研究戴震的现代思想家要数胡适。胡适的《戴东原的哲学》一书虽然主要从科学主义的立场来研究戴震的伦理学，并没有明确地说戴震伦理学包含有自由意志的成分，但在比较戴震的伦理学与西洋的功利学派的伦理学时，还是间接地揭示了戴震伦理学有追求自由的倾向。如胡适认为，戴氏的主张颇近于边沁（Bentham）、弥尔（J. S. Mill）一派的乐利主义（Utilitarianism）。乐利主义的目的是要谋“最大多数的最大幸福”。戴氏也是主张：“‘圣人治天下，体民之情，遂民之欲，而王道备。’‘道德之盛，使人之欲无不遂，人之情无不达，斯已矣。’”③而边沁、弥尔（今作密尔）等人功利主义派的伦理学恰恰是属于自由主义学派的，胡适看到戴震伦理学与功利主义学派的关系，实际上也算是看到了其伦理学追求自由的特征。

中华人民共和国成立后，首先认识到戴震伦理学中包含自由精神的

---

① 《中国伦理学史》，68 页。
② 同上书，60 页。
③ 《戴东原的哲学》，见《胡适学术文集》（下），1033 页。

学者是周辅成先生。他在 1956 年撰写的长文《戴震的哲学》，以及 1957 年出版的著作《戴震——十八世纪中国唯物主义哲学家》一书中，对此做了精辟的论述。周先生认为，戴震所讲的"客观规则，并不妨害人类的自由"，"因为二者都是天性或自然规律在人身上的表现"。戴震既讲"命"之限制，又讲循"性"的自由发展以尽"才"，而对于性、命、才三者之间的矛盾关系，戴震是这样来处理的，那就是让性、命、才三者同时俱进，使它们处在相反相成的关系之中。周先生以现代哲学的语言对此做了阐释："性既是'存乎材质所自为'，'逞己而为'，则性的展开，是殊性的展开，也是殊性开展的自由，这就指道德行为上'自由'的意义；也合乎马克思主义出现以前唯物主义者如斯宾诺莎等所谓'内在必然性即自由'的意义。"①戴震所谓道德上的"善"的意义，就是从人这个"自由"中推演出来的。"善不是背叛'命'，而是循乎'命'；这就指人类的意志自由是相对的。""须知，人类的意志行为，如果是绝对自由，这其间决不能推演善的意义。因为失去了评判'善'的客观标准。任何人皆可自有一标准。反之，若人类意志和行为，完全是被客观世界决定，人类自身无丝毫自由可言，那末，任何善行，皆是客观世界的机械活动的结果，都是被动的，这样，善与不善，不能区别，也等于否认善的存在。这个道理，在中国古代哲学家中，本来已被荀子和王充都见到，但他们说得不够详细。只有到了戴震他在相对的意志自由论的基础上，提出'无失'和'纯粹中正'为善的标准，才使这问题更得到发展。""善乃是人

---

① 周辅成：《戴震的哲学》，载《哲学研究》，1956(3)。

的自由在循乎命定中所取得的成绩。"①因为人有道德理性，有自由意志，他可以权衡轻重，因此，人的一切行为，必须自负其责，"他在'必然'中，可以充分自由，但也必须对于'命'，对于他人，负完全的责任"②。这是 20 世纪中国学界对戴震伦理学中的自由思想揭示得最为充分的观点。但是，周先生并没有把戴震伦理学中的自由精神看作与宋明理学相区别的基本标志，亦未从"分理"与自由的关系上来论述戴震的自由观，即未从其伦理学的本体论角度来阐述戴震伦理学中的自由意志。

在我们看来，戴震伦理学中所包含的自由思想可以从以下四个层面来认识。第一，本体论意义上的，即分理与自由的关系。戴震坚信，人类像宇宙中的万物一样都有自己得之于天的先天的秩序与规定性——分理，每个人因为有得之于天的内在秩序与规定性——分理，因而就是自律的。当他们表现为类的活动时也必然是有内在的秩序性，因而是无须管束的。人按照自己的内在秩序、规定性展开自己，因而它在本质上是自律而自由的。这便是戴震伦理学中本体论意义上的自由。也是他将宋儒的普遍性的"天理"解构成自然之"分理"的理念意义之所在。第二，自由意志与道德律令二者之间的孰先孰后的关系问题。戴震认为，人类伦理规范的本质就是人的自律而自由的正当活动。用戴震的话来说是："理也者，情之不爽失也。"人欲、人情是人之为人的基本属性，只有使人的合理欲望、情感得到充分的满足以至于纤毫无憾的境地，才有所谓"理"存在。因此，人类生活的本质是实现人的自由意志，只有在实现自

由意志的过程中，为了保证每个人的自由不受侵犯而制定出一定的规则，才会有真正的人伦规则可言。人类社会里并不存在优先于人类自由活动的先验的"天理"，无论是在历史的时间维度上还是人类的思维逻辑中。戴震把人的自由意志及在自由意志指导下的遂欲达情行动的合理行为界定为"理"，从而亦就把人的自由意志从时间上和逻辑上放在了优先的地位。第三，"欲而不私"。充分领悟忠恕、絜矩之道，做到"欲而不私"。这一命题探讨了自由的边界问题，亦即个人自由与社会公正、社会法则的关系问题。第四，"尽性知命以逞才"。揭示自由与必然、自由与具体历史条件下的当然之则的关系。

一、戴震的德性论及其对德福关系的思考

德福一致论，在中国传统儒道两家的思想中，都有一些具体的论述。《易传》讲："积善之家必有余庆，积不善之家必有余殃。"这是典型的德福一致的观点。老子也讲："修之于身，其德乃真，修之于家，其德乃余。"庄子在《德充符》一文中，以带有反讽的笔触描写一大批"德全而形残"的人物形象，但从德福关系的角度看，庄子仍然相信美德可以致福。因而庄子也是坚持德福一致的观点的。当然，庄子并不完全相信有德者必定有幸福的观念，其在著作中所描写的有德而无福的一些人物形象就表明了这一点。他虽然并没有因此而谴责社会的不公正，而将这种现象最后归结为一种无可奈何的命运，恰恰表明他意识到，美德并不一定能带来幸福。孔子的学生中，颜渊是最有德性的，可惜短命而亡。

孔子也为此而感叹。颜渊有德而短命，使后人不断地在思考"美德是否一定能带来幸福"这一严肃的问题。美德如果不能带来幸福，我们是否还要坚持个人的道德修行？而全社会的人都不以美德为修行的目标，这将给人类社会带来巨大的道德灾难与现实的混乱。因此，德福一致的道德哲学理想，在经验的世界中未必完全应验，但作为一种道德信念，同时也作为一种社会规制，都是必须要加以辩护与维护的，否则，人类社会生活将成为不可能。

德性伦理与规范伦理，在现代西方伦理学中区分得比较明显，但在中国传统哲学中，这二者之间的关系并不是严格地区分开来的。在儒家的主流思想传统里，德性与规范始终是联系在一起的，在儒家创始人孔子的思想中，人的美德就是如实地实践了仁、义、礼、智、信等道德规范的人，就是按照礼的规范实践孝、悌之伦的人。至于按照这一规范去实践是否就能获得个人的幸福，孔子没有做过多的讨论。就本书研究的对象戴震而言，也是如此。他说："凡言与行得理之谓懿德，得理非他，言之而是、行之而当为得理，言之而非、行之而不当为失理。"①又说："仁义礼智，懿德之目也。"②此处所说的"懿德"即现代汉语所说的"美德"。因此，在汉语的语境中讨论德性与幸福的问题，就不可能撇开德性与规范的关系，尤其是在儒家的思想传统里更是如此，因为，在儒家看来，德性即道德规范内化为人的品性的结果。因此，当我们在研究戴震的道德哲学时，对他所说的德性与道德规范的关系，就不能不加以讨

---

① 《戴震全书》第六册，89 页。
② 同上书，184 页。

论。戴震虽然批评了宋明儒中"存理灭欲"一系的思想，提出了"圣人之道，无私而非无欲"的新道德命题，但他本质上仍然是一个儒家学者与思想家，他在讨论人的德性与人的幸福问题时，并没有偏离通过道德规范的实践而达至幸福的主流话语。换句话说，戴震在关注人的福祉问题时，并没有要抛弃道德理性的意思与想法。无论是他所说的"以情絜情"，还是"尽其自然，归于必然""无私而非无欲"的诸主张，都在强调道德规范或曰道德理性对于人的感性欲求的制约，只是在他的新伦理学的话语体系里增加了对于具有差异性的个人福祉而不是共同通性的"食色之欲"的关注，以及对下层普通百姓感性生活的关怀等新内容。本节尝试从德性与人的福祉的关系角度，讨论18世纪的中国哲学家戴震的道德哲学思想。①

（一）戴震道德哲学的基本内容及其主要突破之处

就道德哲学的基本问题而言，戴震基本上在宋明理学的框架里展开对理、天道、性、才、道、仁、义、礼、智、信、诚、权等问题的讨论，其中涉及的理欲、性气，心性、天命与人力等一系列关系命题，在戴震的道德哲学里，仍然继续被讨论着，只是其所给出的理论基础与程朱理学的理本论、陆王心学的心本论，或良知本体论并不相同，而是以气化生生而条理，气化生生即道的气本论或道本论为其理论基础，来讨论人的感性要求与道德理性的关系，并以"分理"为其道德哲学的核心范

---

① 一般的中国伦理学史与研究戴震哲学的专著，就笔者目前阅读所见，还未见到有人用专文讨论过戴震的德性论与福祉论的思想。

畴，讨论情理关系，以"无私而非无欲"的鲜明理论主张，来替代宋明儒者"存理灭欲"的理欲关系论，从而改变了宋明以降以"理欲"关系为基础的道德哲学的理论范式。戴震花费了大量的笔墨讨论"分理"，从哲学形上学与道德哲学的两个维度对"理"给出了两层既相区别，又有内在联系的新定义，其一曰："理者，察之而几微必区以别之名也，是故谓之分理；在物之质，曰肌理，曰腠理，曰文理（亦曰文缕。理、缕，语之转耳。）得其分则有条而不紊，谓之条理。"其二曰："理也者，情之不爽失也；未有情不得而理得者也。"而这两个维度关于"理"的规定，合为一个整体性的表达就是："天理云者，言乎自然之分理也；自然之分理，以我之情絜人之情，而无不得其平是也。"①

上述戴震对于"分理"的论述，用今天人的话来说，"分理"是一形式义的差别性的规则与法则，其实质性内容是恰到好处的"得情"。何谓"得情"？戴震认为，"凡有所施于人，反躬而静思之：'人以此施于我，能受之乎？'凡有所责于人，反躬而静思之：'人以此责于我，能尽之乎？'以我絜之人，则理明。"而情与理之间的差别是："情"是作为分离状态下任何个人内在的情实——包括各种情感、欲望、意志等，而"理"（实际上是分理）则是这种"情实"在关系中的恰到好处的展现，用戴震自己的话来说："在己与人皆谓之情，无过情无不及情之谓理。"②此处戴震所说的"理"即他自己所说的"分理"。人如果能够在言行中都能做到合乎"分理"的要求，那么，我们就可以说是"得情"。

---

① 《戴震全书》第六册，151～152页。
② 同上书，152～153页。

在戴震的道德哲学中，"权论"是其中颇具特色的部分，他说："权，所以别轻重也。"所谓"所以别轻重"，即从理论上探讨何者更有价值并给出价值大小判断的理由，颇有一点价值重估的意味。而他要在道德哲学方面重新做出价值重估的，正是对何谓理，何谓情、欲，以及情、欲与理二者之间的关系做出新的理论评价。戴震道德哲学所论的重点即情、欲问题和情、欲与理的关系问题，而且也正是在这三个问题方面，他的道德哲学给出了新的而且是精彩的回答。他认为："人之患，有私有蔽；私出于情欲，蔽出于心知。无私，仁也；不蔽，智也；非绝情欲以为仁，去心知以为智也。是故圣贤之道，无私而非无欲。"其结论是："人伦日用，圣人以通天下之情，遂天下之欲，权之而分理不爽，是谓理。"①可见，宋明儒斤斤计较的"理"与"欲"的问题，是一个错误的道德问题。

《孟子字义疏证》一书"权"论部分的核心内容，就在于阐发他自己的新理欲、新情欲观，而一系列具有震撼人心的哲学论断也出之于此部分。如他说："天下必无舍生养之道而得存者，凡事为皆有于欲，无欲则无为矣；有欲而后有为，有为而归于至当不可易之谓理；无欲无为又焉有理！"②

戴震在此部分又说，将"理欲"对立起来的"理欲之辩"，"适成忍而残杀之具"，离开人的情欲需求而坚持所说的理，"适以穷天下之人尽转移为欺伪之人"。③ 这种理欲观、情理观的现实祸害将无法估量。在乾

① 《戴震全书》第六册，210～211页。
② 同上书，216页。
③ 同上书，216～217页。

隆时代，文字狱还是十分惨烈的，戴震敢于从理论上批评官方支持的宋明理学的伦理学，是需要相当大的理论勇气的。

(二)戴震论"德"与"德性"

1. 德——天德与人德

"德"之概念在戴震的哲学思想中处在第二顺序的位置，主要是用来揭示一物不可变的恒久性特征。作为一种道德形上学的"德"，它主要是指一种不偏不倚的状态，即戴震所说的："德也者，天地之中正也。"①而他在道、德、理、善、性五个范畴中所说的"德"，主要是指事物的一种恒定性，如他说："道，言乎化之不已也；德，言乎不可渝也；理，言乎其详缴也；善，言乎知常、体信、达顺也；性，言乎本天地之化，分而为品物者也。"②

上述道、德、善、理、性五个范畴中，德是相对于道而言的。道是表征气化流行的宇宙本身，而德是表现一物的不可变化的恒久性特征。而就"人之德"来说，戴震还有命、性、才、事、能五个范畴，以此五个范畴来描述人的德性，如他说："限于所分曰命；成其气类曰性；各如其性以有形质，而秀发于心，征于貌色声曰才。资以养者存乎事，节于内者存乎能，事能殊致存乎才，才以类别存乎性。"③

在戴震"气一本论"的思想体系中，道与德其实都是天地之间一阴一阳之气流行、生生不息状态的不同称谓而已。就生生之气而言，"主其

---

① 《戴震全书》第六册，170 页。
② 同上书，7 页。
③ 同上书，7 页。

流行言，则曰道；主其生生言，则曰德。道其实体也，德即于道见之者也"①。"主其流行""主其生生"是从气的流行角度看，从气的生生角度看的意思。天德，即气化不已，生生不息的道所表现出的一种中正的品性。

作为人的一种道德品质而言，信、权、道、德、诚、命的诸范畴中所说的"德"，则是用"信"来规定"德"的内容，这是从道德实践的角度来讨论"德"的问题。他认为人有血气心知："由心知而底于神明，以言乎事，则天下归之仁；以言乎能，则天下归之智。名其不渝谓之信，名其合变谓之权。(案：此处当为句号，后面五句的谓语动词为'之谓'，与此两句语法不同)言乎顺之谓道，言乎信之谓德，行于人伦庶物之谓道，侔于天地化育之谓诚，如听于所制者然之谓命。"②

上述一段文献中所讲的"德"，主要是讲人在社会生活中表现出言行一致的道德品质，即从"信"的角度来体现人的仁与智两种基本的道德要求，故可以称为"德"。按照后期戴震的说法，"之谓"句可等值地替换为"者也"的句式，则"言乎信之谓德"一句话可以等值地替换为："德也者，言乎信之谓也"。这是说，德是指一个人具有诚信品质的意思。

就戴震主要的哲学文本来看，他对于"德"的认识基本上还是顺着"十三经"的思路来讨论"德"的问题，只是给出了不同于宋明儒的解释。他说："有天地，然后有人物；有人物而辨其资始曰性。人与物同有欲，欲也者，性之事也；人与物同有觉，觉也者，性之能也。欲不失之私，

---

① 《戴震全书》第六册，45 页。
② 同上书，7~8 页。

则仁；觉不失之蔽，则智。仁且智，非有所加于事能也，性之德也。言乎自然之谓顺，言乎必然之谓常，言乎本然之谓德。天下之道尽于顺，天下之教一于常，天下之性同之于德。"①

在上述一段文献中，戴震所讲的道德哲学的形上之"德"，是指人物本然所具有的一种恒久的品质，因而也是人物之性的根基。因为人物之性即人与物从气类中所获得的恒久特质。故德与性是二而一的东西，只是称谓不同，以及称谓的侧重点不同罢了。"德"是就人物从气化之道那里获得的一种本然的规定性，而"性"是指称具体人物之固有特质，如戴震说："性之德，配天地之德。""通乎天地之德者，可与语性。"②由此两条文献可知，德与性在戴震的哲学思想中具有相同性的特征，但具体指称的对象与具体言说的侧重点有所不同。

戴震还从"天地之德"（生）与"性之德"合一的角度，重新解释了孟子道德哲学中的"尽心"一词的意思，可谓别出心裁。他说："仁义之心，原于天地之德者也，是故在人为性之德。斯二者，一也。由天道而语于无憾，是谓天德；由性之欲而语于无失，是谓性之德。性之欲，其自然之符也；性之德，其归于必然也。归于必然适全其自然，此之谓自然之极致。""天人道德，靡不豁然于心，故曰'尽其心'。"③

戴震的意思是说，人的自然性要求以合乎道德的方式去实现，并达成极致的状态，恰恰是自然的最高级状态，故"性之欲"与"性之德"并不是绝对的对立关系，而是自然的不充分状态与充分状态的关系。换句话

---

① 《戴震全书》第六册，9 页。
② 同上书，9 页。
③ 同上书，11 页。

说，性是德的原初状态，而德是性的完成之后的极致状态。戴震在分析人所拥有的"性之德"如何与天地之德相协调的重要性时指出，如果人不能与天地之德相协调，在实践仁与礼义的过程中，都会偏离于中正之道，出现践仁而害礼义与遵守礼义而伤害仁的偏差，如他说：

> 与天地之德违，则遂己之欲，伤于仁而为之；从己之欲，伤于礼义而为之。能与天地之德协，而其有所倚而动也亦易。远于天地之德，则以为仁，害礼义而有不觉；以为礼义，害仁而有不觉。皆道之出乎身，失其中正也。君子知其然，精以察之，使天下之欲，一于仁，一于礼义，使仁必无憾于礼义，礼义必无憾于仁，故曰"修道之谓教"。①

上述戴震讲的"人之德"与"天地之德"相通的道理，既不否定合理的人欲，也不鼓吹人欲的泛滥。故他在讲"仁"之时，要求不能毁弃礼义的规范。但他又清醒地意识到，礼义规范有可能被异化，故在讲礼义规范时又重视"仁"。他认为，只要人心能以"仁"为主宰，则人的感性欲求都符合仁的要求。在这一点上，戴震的伦理学不同于宋明之儒的伦理学。宋明之儒的伦理学在理欲之间制造了一种紧张的关系，而戴震则要挖掘仁与人欲之间的同一性，然而又是主宰与被主宰的关系。故他说："天地之德，可以一言尽也，仁而已矣；人之心，其亦可以一言尽也，仁而已矣。耳目百体之欲喻于心，不可以是谓心之所喻也，心之所喻则仁

---

① 《戴震全书》第六册，12页。

也；心之仁，耳目百体莫不喻，则自心至于耳目百体胥仁也。"①

这种"天德"，"实言之曰德，虚以会之曰理，一也"②。可见，德与规范之"理"也是二而一的东西，都是"生生而条理"的"气"的不同称谓而已。

戴震的意思很明确，人虽有"百体之欲"之类的感性欲求，然这不是"心"所喻的内容，心所喻的内容是仁，而心之仁是百体之欲，故尔百体之欲因为喻于仁而其所欲也因之而具有仁德的属性。这当然是从本然的性善角度说的，在实践上，"百体之欲"可能因为私的影响而不表现为仁，对此，戴震也是知道的，故他要求人们"欲而不私"。他以大禹治水为例说道："禹之行水也，使水由地中行；君子之于欲也，使一于道义。治水者徒恃防遏，将塞于东而逆行于西，其甚也，决防四出，泛滥不可救；自治治人，徒恃遏御其欲亦然。"③

由上所论可以看出，戴震在讨论"德"的问题时，一方面重视人的自然性要求，另一方面又重视人伦规范对于人的自然性要求的规范作用。而他所讲的"天德"本身就包含着仁、义、礼，三项内容，并认为此为"善之大目也，行之所节中也"④。可见，他所说的"天德"，实际上将仁、义、礼三种人伦规范客观化了，在哲学思维上，他的主观意图要使自己的思想与宋明之儒区别开来，而实际上，其道德哲学仍然将儒家的伦理规范客观化了，与宋明之儒的思路是一致的，而且与魏晋以来"名

---

① 《戴震全书》第六册，15～16页。
② 同上书，88页。
③ 同上书，20页。
④ 同上书，23页。

教即自然"的思想也是一致的。这是戴震本人所始料未及的。

2."德性"与"三达德"

戴震的哲学中也有"德性"一词，但是，他所说的"德性"与古希腊以来西方哲学中所讲的"德性"或"美德"一词的意思并不完全相同。有关古希腊以来西方哲学中的"德性"或"美德"一词意思的异同辨析，可以参阅江畅的《德性论》、李义天的《美德伦理学与道德多样性》、沈顺福的《儒家道德哲学研究——德性伦理学视野中的儒学》。本书所论戴震哲学中"德性"一词，主要是在中文语境里展开的。

戴震明确地提到"德性"二字，是在《绪言》的卷中部分。他在讨论"问学"与"德性"的关系时说："问学之于德性亦然。有己之德性，而问学以通乎圣贤之德性，是资于圣贤所言德性埤益己之德性也。"[1]这一说法，与在《孟子字义疏证》卷中《性》条所说的文字相同。

在《孟子字义疏证》卷上，戴震再一次强调"德性资于学问"的观点时说："德性始乎蒙昧，终乎圣智。其形体长大也，资于饮食之养，乃长日加益，非'复其初'；德性资于学问，进而圣智，非'复其初'明矣。"[2]

戴震的意思很明确，人的德性虽然天生具有善的品质，但必须通过后天的"学问"滋养，然后才能达到神明的境界，美德是经过理论理智的培养而最终才能完成的。在这一点上，他将孟子的"扩充"说与荀子"学习"理论结合起来了。他说："天下惟一本，无所外。有血气，则有心知；有心知，则学以进于神明，一本然也；有血气心知，则发乎血气之

---

[1] 《戴震全书》第六册，109 页。

[2] 同上书，167 页。

知自然者，明之尽，使无几微之失，斯无往非仁义，一本然也。"①

就现代汉语的"美德"一词而言，在经学家戴震的语言里即为"懿德"，而这种"懿德"与人的感性欲望之间并不是对立的。他说："常人之欲，纵之至于邪僻，至于争夺作乱；圣人之欲，无非懿德。欲同也，善不善之殊致若此。欲者，血气之自然，其好是懿德也，心知之自然，此孟子所以言性善。"②

戴震认为，人心作为一种道德理性，喜欢美德是自然而然的事情，这正如人在感性生命层面有欲望一样，是自然而然之事。而且，这两种"自然"倾向之间不是一种类比关系，而是一种实质上的相同关系。戴震在"一本论"的理论前提下，推导出人性对美德的自然而然爱好的倾向，但在实际上并不能说明现实生活中众多的人不具备美德的真实现象。对此问题，戴震的道德哲学与伦理学并没有来得及给出恰当而又充分地说明。

就人的美德类型而言，戴震提出了"三达德"的说法。"三达德"即指人所具有三种美德，其具体内容为"智、仁、勇"，而能够实践"三达德"的具体方法则有忠、信、恕三种手段。"谓之达德者三：曰智，曰仁，曰勇；所以力于德行者三：曰忠，曰信，曰恕。"③

至于儒家"五常"之中的"仁"与"三达德"中的"仁"有何区别，以及在智与仁两种德性之外为何还要加上一个"勇"之德，戴震有明确的说明。他说："仁义礼可以大共之理言，智仁勇之为达德，必就其人之根于心

---

① 《戴震全书》第六册，172页。
② 同上书，171页。
③ 同上书，23页。

者言……仁义礼之仁，以理言；智仁勇之仁，以德言，其实一也。以理言，举礼义而不及智，非遗智也，明乎礼义即智也；以德言，举智而不及义礼，非遗义礼也，智所以知义礼也。"①

上述引文的主要意思是说，作为规范伦理的仁、义、礼三种道德规范，其中的"仁"是从人伦法则的角度来说的，它是诸多人伦法则中的一种。"以理言"，其实是从"分理"的角度来说的，因为戴震是用"分理"来界定"理"或"天理"的。故从"理"的角度来说的"仁"，是诸多具体道德规范中的一种规范。而"以德言"，是从一种恒定的道德品质来说的。用荀子的观点看，也是将仁的道德规范内化为一种道德品质；如果从孟子的角度看，即将人性中天生的"生生之德"经过扩充变成一种自觉状态的道德意识，在日常生活的具体方面都能彰显出来。

戴震又进一步讨论了"勇"作为"三达德"之一的理由，他说："古今惟圣人全乎智仁，全乎智仁，则德靡不赅矣，而此更言夫勇，盖德之所以成也。"②戴震的意思是说，智、仁两种美德已经囊括了德性的全部内容了，加上一种"勇"德，主要是为了说明人的美德何以能完成的道理。"勇"之德性为何能说明"德之所以成"的道理呢？在《原善》（三卷本）和《孟子私淑录》《绪言》《孟子字义疏证》诸文本中，戴震似乎没有更多的论述。依照笔者的理解，"勇"是一种内在的道德意志力，它能够让人在真实的社会生活中将智与仁两种美德充分地实践出来。孔子讲："三军可夺帅也，匹夫不可夺志也"，这种不可夺的"志"即为一种道德意志力上

---

① 《戴震全书》第六册，130 页。
② 同上书，130 页。

的"勇敢"。孟子讲的勇于道义，"虽千万人吾往矣"，也是一种道德意志力上的"勇敢"。孟子甚至还有"养勇"说。表明道德意志力上的"勇敢"，的确是儒家道德哲学中诸美德之一。戴震虽然没有详细地讨论道德意志力上的"勇"，但将"勇"作为与智、仁并列的第三种美德，而且还将其看作智、仁两种美德得以完成的所以然的原因，这是颇有深意的。他在乾隆那个普遍不讨论哲学问题的时代里，敢于讨论哲学问题，而且还敢于批评程朱理学。他甚至敢于说："在位者多凉德而善欺背，以为民害，则民亦相欺而罔极矣；在位者行暴虐而竞强用力，则民巧为避而回遹矣；在位者肆其贪，不异寇取，则民愁苦而动摇不定矣。"①难道这不也正是体现了戴震本人在道德意志上的一种勇敢吗？而戴震本人在道德意志上的勇敢，恰恰表明，他的德性论伦理学思想中蕴含着一种社会正义的诉求，因而也就自然而然地指向了对人的普遍幸福状态，或曰福祉的追求。

（三）戴震论人的福祉

应该说，在戴震的伦理学中，并没有直接讨论人生的幸福或曰福祉问题②，但他在讨论孟子"理义之悦我心，犹刍豢之悦我口"的观点时，涉及了人生的快乐与幸福或曰福祉问题。他认为，孟子讲的"理义之悦我心，犹刍豢之悦我口"的道理时，并不是一种比喻之语，而是在讲一

---

① 《戴震全书》第六册，30 页。
② 有关德性与幸福的关系，以及如何来界定幸福问题，可以参见江畅的《德性论》第三章"德性与幸福"，李义天的《美德伦理学与道德多样性》第三章"美德、幸福与共同体"。

种真实的道理，他说：

> 凡人行一事，有当于理义，其心气必畅然自得；悖于理义，心
> 气必沮丧自失，以此见心之于理义，一同乎血气之于嗜欲，皆性使
> 然耳。①

可见，戴震是将人生的快乐与幸福建立在遵守合理、正确的道德规范的基础之上。而个人的德性，如"三达德"即儒家"五常"中"智、仁"二德目，再加"勇敢"德性的内化、凝聚的结果。要理解戴震道德哲学中有关人的福祉的论述，首先需要理解他的道德哲学中"自然"与"必然"一对范畴。在戴震的伦理学中，"自然"与"必然"是两个极其重要的概念，他在《孟子私淑录》《绪言》《孟子字义疏证》中反复讨论了二者之间的辩证关系。但其基本意义是一致的，即要求自然服从必然，通过必然来实现自然之极致。在《绪言》卷上，戴震说道："性之欲，其自然也；性之德，其必然也。自然者，散之见于日用事为；必然者，约之各协于中。"②

其次，要理解戴震的"福祉"论，还需要进一步理解他的"达情遂欲"的社会、人生理想论。就"达情遂欲"这一社会、人生理想而言，戴震的"幸福论"始终关乎社会群体的整体幸福，他说：

> 人生而后有欲，有情，有知，三者，血气心知之自然也。……

---

① 《戴震全书》第六册，58页。
② 同上书，103页。

惟有欲有情而又有知，然后欲得遂也，情得达也。天下之事，使欲之得遂，情之得达，斯已矣。惟人之知，小之能尽美丑之极致，大之能尽是非之极致。然后遂己之欲者，广之能遂人之欲；达己之情者，广之能达人之情。道德之盛，使人之欲无不遂，人之情无不达，斯已矣。①

当然，此处戴震主张人情、人欲皆能得遂、得达，还有"不私"与"恕道"的伦理法则的制约，否则社会中每个个体之欲、之情之间的冲突就无法调节。所以戴震又讲"欲而不私""情得其平"，反对以在己之意见为真理，进而造成祸害万民的恶果。他说："人之患，有私有蔽；私出于情欲，蔽出于心知。无私，仁也；不蔽，智也；非绝情欲以为仁，去心知以为智也。是故圣贤之道，无私而非无欲……以此无私通天下之情，遂天下之欲者也。"②

最后，就"理者，尽夫情欲之微而区以别焉"③的"分理"论，与尽其自然，归于必然的人性充分实现论而言，戴震十分推崇人在实现自己人生目标方面、需求方面的差异性与极致性。

在人情的差异性方面，戴震特别重视"情之不爽失""各如其区分"的差异性。他说："理也者，情之不爽失也；未有情不得而理得者也。……天理云者，言乎自然之分理也；自然之分理，以我之情絜人之

---

① 《戴震全书》第六册，197 页。
② 同上书，211 页。
③ 同上书，358～359 页。

情，而无不得其平是也。"①

就人性的充分发展与实现的意义而言，戴震特别强调了自然与必然二者之间的辩证关系。他说："由血气之自然，而审察之以知其必然，是之谓理义；自然之与必然，非二事也。就其自然，明之尽而无几微之失焉，是其必然也。如是而后无憾，如是而后安，是乃自然之极则。若任其自然而流于失，转丧其自然，而非自然也；故归于必然，适完其自然。"②

因此，戴震对人生福祉的描述，是基于人的感性生活的充分实现，而又符合人伦理想要求的一种生存状态。他揭示了人生理想生存状态中的个体差异性，并认为这种个体差异性不影响共同体的协调性。这可以看作戴震伦理学中比较微弱的现代性的新因素，但却是以非常学究式的语言表达了近现代哲学对于人的个体主体性的诉求，在其"分理说"的理论框架下，以晦涩的学术语言表达了突破传统儒家思想的新内容。

二、戴震伦理学中的其他问题

(一)欲而不私——戴震对宋明伦理学问题之转化

20 世纪上半叶，前辈学者在谈到戴震的伦理学时，大多提到了其学说与西方 19 世纪的功利主义伦理学有相似之处，但却往往语焉不详，

---

① 《戴震全书》第六册，152 页。
② 同上书，171 页。

仅仅是一笔带过。实际上，最能体现戴震伦理学与西方功利主义伦理学派相似之处的是其"欲而不私"的命题。戴震承认人在自然属性方面与禽兽有相同的一面。他说："凡血气之属皆知怀生畏死，因而趋利避害；虽明暗不同，不出乎怀生畏死者同也。人之异于禽兽不在是。"又说："一私于身，一及于身之所亲，皆仁之属也。私于身者，仁其身也；及于身之所亲者，仁其所亲也；心知之发乎自然有如是。人之异于禽兽亦不在是。"①这实际上也含蓄地肯定了人趋利避害、怀生畏死，以及自私的本能，与李贽所说的"人必有私，而后其心乃见"的观点在原则上是相通的。但与李贽所不同的是，戴震并没有就此为人的自私自利本性大唱赞歌。他认为人虽有私心以及趋利避害之心，但人之为人的特征乃在于人有理性，可以超越这种本能的自私，从而做到遂己之欲，广之能遂天下之欲。这应当看作戴震的伦理学思想比李贽更为圆通的地方。他为了补救人在"遂欲达情"过程中的缺陷，便提出了个人的欲望、情感满足的边界问题，那就是每个人的欲望、情感的满足是以他人的欲望、情感的满足为前提的，从而就从理论上弥补了李贽"各从所欲，各骋所好"的早期自由伦理思想中隐含的极端个人主义的理论缺陷。但如何使一般民众做到"遂己之欲而遂人之欲""达己之情而达人之情"呢？那就是通过理智的扩充，使普通的人们做到欲而不私。

我们需要追问的是，人为什么具有扩充道德理性的可能性呢？在戴震看来，就在于人具有内在的道德理性——分理，这种内在的道德理性是王道教化的基础。当这种潜在的道德理性具体地展开为现实的人性

---

① 《孟子字义疏证·性》，见《戴震全书》第六册，181~182 页。

时，就表现为"人之欲无不遂，人之情无不达"。整个社会充满着进取的活力，同时，又保持着整体的协调、和谐。如戴震说："惟有欲有情而又有知，然后欲得遂也，情得达也。天下之事，使欲之得遂，情之得达，斯已矣。惟人之知，小之能尽美丑之极致，大之能尽是非之极致。然后遂己之欲者，广之能遂人之欲；达己之情者，广之能达人之情。道德之盛，使人之欲无不遂，人之情无不达，斯已矣。欲之失为私，私则贪邪随之矣；情之失为偏，偏则乖戾随之矣；知之失为蔽，蔽则差谬随之矣。不私，则其欲皆仁也，皆礼义也；不偏，则其情必和易而平恕也；不蔽，则其知乃所谓聪明圣智也。"[1]"圣贤之道，无私而非无欲。"[2]

上述戴震所论，从理论方向上改变了宋明以来"理欲之辩"的论争方向，将"理欲"问题转化为人我关系的问题，从而也就改变了宋明理学以自我心性修养为核心的"成己"的伦理学方向，使之向"成己成物"的人我关系的伦理学方向转化，即由"内圣"向"外王"的转化。这一新的理论方向的转化，还可以从戴震对"克己复礼"所做的新解释中再一次得到证实。他说："克己复礼之为仁，以'己'对'天下'言也。礼者，至当不易之则，故曰'动容周旋中礼，盛德之至也。'"[3]只有当人"能克己以还其至当不易之则"，即使自然之人欲归于"必然"，符合社会的当然之则，个人的欲求与天下之人的欲求"不隔"，天下所有的人欲望才是"仁"的具体体现。如此的"天下"当然是一个理想的王道天下了。

---

① 《孟子字义疏证·才》，见《戴震全书》第六册，197 页。
② 《孟子字义疏证·权》，见《戴震全书》第六册，211 页。
③ 同上书，214 页。

(二)性、命、才及其三者之间的关系

探讨性、命、才三者之间的关系，实际上是探讨人的自由与外在的客观限制的关系，亦可以说是探讨人的自由与自然和社会的必然性的关系。戴震是这样来定义才、命、性的："才者，人与百物各如其性以为形质，而知能遂区以别焉……气化生人生物，据其限于所分而言谓之命，据其为人物之本始而言谓之性，据其体质而言谓之才。"①这是说，才是人性的物质化的形态，是每个人先天具有的与其他个体相区别的现实化的特性。性是从每个人在开端处与他人形成差异的角度来说的，而命是就每个个体从自然中所禀赋的有限性的角度来说，但才与性与命不是没有关系，三者其实都可以说是人的"天性"。如戴震说："别而言之，曰命，曰性，曰才；合而言之，是谓天性。"②又说："性者，分于阴阳五行以为血气、心知、品物，区以别焉，举凡既生以后所有之事，所具之能，所全之德，咸以是为其本，故《易》曰'成之者性也'。"③这是说，性是开端处人的才质，才是每个人人性的现实性表现，是展开了的、现实化的人性。"才质者，性之所呈也；舍才质安睹所谓性哉！"④而"命"则是人得之于天的限制性和受礼义规定的限制性。在《孟子私淑录》中，戴震对此有较完整的规定。他说："凡言命者，受以为限制之称，如命之东则不得而西。故理义以为之限制而不敢逾，谓之命；气数以为之限

---

① 《孟子字义疏证·才》，见《戴震全书》第六册，195 页。
② 同上书，196 页。
③ 《孟子字义疏证·性》，见《戴震全书》第六册，179 页。
④ 《孟子字义疏证·才》，见《戴震全书》第六册，195 页。

制而不能逾，亦谓之命。"①而戴震此处所讲的"命"，与他所讲的"自然"与"必然"的辩证关系具有内在的一致性，如他说：

> 命即人心同然之理义，所以限制此者也。古人多言命，后人多言理，异名而同实。耳目百体之所欲，出于性之自然，明于其必然，斯协乎天地之中，以奉为限制而不敢逾，是故谓之命。命者非他，就性之自然，察之精明之尽，归于必然，为一定之限制，是乃自然之极则。若任其自然而流于失，转丧其自然而非自然也。故归于必然，适完其自然，如是斯"与天地合其德，鬼神合其吉凶"。②

戴震把"命"看作"自然之极则"，认为人既要尽其自然之性，又要归于"必然之则"的约束，体现了戴震伦理思想既重视自由，又重视法则的辩证之处。在戴震看来，人的自由既有其内在的必然性限制，也有理义的限制。这种内在的必然性，可以从三个方面来认识：一是先天所得，如性别、家庭背景、身体素质与大脑智力；二是所处的时代大背景，如族别、国别、人种的限制；三是人自身的生理极限，如生命期限、记忆力、学习能力、生理需求和社会需求。而人类社会还有"心之所同然"的义理亦对人的行为有所限制。所有这些与人内在生命和外在社会活动规则相关的限制可以统称之为"命"。但是，人不应该，也不会因为这些限

---

① 《戴震全书》第六册，45页。
② 同上书，102页。

制就表现出无所作为、听之任之，而是应当努力地克服各种限制，同时还需要正确利用"义理"的限制与保护，有选择地实现自己的理想。而一旦人通过自己的努力、朋友的帮助和社会的支持，充分地把握现有的条件，在合乎"义理"的范围最大限度地展示自己的生命潜能，把理想化为现实或部分地化为事实，这便获得了现实性的"才能"，从而在"命限"里展示了自由。这便是戴震在论"性、命、才"三者关系时所要阐述的思想。

（三）戴震与宋明理学伦理学之分歧及其新贡献

欲论戴震对中国自由思想历史之贡献，必须要讨论戴震的"分理"说与宋明理学的"天理"说之区别。后期戴震与宋明理学伦理学的根本分歧，并不能简单地看作是对理欲、情理之辨的不同回答的问题，而在于"分理"与"天理"的区别，即"分理"含蓄地表达了追求自由的理想，而"天理"则自觉不自觉地维护了郡县制下的君主专制权威。宋明理学的"理欲之辨"，实际上有两个层次的意义，在本体论上是"理气之辨"，在社会生活中才是"理欲之辨"。在本体论意义上，"理"代表秩序，而"气"则是一种具体的感性存在。在理与气的关系问题上，朱熹虽然也说"理未尝离乎气"（《朱子语类》卷一），但他最终还是强调理的优先性地位："若在理上看，则虽未有物而已有物之理"（《文集》卷四十六《答刘叔文》）。在社会生活之中，这种先于天地之"理"，无非就是人类特定历史阶段的道德秩序，在程朱理学的思想体系里也就是"三纲五常"的伦理规范而已。在哲学本体论上，朱熹强调理的优先性，在社会哲学层面，程朱理学便强调代表统治者利益的道德秩序的优先性。因此，在现实层面，"理欲之辨"其实涉及社会伦理规范与人的自由意志之辨。哲学本体论中的"气"，下落在社会生活层面，其内涵之一就是指人的各种感性欲求，即传统哲学中所说的"人欲"和"人情"。这种"人欲"和"人情"不是人的一般性的与动物相同的食色之性，而是与人的自由意志相关的感性欲求，是人在变化发展的社会中根据自己的生存现状而表现出的对新奇之事之物的欲求，它并不是人们简单的、低级的自然生理需求。一些学者在批评宋明理学的时候，只是简单地列举了"存天理，灭人欲"一语，批评宋明理学的禁欲主义倾向；而维护宋明理学的学者则分析说，像朱熹等人并不反对人的自然欲求，因为朱熹明确地说过"饮食者，天理也"这样一话。这样一来，简单地批评宋明理学有禁欲主义倾向的命题似乎就不能成立。因此，不从自由意志的角度来看问题，就很难将宋明理学的"理欲观"，与明清之际的新"理欲观"区分开来。宋明理学的一些中坚人物如朱熹虽然也曾明白地说过，饮食男女也是天理，但他明确地反对人们追求美色美味的行为。我们认为，戴震伦理学与宋明理学伦理学的根本分歧正在于此。

戴震的伦理学要求尽人情、人欲以至于纤微而无憾，当然就内在地肯定了人追求美色、美味的要求。从人类道德生活的本质来看，过一种好生活和过一种穷生活的本身并没有什么道德与非道德之分，因而追求美色美味的物质生活本身也就谈不上是道德的还是非道德的。问题的关键在于人们是用什么手段取得这一生活的。而手段的正当与否，又总是与特定的社会意识形态相关。当剥削者通过剥削而享受人间的美色美味被视为正当的、道德的，被剥削者过着饥寒的生活被认为是天经地义的时候，当被剥削者甚至只能用暴力的手段获得基本的温饱，当新兴市民只能通过越礼逾制享受统治者才能享受的美色美味而又被视为不合法、不道德的时候，宋明理学所建构的旨在反对人们追求"美色、美味"的理论就不是在一般地维护着道德的纯正性，而只是站在统治者的意识形态立场上借维护道德的纯正性之名来阻止社会的进步，来扼杀中下层社会人们的自由意志了。即使不从阶级的分析角度来看，专就人的感性生活特征来说，人的食色之欲都带有区别于动物的文明特征（不管人们是赞成还是反对这种文明特征）。从这一角度来看，人追求美色、美味的感性生活也是人的社会本质特征之一，是人为了实现自己的自由意志，求得人性更加充分发展的必然行为，而且也是人区别于动物的食色行为之所在，是人实现自己自由本质的具体表现之一。人的文明特征并不唯一表现在他所具有的纯粹的精神性方面。在今天，我们把满足人们日益增长的物质与文化生活需求看作我们的社会生产区别于资本主义社会生产的本质特征之一。因此，无论是从阶级分析的角度出发，还是从人类文明生活的一般性特征来看，宋明理学反对人们追求"美色、美味"这种"人欲"，从根本上说都是反人类文明生活的，也是对人的自由意志的扼杀，因而可以说是非人道的。而戴震与宋明理学的根本分歧也正在于此！

戴震不仅肯定人的自然欲求，而且要求达人之情、遂人之欲之极致，以至于无纤毫之憾，肯定人们追求美色、美味的合理性，由"自然"而进乎"必然"。这种要求充分满足人的情感、欲望的思想，其基本精神恰在于"自由"二字——即实现人的自由本质。因此，戴震与宋明理学伦理学的根本区别不在于要不要人欲的问题，而在于要不要自由的问题。"理欲之辨"，在伦理学领域实质上是限制与自由之辨，在文化学领域则是野蛮与文明之辨，在历史学领域则是保守与进步之辨。这也是明清启蒙思想家的伦理学与宋明理学伦理学的根本区别之处。因此，揭示戴震"分理"说中所包含的自由精神，是判别后期戴震学说与程朱理学分道扬镳的根本标志。

　　　戴震的语言哲学与认识论思想

　　20世纪关于戴震与乾嘉学术、思想的研究取得了丰硕的成果，但能够从语言哲学的角度研究戴震哲学的论者还属于少数。李开在《戴震评传》中展开了这一研究，但并未由此看到这种语言哲学的出现对于整个清代哲学的转向意义。我们则从中国哲学发展史的角度，着重考察以戴震为代表的乾嘉学者从语言学角度来思考哲学问题的方式。这一新的哲学思考方式开创了中国哲学的新转向，形成了不同于宋明理学，甚至也不同于明末清初的"后理学时代"的哲学形态，使中国传统哲学初步具备了前所未有的明晰性；在追求先秦儒家经典原意的历史还原主义的旗帜下，展开了对先秦儒家经典，进而扩大到对先秦诸子典籍的文本考察，对于重新认识、理解先秦经典的思想产生了巨大的影响。这一哲学运动虽然并没有带来 19 世纪后半叶中国哲学形态的新变化，但由这一实证哲学精神所培养起来的"求真""求实""求是"的精神，为中国人培养近代的科学精神提供了自己的文化土壤。其中，以戴震为代表的哲学家群体，还为新伦理学的建设提供了思想的资源。当然，由于这一哲学的语言学转向是以对先秦儒家经典的研究为起点的，而且其理论目标带有鲜明的复古主义倾向（尽管戴震本人是托古言志），因此，其理论上的自身矛盾及其局限性也是显而易见的。语言虽然能够通向道，但毕竟不是道本身。经典中蕴含的思想虽然可以通过语言来把握，但对经典中的思想研究也不完全是一个语言问题，其中应该还有言说者的社会背景、个人背景和说话意图等非语言因素的影响。而这些因素是不能简单地通过语言分析来把握的。尽管戴震的理想是通过语言、制度、名物、训诂的综合研究来把握经典的原意，但即使如此，人文学的研究还有超越这些实证方法之外的东西。而戴震本人对儒家经典中理、天道、道、性、命、仁、义、礼、智、诚、权等概念的定义与解释，也并非如自然科学那样，具有绝对的确定性。恰恰相反，这些解释在很大程度上表达了戴震本人的理想，并不具有他自己所想象的那样具有客观性。所以，我们在看到以戴震为代表的乾嘉学者所开创的中国哲学的语言学转向，并未完全取代其他哲学家的思考，也不可能取代其他哲学家从不同的角度从事哲学思考的工作。以章学诚为代表的历史文化学派对戴震及其学派的批评，在很多方面都是相当中肯的。我们在有关章学诚的一章里将讨论这些问题。①

———————————

① 参见本书第五章第二节；参见吴根友：《从来前贤畏后生——重评章学诚对戴震的批评》，载《安徽大学学报（哲学社会科学版）》，2008(2)。

不过，我们应当特别重视戴震在中国哲学史上的突出贡献。在《孟子字义疏》一书中，戴震对自己所讨论的理、分理、天道、性、才、道、仁、义、礼、智、诚、权，以及善、欲、私等概念和无欲与无私、自然与必然等范畴皆有明确的定义，使中国传统哲学在思维的明晰性方面上升到一个新的台阶。中国传统的语言哲学主要包括"名实之辨""言意之辨"两大部分内容。在乾嘉考据学时代，中国的语言哲学又有新的发展，其纲领性的表述就是戴震提出的"由字以通其词，由词以通其道"的新思想。这一新思想内在地包含着言能通意的言意观，其言能通意的途径就是由字到语言，由语言到意的"阶梯式"途径。在这一纲领性的表述中，"字"具有现代汉语中所说的字（词素）和词语两层意思。词，又作辞，即现代汉语中的言语的意思。而戴震本人的语言哲学思想可以从四个方面加以理解：第一，名实之辨；第二，通过句法分析达到对传统哲学命题的重新解释；第三，通过句子和经典文本的语言脉络分析达到对传统哲学思想的还原性解释；第四，在言能达意的基本哲学立场上所阐述的字——词——道的"阶梯式"言意观。这种语言哲学与 20 世纪西方世界兴起的"以拒斥形而上学"为己任的语言哲学目标非常的不同。[①] 不仅如此，戴震的语言哲学思想还有强烈的现实政治关怀。他以孟子"辟杨

　　[①]　李开将戴震透过语言来思考哲学问题的新哲学形态称之"语言解释哲学"，这一语言解释哲学可以分成两个层次：第一层次是词义诠释，第二层次是哲学释义。在词义诠释层面，戴震使用的是"经验的实证的方法"。李开通过与西方近代以来的语言哲学的比较，得出了这样的结论："西方语言哲学往往把语言看作与世界有相同的逻辑结构，从而以语言解释代替对世界的认识，戴震的语言解释哲学则以语言文字解释为逻辑起点，通过书本知识，寻求道德哲学本体及其具体表现。在语言和世界的关系上，西方是代替论，戴震是凭借论。"参见《戴震评传》，291、288 页。

墨"，挽救世道人心自况。他在《孟子字义疏证·序》中说道："孟子辩杨、墨；后人习闻杨、墨、老、庄、佛之言，且以其言汩乱孟子之言，是又后乎孟子者之不可已也。苟吾不能知之亦已矣，吾知之而不言，是不忠也，是对古圣人贤人而自负其学，对天下后世之仁人而自远于仁也。"[①]戴震将自己所从事的哲学分析与批判工作，上升到对人类文明的忠诚与对天下人的仁爱关怀高度，可见其哲学研究态度的严肃性与立言的谨慎性。这也是以戴震为代表的 18 世纪中国哲学的语言哲学家们与 20 世纪英美语言哲学家们具有不同情怀的表现。

第一节　戴震的语言哲学[②]

一、戴震的"名学"思想

欲理解戴震的名学思想，当理解他对世界的二重划分观点。他将世界分作客观的存在者"物"的世界和作为表征事物秩序与条理的"则"抽象之名两大部分，如他在《孟子私淑录》中说："物者，指其实体实事之名；则者，称其纯粹中正之名。实体实事，罔非自然而归于必然，天地、人

---

① 《戴震全书》第六册，147～148 页。
② 本书在此处所说的语言哲学是一广义的语言哲学，即凡是对语言及语言与哲学的关系的思考，均视之为语言哲学。

物、事为之理得矣。自然之极则是谓理，宋儒借阶于释氏，是故失之也。"①戴震将描述"实体实事"与指称"纯粹中正"的两类名称分开，进而批评宋儒，特别是程朱一系将"理"当作"如有物焉"的客观唯心主义的思想体系，进而为他肯定人伦日用的感性生活作为第一性的社会政治哲学、伦理学提供学理上的支持。

（一）戴震对"名"的分类

戴震将名分为两大类，一为"指其实体实事之名"，二为"称夫纯美精好之名"。他在《绪言》中说：

> 学者体会古贤圣之言，宜先辨其字之虚实。今人谓之"字"，古人谓"名"，《仪礼》云"百名以上书于策，不及百名书于方"，《周礼》云"谕书名，听声音"是也。以字定名，有指其实体实事之名，有称夫纯美精好之名也。如曰"人"，曰"言"，曰"行"，指其实体实事之名也；曰"圣"，曰"贤"，称夫纯美精好之名也。曰"道"，曰"性"，亦指其实体实事之名也。道有天道人道：天道，阴阳五行是也；人道，人伦日用是也。曰"善"，曰"理"，亦称夫纯美精好之名也。曰"中"，曰"命"，在形象，在言语，指其实体实事之名也；在心思之审察，能见于不可易不可逾，亦称夫纯美精好之名也。②

---

① 《戴震全书》第六册，74 页。关于《孟子私淑录》是写于《绪言》《孟子字义疏证》之前还是之后，学界有不同的看法。

② 同上书，104 页。

所谓"实体实事"之名，即描述客观对象的名称与概念，不含价值判断。而"称夫纯美精好"之名，是指一种价值性的称谓，包含了价值的判断，是一种规范性的词汇。但是，由于天地之大德表现在生生不息的过程之中，所以，用来描述这一最根本性的实体实事时，也暗含了价值的判断，如戴震说：

> 天地之气化，流行不已，生生不息，其实体实事即纯美精好，人伦日用，其自然不失即纯美精好。生于陆者入水而死，生于水者离水而死，生于南者习于温而不耐寒，生于北者习于寒而不耐温。此资之以为养者，彼受之以害生。"天地之大德曰生"，物之不生而以杀者，岂天地之失德哉？故语道于天地，实体即美好，不必分言也，《易》曰"一阴一阳之谓道"是也。①

这样，事实与价值，是与应当之间的内在联系性，由此而得以确立起来。凡符合天道自然而无偏失的人伦行为，因此也获得了正面的价值意义。只是人伦的行为与天道自然的行为还不完全一样，人道必须通过仁礼义的价值引导与规范，即通过"修道以仁""圣人修之以为教"的过程，才能达致"纯美精好"的境界。而君臣、父子、夫妇、昆弟、朋友"五达道"，亦必须通过"智仁勇以行之，而后归于纯美精好"②。这便是戴震在事实描述之名与价值规范之名二者之间，既有分又有合的语言哲

---

① 《绪言》（上），见《戴震全书》第六册，104 页。
② 同上书，105 页。

学思想的内容之一。

(二)两类之"名"的内在关系

在戴震的思想中，用来描述"实体实事"的概念与用来表达伦理与价值的规范概念，这二者之间是有所分别的，但在天道自然的层面，两者却又可以合而为一。所以，戴震说："善者，称其美好之名；性者，指其实体之名；在天道不分言，而在人物分言之始明，究之美好者即其实体之美好，非别有美好以增饰之也。"①在《孟子字义疏证·道》篇，他将"纯美精好之名"又改成"纯粹中正之名"："曰性，曰道，指其实体实事之名；曰仁，曰礼，曰义，称其纯粹中正之名。""善者，称其纯粹中正之名；性者，指其实体实事之名。"②

从理论上说，戴震区分了描述"实体实事"与指称"纯粹中正"两类名称，但他又认为，"纯粹中正"之名是基于"实体实事"之上的一种理想化的法则，因而可以称之为"理"。如此说来，"理"是包含了自然法则的内容而具有超越自然法则的人伦规范。戴震通过对"物"与"则"的区分，把客观世界与人对客观世界内部蕴含的规则、规律的认识这两者区别开来了，从而对宋明理学先验的客观唯心主义思想进行了批判与解构，进而在肯定人的感性生活的基础上重新肯定道德原则的神圣性，并表达了这样一种新的社会理想：通过神圣而合理的道德原则使人实现自然之极致。从中国哲学发展史的角度看，戴震区分描述"实体实事"与指称"纯

---

① 《绪言》(上)，见《戴震全书》第六册，105～106 页。
② 《孟子字义疏证·道》，见《戴震全书》第六册，200～201 页。

粹中正"两类名称的语言哲学思想，已经蕴含着主客二元对峙的思想倾向。这一思想倾向虽然还不能与近现代西方主客二元对立（如笛卡儿的"我思故我在"）的思想相提并论，但在宋明理学的思想脉络里，这一思想倾向蕴含着新的突破旧的思想萌芽，即要求世人，特别是士君立足于"实体实事"的经验世界去建构合理、恰当的社会规范，而不只是运用古已有之的规范权威来约束变化了的经验世界。然而，由于乾隆时代的中国社会整体上仍然保持着农业文明的自然经济形态，江南地区重新恢复的资本主义萌芽过于幼弱，人对自然的开发、利用能力还深深地停留在传统的农业生产方式之下，因而也就不可能给戴震的新哲学思考提供足够的社会动力。最终，他的新哲学思想还是窒息在传统哲学天人合一的思维框架里，并且用所说的"必然"来规范"自然"，丧失了对"自然"的深度认识与开发，进而也无法提供新的"必然"。这恰恰从一个侧面说明，任何社会的新思想的产生还得有与之相适应的社会经济、政治的土壤，否则，新思想本身也难以产生，即使产生了也无法得到必要的社会思想资源的营养，发展、成熟，进而形成广泛的社会思潮，反过来推动社会的发展。

二、戴震语言哲学中的句法分析

（一）句法分析

在讨论何者为"道"这一哲学形上学问题时，戴震首次引入了语言学的分析方法，通过对古代汉语中两种谓语动词"之谓"与"谓之"在句子中的不同作用的分析，重新阐释了古典哲学众多命题的意义。《易传》中有"形而上者谓之道，形而下者谓之器"这一著名的哲学命题。程子对此两句话的解释是："惟此语截得上下最分明，元来只此是道，要在人默而识之。"朱子对此两句话的解释是："阴阳，气也，形而下者也；所以一阴一阳者，理也，形而上者也，道即理之谓也。"程、朱二人的解释可以说是一种哲学的解释，即从自己的哲学体系出发对古典哲学命题给出新的解释。戴震从自己的"气化即道"的唯气论哲学体系出发，不同意程子、朱子的解释。然而在他所处的时代，程、朱哲学是官方哲学，不容置疑。戴震不能直接说他们讲错了，而是借助语言的分析，以说理的方式来重新解释传统哲学中的核心概念——道，从而为自己的"道论"思想寻找经典的与语言学的支持。他在《孟子字义疏证·天道》中说：

> 气化之于品物，则形而上下之分也。形乃品物之谓，非气化之谓。《易》又有之："立天之道，曰阴与阳。"直举阴阳，不闻辨别所以阴阳而始可当道之称，岂圣人立言皆辞不备哉？……古人言辞，"之谓""谓之"有异：凡曰"之谓"，以上所称解下，如《中庸》"天命之谓性，率性之谓道，修道之谓教"，此为性、道、教言之，若曰性也者天命之谓也，道也者率性之谓也，教也者修道之谓也；《易》"一阴一阳之谓道"，则为天道言之，若曰道也者一阴一阳之谓也。凡曰"谓之"者，以下所称之名辨上之实，如《中庸》"自诚明谓之性，自明诚谓之教"，此非为性教言之，以性教区别"自诚明""自明诚"二者耳。《易》"形而上者谓之道，形而下者谓之器"，本非为道器言

之，以道器区别其形而上形而下耳。①

上述引文的主要意思是说，古代圣贤所说的"道"，即阴阳二气，阴阳二气未成形时，谓之"形而上"，凝结成形之后便称之为"形而下"。从来没有听说过"所以阴阳者为道"的说法。就语法而言，谓语动词"之谓"与"谓之"在句子中的表意是不一样的。凡是"之谓"句类型的句子，均是用主语来解释谓语宾词的，其句法可以等值的替换成"A（原宾语）也者 B（原主语）之谓也"的判断句式，如天命之谓性可以等值的替换为"性也者天命之谓也"。所以"一阴一阳之谓道"的意思是说：道也者，一阴一阳之谓也。而凡是"谓之"句式，则是用谓语宾词辨明主语所言的具体内容，如"自诚明谓之性，自明诚谓之教"两句，不是要说明性与教两个名词或概念，而只是区分"自诚明"与"自明诚"二者之间的区别。同理，"形而上者谓之道，形而下者谓之器"这句话，并不是要说明何者为道，何者为器，而只是用道和器来区分形而上与形而下两种形态而已。

除了在《绪言》（上）、《孟子私淑录》二篇论道的文字中有同样的表述之外，现存的戴震集子中还没有发现其他地方也有类似的句法分析。戴震"古人言辞，'之谓''谓之'有异：凡曰'之谓'，以上所称解下……凡曰'谓之'者，以下所称之名辨上之实"的说法，究竟是得之于语言学史的归纳结论，还是一种不完全归纳后得出的逻辑结论，我们一时很难判断。因为，只有当我们通过全面的文献检索之后，对"谓之"与"之谓"句

---

① 《戴震全书》第六册，176 页。在《绪言》中，已经有如此的表述。据段玉裁《戴东原先生年谱》记载，约完成于 1772 年，戴震约 50 岁。

在上古汉语中的全面运用的例子进行分析之后，才可做出最后的判断。而戴震在当时的条件下，还不太可能对先秦时代古汉语做一地毯似的文献搜罗工作，然后在此基础上给出判断。此一工作可以由古代汉语语法学者去做进一步的深入研究。①

(二)对戴震"句法分析"的形式化考察

为了进一步理解戴震的句法分析在哲学思考方面的普遍意义，在此，我们首先将戴震的两种句式分析转换成现代汉语的形式化表达式。"A 之谓 B""Y 之谓 X"，依等值替换原则，表述为"B 也者，A 之谓也；X 者也，Y 之谓也"，直译为："B 就是 A；X 就是 Y"。《中庸》中"天命之谓性，率性之谓道，修道之谓教"，可以直译成："性就是天命，道就是率性，教就是修道"。因此，"一阴一阳之谓道"就可直译为："道就是一阴一阳"。在这样的句法中，我们无法转换出"所以一阴一阳称之谓道"的说法。由此语言分析可知，程子与朱子的说法是不能成立的。

"A 谓之 B；Y 谓之 X"，可以翻译成："A 称之为 B；Y 称之为 X"。《中庸》中"自诚明谓之性，自明诚谓之教"，可以翻译成："自诚明称之为性，自明诚称之为教"。由此，"形而上者谓之道，形而下者谓之器"，也可以直译为："形而上者称之为道，形而下者称之为器"。这样，道与器之间就不是截然的不同存在形式，而只是人对两种不同存在形式的一种方便的称谓而已。

---

① 参见何乐士：《论"谓之"句和"之谓"句》，见中国社会科学院语言研究所、古代汉语研究室：《古代汉语研究论文集》，103～129 页，北京，北京出版社，1982；楚永安：《文言复式虚词》，346～348 页，北京，中国人民大学出版社，1986。

由上的翻译转换可以看出，"之谓"句类似为定义式的判断句，而"谓之"句则为一种解释句。戴震通过对经典命题的句法分析，对于比较准确、客观地理解经典的原初意义的确有帮助。但是，哲学解释学往往有一种故意的曲解或误读，通过曲解与误读而达到一种哲学的创造。程子、朱子对《易传》中"形而上者谓之道，形而下者谓之器"的解释，在语法上可能真的如戴震所言，是理解错了，不具有学术史的价值，然而具有思想史的价值。那是程子、朱子的哲学表达。也许，戴震对程子、朱子的批评并没有区分学术史与思想史这两者之间的不同，但戴震对经典意义的还原，把程朱思想与原始儒家的思想分开，其学术努力的效果及其意义是多重的，一是巧妙地批判了官方树立的程朱理学；二是的确澄清了宋儒与先秦儒家思想的不同，本身具有很高的学术价值；三是树立了一种"求真""求是"的科学精神，并以语言学所具有的实证性特征体现了人文学研究中的科学精神，有力地动摇了当时社会流行的权威主义的思想根基。

三、语词、句子意涵与文本中的言语脉络诸分析

戴震在批评宋明儒的思想同时，还引进了语词分析、句子意涵分析和文本中的言语脉络分析等具体的技术性方法。

(一)"天道""天德""天理""天命"等概念之间的区别

在戴震的思想中，各个概念都有明确的界定，如，他对"天道""天

德""天理""天命"等概念就做了明确的界定。他在《孟子私淑录》中说：
"一阴一阳，流行不已，生生不息。主其流行言，则曰道；主其生生言，
则曰德。道其实体也，德即于道见之者也。……其流行，生生也，寻而
求之，语大极于至钜，语小极于至细，莫不各呈其条理；失其条理而能
生生者，未之有也。"①

这是说，"天道"是就气的运动过程而言的，"天德"是就气运动过程
中表现为不断地产生万物的品性而言的。"天道"是用来描述气化流行客
观的实际过程，属于描述性的语言，"天德"是"天道"不断产生万物的品
性之表现，是规范性语言。"天理"是指每类事物，每个具体的事物内部
所具有的条理与秩序。戴震说："天理云者，言乎自然之分理也。"②因
此，"天理"属于描述性的概念，是事物内部自然的条理与秩序。

所谓的"天命"，即"凡言命者，受以为限制之称，如命之东则不得
而西。故理义以为之限制而不敢逾，谓之命；气数以为之限制而不能
逾，亦谓之命。古人言天之所定，或曰天明，或曰天显，或曰明命，盖
言乎昭示明显曰命，言乎经常不易曰理，一也。"③这样，"天命"其实也
是一个描述性的概念，它主要揭示一种自然的或社会的固有法则对人的
限制。从外在的规定性角度说是"天命"，从内在规定性、不变性来说是
"理"。尽管现代新儒家唐君毅严厉批评戴震对天命、命概念的规定十分
狭隘，但从思想的明晰性来说，戴震将自己的思想观念界定得很清晰，
本身并没有错。

———————————

① 《戴震全书》第六册，45 页。
② 同上书，152 页。
③ 同上书，45 页。

(二)"形而上"与"形而下"

在戴震的思想体系中，"形"与"气化"是两个不同的概念。他说："气化之于品物，则形而上下之分也。形乃品物之谓，非气化之谓。……《易》'形而上者谓之道，形而下者谓之器'，本非为道器言之，以道器区别其形而上形而下耳。形谓已成形质，形而上犹曰形以前，形而下犹曰形以后。阴阳之未成形质，是谓形而上者也，非形而下明矣。"①

戴震通过语言学史的例证，证明"而上"与"而下"具有"以前"与"以后"的意思，进而对"形而上"与"形而下"两词做出新的哲学解释。这种哲学思考方式具有语言学的实证性特征。但我们要清醒地意识到，戴震在这里并未举出足够多的例证。因此，其哲学论证是不够充分的。再者，他虽有明确的语法观念，也举出了大量的证据，但基本上还只是一种经验例证的归纳，没有上升到原理的层面，因而还很难得出逻辑上的必然结论。因此，就其哲学思考的结论而言，我们并不一定要同意戴震对"形而上"与"形而下"的具体解释。但通过上述的语言分析，我们可以看到，戴震试图把哲学思考建立在明白无误的语言分析的基础之上，这一新的哲学思考路线值得哲学史家给予充分的关注。那就是，在引进语言分析之后，戴震初步展示出中国传统哲学从未有过的概念自身的明晰性。

(三)"一以贯之"非"以一贯之"

通过非常细腻的语言学分析，戴震对朱子哲学中的一些思想观念进

---

① 《戴震全书》第六册，176 页。

行了非常犀利的批评。他认为，孔子在《论语》中两次所说的"一以贯之"，并不能像朱子所理解的那样："圣人之心，浑然一理，而泛应曲当，用各不同；曾子于其用处，盖已随事精察而力行之，但未知其体之一耳。"戴震认为："'一以贯之'，非言'以一贯之'也。道有下学上达之殊致，学有识其迹与精于道之异趋；'吾道一以贯之'，言上达之道即下学之道也；'予一以贯之'，不曰'予学'，蒙上省文，言精于道，则心之所通，不假于纷然识其迹也。"①从表面上看，在这段文字里戴震只是区分了"一以"与"以一"的短语的不同，其实，在思想上却有非常大的差别。"一以贯之"是说孔子思想具有内在的一贯性，如曾子所说的"夫子之道，忠恕而已"。而戴震认为，孔子的"下学之道"与"上达之道"具有内在的统一性。而朱子的"以一贯之"，则是讲孔子的思想可以用一个核心的概念来贯通。朱子用一个"理"字来贯穿孔子的思想，这样一来，就把孔子思想中活泼的、丰富的内容狭隘化、理学化了，显然是朱子想用自己的"理"本论思想来代替孔子以"仁"为核心的思想，因而，"以一贯之"的理学思想根本不同于孔子"一以贯之"下学之道即上达之道的思想。

(四)"己非私"

"己非私"之辨，是清代考据学者反对宋明理学伦理学思想的一个具体的表现，也是清代哲学对于个人正当欲求加以维护的伦理学思想在此具体问题上的展开。戴震不仅从思想观念上反对将"无欲"与"无私"混为一谈，而且从文本的语境与语言脉络的分析出发，指出朱子将"己"释为

---

① 《戴震全书》第六册，212～213 页。

"私"的不妥之处。对于《论语》中"克己复礼为仁"一语，朱子曾经这样解释道："己，谓身之私欲；礼者，天理之节文。"戴震对朱子的解释反驳道："'为仁由己'，何以知'克己'之'己'不与下同？此章之外，亦绝不闻'私欲'而称之曰'己'者。"①（此段虽设为问难语言，实亦戴震自己的观点。）戴震此处对于朱子释"己"为"私欲之身"的哲学化解释的批评虽然不是很充分，但对于后来学人的讨论提供了新的问题意识，阮元、凌廷堪等后劲均详细地辨析了"己非私"的观点（参见第六章第四节所论），可以说是对戴震伦理学思想的继承与深化。

(五)"孔子论太极之本指"

戴震认为，周敦颐、朱子对"太极"的解释都离开了孔子的"本指"。那么孔子言"太极"的本质是什么呢？戴震认为，"易有太极，是生两仪，两仪生四象，四象生八卦"，是根据"作《易》"的过程而言，并非"气化之阴阳一身是得两仪四象之名"。"孔子赞《易》，盖言《易》之为书起于卦画，非漫然也，实有见于天道一阴一阳为物之终始会归，乃画奇偶两者从而仪之，故曰'易有太极，是生两仪'。既有两仪，而四象，而八卦，以次生矣。孔子以太极指气化之阴阳，承上文'明于天之道'言之，即所云'一阴一阳之谓道'，以两仪、四象、八卦指《易》画。后世儒者以两仪为阴阳，而求太极于阴阳之所由生，岂孔子之言乎！"②上述内容是戴震对孔子"太极"概念本旨的追求，就其结论来看，其对孔子"太极"概念的

---

① 《戴震全书》第六册，214 页。

② 《孟子字义疏证·天道》，见《戴震全书》第六册，177～178 页。

理解也只是一家之言。然其哲学思考方法是通过文本的脉络化分析来实现的。他的意思是说，孔子从天道变化始于和终于阴阳的实际认识出发，用两仪来摹拟天地变化这一实际过程。孔子所说的"太极"就是气化的阴阳，而不是别的东西。后来的儒者把两仪看作阴阳，而又进一步去追问太极是如何从阴阳中产生出来的。这种思路哪里是孔子当初的意思呢？如实地讲，上述戴震对"太极"内涵的解释、分析已经远远超出了语言的范畴，而进入了一种文本的哲学解释学领域，但其基础仍是语言的脉络分析。故仍然可以看作广义语言哲学分析的一部分。

四、戴震的言意观及其语言哲学的形上学追求

(一)从文字入手理解语言的意义

与宋明理学从哲学思考路径出发来重新诠释儒家经典的致思方法不同，戴震是直接从文字训诂与语言分析入手来重新解释儒家经典的哲学意义的。他在 23 岁时写作《六书论》一书时就基本上形成了其哲学思考的独特路径。《六书论》书现已失传，今从其序文仍可以看出基本思想。他认为："自昔儒者，其结发从事，必先小学。小学者，六书之文是也。……故其时儒者治经有法，不歧以异端。"然而自汉以后，"世远学乖，罕睹古人制作本始"，导致了对经典理解的偏差。所以戴震特别强调学者要明白"文字"制作的原理及其对理解经典的重要性。他说："六书也者，文字之纲领，而治经之津涉也。载籍极博，统之不外文字，

文字虽广，统之不越六书。"①

上述引文的意思是，戴震试图从文字的发生原理出发来把握文字的意义，进而通过文字去理解古代的语言。他甚至非常夸张地说道："六书废弃，经学荒谬，二千年以至今。"②从而将他之前的经学史全部否定了。他特别激烈地批评后儒（实暗指宋明儒者）不依据故训而凿空解释儒家经典的方法。他说："夫今人读书，尚未识字，辄目故训之学不足为。其究也，文字之鲜能通，妄谓通其语言；语言之鲜能通，妄谓通其心志；而曰傅合不谬，吾不敢知也。"③戴震说人们不识字就试图解释经典，显然是夸张的说法。他的真正意思是说，后世儒者不懂文字、音韵、训诂学而去解释经典，所以对经典解释很少不把意思搞错的。

当章学诚在浙江第一次听到戴震的这一说法时，甚至有点目瞪口呆的感觉。由此可见，戴震实为乾嘉时代的哲学狂人。不过，从原则上讲，戴震的观点是正确的，即只有通晓古今之异言，然后才能准确地理解古代的经典。但通晓了古代的语言是否就能真正地把握古代经典的真正意义，那就是另外一回事了。对于此点，戴震似乎没有做更多的论述。戴震非常重视字词与语言的关系，所以他本人特别重视对《尔雅》的研究。他说："古故训之书，其传者莫先于《尔雅》，六艺之赖是以明也。所以通古今之异言，然后能讽诵乎章句，以求适于至道。"④

应当说，戴震是在言能达意的前提下讨论语言与经学经典的意义关

---

① 《六书论序》，见《戴震全书》第六册，295 页。
② 《与王内翰凤喈书》，见《戴震全书》第六册，278 页。
③ 《尔雅注疏笺补序》，见《戴震全书》第六册，276～277 页。
④ 《尔雅文字考序》，见《戴震全书》第六册，275 页。

系的。这种经学研究方法固然有其深刻性，但如果不将语言与社会制度背景、人伦生活实际结合起来，仅仅通过语言也还是不能准确地把握经典中的意义的。因此，戴震也十分强调对古代科学知识、制度背景的研究。

(二)声音与意义的关系

戴震还敏锐地意识到：要研究古代文字、词汇的意义，还必须通晓古代语言的发音及其变化的历史。他从人发声的自然节限出发来分析"六书"制作的原理，说道："人之语言万变，而声气之微，有自然之节限。是故六书依声托事，假借相禅，其用至博，操之至约也。"注意到声音与意义之间的关系并不始于戴震，明末清初的顾炎武、方以智对此已经有所论述。戴震则更进一步地分析了声音与意义关系的具体规则。他说："凡同位则同声，同声则可以通乎其义。位同则声变而同，声变而同则其义变可以比之而通。"因此，在训诂过程中，就可使用这样的原则："疑于义者以声求之，疑于声者以义正之。"①

戴震的这一"因音而求义"的语言学方法，是顾炎武、方以智因声求义思想的继承与深化。这一方法，在其同时代的学者钱大昕那里，在后学段玉裁、高邮王氏父子那里均得到了进一步的回应与继承。如钱大昕说："古人以音载义，后人区音与义而二之，音声之不通而空言义理。

① 《转语二十章序》，见《戴震全书》第六册，305 页。"因音求意"的思想远在元代的戴侗就提出，清初方以智继承了这一思想，在《通雅·凡例》中，他明确地说"此书主于折衷音义"，又在《通雅》卷六中说"因声知义，知义而得声也"。见侯外庐：《方以智全书》第一册(上)，5、241 页，上海，上海古籍出版社，1988。

吾未见其精于义也。"①

段玉裁说："圣人之制字，有义而后有音，有音而后有形，学者之考字，因形以得其音，因音以得其义。……治经莫重乎得义，得义莫切于得音。"②

王念孙说："窃以诂训之旨，本于声音。故有声同字异、声近义同，虽或类聚群分，实亦同条共贯。譬如振裘者必提其领，举网者必挈其纲，故曰'本立而道生'。"③

王引之亦引其父王念孙之语说："诂训之指存乎声音，字之声同声近者，经传往往假借，学者以声求义，破其假借之字而读以本字，则涣然冰释。如其假借之字而强为之解，则诂籀为病矣。"④

这些乾嘉学者将对古代文字意义的研究深入声音与意义的关系层面，进而更加深入、系统地考索古代经典中字、词的原义，这一点应当是汉人训诂学所缺乏的新内容。也是乾嘉考据学不能简单地被看作汉代训诂学翻版的理由之一。

(三)通过语言以求经中之道

将文字、名物制度的考订这一广义的语言学研究方法与考究古代圣贤的思想精神联系起来，并从此角度公开批评宋儒在学术方法上的缺

---

① 《六书音均表序》，见［清］段玉裁：《说文解字注》，804 页，上海，上海古籍出版社，1981。

② 《经韵楼集·王怀祖广雅注序》，见《续修四库全书》第 1435 册，71 页，上海，上海古籍出版社，2002。

③ ［清］王念孙：《广雅疏证》，1 页，南京，江苏古籍出版社，2000。

④ ［清］王引之：《经义述闻》，2 页，南京，江苏古籍出版社，2000。

失，是戴震哲学思考的根本特点。在《与某书》①中，他这样说："治经先考字义，次通文理。志存闻道，必空所依傍。汉儒训诂有师承，亦有时傅会；晋人傅会凿空益多；宋人则恃胸臆为断，故其袭取者多谬，而不谬者在其所弃。我辈读书，原非与后儒竞立说，宜平心体会经文。有一字非的解，则于所言之意必差，而道从此失。"②在此封信中，戴震从文字、名物制度的考订这一广义的语言学研究方法角度公开批评宋儒哲学思考的方法论缺失。他说："宋以来儒者，以己之见，硬坐为古贤圣立言之意，而语言文字实未之知。"他对宋儒思想做了知识论进路的批评，在当时具有非常大的震撼意义。先且不说宋儒所说的道理对不对，只要一看宋儒在基本的语言文字理解能力方面都有问题，则其所阐述的道理是否符合往古圣贤的思想，就自然地要引起人们的怀疑与重新思考了。特别是以朱子为代表的理学，向来以"格物致知"和"道问学"而见长，这时他们突然变得连字都认错了，岂不令人震惊！因此，戴震从广义的语言哲学的立场出发来解构宋儒理论的权威性，而借助的工具则是当时人们奉为圭臬的语言、文字学方法。在方法论上占有优势，并因此优势而获得时人的心理认同。

　　以戴震为代表的乾嘉考据学并不反对人们追求形而上的"道"，而只是强调人们应当通过广义的语言工具，以实证的方式去求道。这与西方

---

　　① 依钱穆先生考证，该信写于乾隆四十二年，即 1777 年，属于临终前绝笔信之一。若钱先生的考证准确，则此信晚于《孟子字义疏证》一书，因而可以看作《孟子字义疏证》一书的理论概括，也可以看作其晚年哲学方法论与新哲学创造实践统一后的高度理论总结。

　　② 《戴震全书》第六册，495 页。

20世纪语言哲学拒斥形而上学的思路非常不同。因此，我们可以说，戴震只是反对宋儒凿空而言道的方法，强调必须依赖文字、语言的工具以达到对存留于"六经"中的"道"——真理的把握。他说："士生千载后，求道于典章制度而遗文垂绝。今古悬隔，时之相去殆无异地之相远，仅仅赖夫经师故训乃通，无异译言以为之传导也者。又况古人之小学亡，而后有故训，故训之法亡，流而为凿空。数百年以降，说经之弊，善凿空而已矣。"①

戴震的意思是说，生在圣贤之后几千年的读书人，如何去理解他们留下的经典呢？如果仅仅依靠经师和历史上留给我们的训诂，与依赖翻译作为经典的传达者没有两样。故代系统的小学知识系统已经亡逸，训诂的方法也失传了，所以几千年来的经学著作，其严重的弊端在于凭空臆说。基于他对几千年经学史做如此全面否定性的论断，戴震希望以语言学的实证方式来论道，反对宋儒思辨型的哲学思考方式。这一思路在其《与是仲明论学书》②中，就已经非常明白地表达出来了。他说：

> 仆自少时家贫，不获亲师，闻圣人之中有孔子者，定六经示后之人，求其一经，启而读之，茫茫然无觉。寻思之久，计于心曰：'经之至者道也，所以明道者其词也，所以成词者字也。由字以通其词，由词以通其道，必有渐。'求所谓字，考诸篆书，得许氏《说文解字》，三年知其节目，渐睹古圣人制作本始。又疑许氏于故训

---

① 《古经解钩沉序》，见《戴震全书》第六册，377页。
② 该封书信作于乾隆癸酉年，是年为乾隆十八年，即1753年。

未能尽，从友人假《十三经注疏》读之，则知一字之义，当贯群经、本六书，然后为定。"①

他为了批评宋明以来儒者中的"凿空"之风，不得不反复强调汉儒强调"故训"的方法论意义。所以他又说："后之论汉儒者，辄曰故训之学云尔，未与于理精而义明。则试诘以求理义于古经之外乎？若犹存古经中也，则凿空者得乎？呜呼！经之至者，道也；所以明道者，其词也；所以成词者，未有能外小学文字者也。由文字以通乎语言，由语言以通乎古圣贤之心志，譬之适堂坛之必循其阶，而不可以蹦等。"②

上述两段文献，前一段是戴震早年自学成才时的心得，此时他并未与惠栋见面。后一段是其中晚年的作品。这两段文献均表明，以戴震为代表的皖派考据学，不仅不反对义理，而且特别强调通过文字、语言的正确途径通达义理方法的重要性。他将文字、词汇、语言看作通向古经中圣人之道的必经的台阶。舍此台阶，我们无由获得古经中的圣人之道。这样，戴震就明确地将文字、词汇、文化制度、语言研究的价值与意义和追求圣人之道的崇高的价值理想联系起来了。一方面，这种方法使得清代学人对古代圣人之道的认识获得了坚实的方法论的基础；另一方面，又在价值理想方面指明了文字、词汇、文化制度、语言学研究的方向，避免文字、语言学研究重新陷入支离破碎的困境之中。

———————

① 《戴震全书》第六册，370～371页。关于言与道的关系，类似的说法如下。在《沈学子文集序》中，戴震说："凡学始乎离词，中乎辨言，终乎闻道。离词，则舍小学故训无所借；辨言，则舍其立言之体无从而相接以心。"见《戴震全书》第六册，393页。

② 《古经解钩沉序》，见《戴震全书》第六册，378页。

　　戴震为什么要如此地强调文字、文化制度、语言学研究之于哲学思想研究的意义呢？因为在他看来，如果抛弃了文字、词汇、语言之实证方法，以"凿空"的方式求道于六经，则会出现两种弊病："其一，缘词生训也；其一，守讹传谬也。缘词生训者，所释之义，非其本义。守讹传谬者，所据之经，并非其本经。"①用现代的语言来说，"缘词生训"，即根据作者的主观理解，对经典中的一些关键词做出随意性解释，而会忽略经典所处时代的文字、词汇的本义。"守讹传谬"，即对经典的版本问题研究不透，据伪经来释义，有"拉大旗作虎皮"的意味。戴震的意图很明确，那就是要力求通过文字、语言的工具，使得后人对古代经典高深哲理的解释具有人文学的实证性、从而保证人文学释义的客观性与科学性，不使人文学的研究陷入高度的主观化的臆想之中，力求在历史的情境中理解古代圣人"与天地之心相协"的精神。在其晚年之作《与段茂堂等十一札》第九札中，戴震坦陈了其一生在哲学方面的终极价值追求与方法论追求："仆自十七岁时，有志闻道，谓非求之六经、孔、孟不得，非从事于字义、制度、名物，无由以通其语言。宋儒讥训诂之学，轻语言文字，是欲渡江河而弃舟楫，欲登高而无阶梯也。为之卅余年，灼然知古今治乱之源在是。"②

　　戴震将通过文字、语言的正确的方法把握儒家经典中蕴含的道，与整个社会的治乱的大问题联系在一起，充分地展示了他的语言哲学与政治关怀的内在联系。如果从比较哲学的角度看，这也是戴震所开创的中

---

① 《古经解钩沉序》，见《戴震全书》第六册，378 页。
② 《戴震全书》第六册，541 页。

国哲学的语言学转向与 20 世纪西方哲学的语言转向颇为不同的地方。综合上述几节所论，我们把以戴震为代表的皖派汉学力求通过文字、典章制度、语言的工具来获得经典解释中的客观性方法，暂且称为"人文实证主义"①。这一人文实证主义的方法使得乾嘉时期的哲学思考迥然有别于宋明理学的思辨哲学，与明末清初的反理学思潮亦有不同之处。明末清初的反理学思潮可以看作乾嘉时期哲学思想的一种过渡，而乾嘉时期的人文实证主义哲学可以看作清代哲学的典型风貌。

(四)戴震语言哲学的开放性

戴震的哲学思考虽然非常重视文字、音韵、训诂的方法，但他的哲学思考并没有完全依赖于对字、词的重新解释与语言的理解来解释经义，而是从更加广阔的文化史角度——"知识考古"的角度来重新解释经典的原义。本章第一节提到，他在《与是仲明论学书》中曾说："至若经之难明，尚有若干事"。这若干事包括如下几个方面的内容：一是要懂得天文知识，二是要懂古代音韵知识，三是要懂得古代的礼制，四是要懂得古代历史地理，五是要懂得古代科技知识，六是要对生物、植物知识有所了解，从而更好地理解《诗经》中的比喻、比兴等文学手法。笔者将戴震提出的这些知识手段称为"知识考古"的路径。除此之外，戴震所追求的"一字之义，当贯群经"遍举法，也可以理解为以整体来确证局部的哲学解释学方法。在《与姚孝廉姬传书》一信中，戴震提出了要追求

---

　　①　实证主义是 20 世纪西方哲学的一个流派。我借用实证主义的基本思想而将清代乾嘉时期皖派考据学称为"人文实证主义"方法。其基本含义即通过文字、训诂、制度、名物的考订的广义语言学方法追求经典解释过程中的客观性。

"十分之见"的真理论，反对"据孤证以信其通"的或然证据法。显然，这些要求已经远远超出了语言哲学的领域之外，而具有科学的实证与追求真理的精神了。

除上述所讲的内容之外，戴震的语言哲学思想还与哲学的解释学有密切的关联，他还提出了"要大其心"以合于占圣贤与天地之心相协的伟大心灵相合的哲学解释学方法，实现后来者与古代圣贤精神的对话与沟通。这是一种近乎哲学解释学的方法，以往学术界忽视了这一问题。戴震在《古经解钩沉序》中说："由文字以通乎语言，由语言以通乎古圣贤之心志。"又说："人之有道义之心也，亦彰亦微。其彰也，是为心之精爽；其微也，则以未能至于神明。六经者，道义之宗而神明之府也。古圣哲往矣，其心志与天地之心协，而为斯民道义之心，是之谓道。"①

在《郑学斋记》中，戴震颇为心痛地说道："学者大患在自失其心，心全天德，制百行。不见天地之心者，不得己之心；不见圣人之心者，不得天地之心；不求诸前古贤圣之言与事，则无从探其心于千载下。是故由六书、九数、制度、名物，能通乎其词，然后以心相遇。"②

在《春秋究遗序》中，戴震这样说道："读《春秋》者，非大其心无以见夫道之大，非精其心无以察夫义之精。"在该文中，他借《春秋究遗》的作者叶书山的话，将经典研究过程中通过语言学的途径与"精心""大心"的思想领悟方法结合起来，体现了戴震语言哲学思想内涵的丰富性。"震尝获闻先生论读书法曰：'学者莫病于株守旧闻，而不复能造新意，

---

① 《戴震全书》第六册，378 页。
② 同上书，407 页。

莫病于好立异说，不深求之语言之间，以至其精微之所存。夫精微之所存，非强著书邀名者所能至也。日用饮食之地，一动一言，好学者皆有以合于当然之则。循是而尚论古人，如身居其世睹其事，然后圣人之情见乎词者，可以吾之精心遇之。非好道之久，涵养之深，未易与于此。'先生之言若是。然则《春秋》书法以二千载不得者，先生独能得之，在是也夫。"①戴震的这则序文有赞誉叶书山著作之处，叶书山所言多有与他自己的观点相合之处，如强调通过语言研究进入对道的理解，非勉强著书以邀名，合于当然之则三点，都是戴震日常反复强调的思想。唯以研究者的"精心"与圣人之心相遇的思想，是戴震在晚年逐渐明晰的新思想。上述两篇序文、一篇学记，集中反映了戴震语言哲学思想之外的哲学解释学的内容。从一个侧面展示了戴震的语言哲学在理论视野上蕴含着较强的开放性，需要我们从多个方面来理解其哲学思想。20 世纪中国哲学研究长期以来受西方哲学视野与中国现实社会政治与文化需求的影响，对于戴震哲学思想丰富的认识预留了相当大的理论空间，有待后来者进一步拓展其丰富的哲学内涵。

第二节　戴震的认识论思想

先秦名学思想集中探讨了名与实之间的关系，命名以及名本身是

---

① 《戴震全书》第六册，381～382 页。

否具有实在性等一系列问题。荀子从儒家立场对先秦名学思想做了一个理论的总结，但将命名权集中到王者身上，带有一定的权威主义倾向。先秦名学也涉及名的分类，如达名、共名、私名，即现代分类学中的通称、类称、具体指称某物的特称等三个层次。汉儒董仲舒在"深察名号"的过程中，涉及名的分类问题，然而没有明确提出"指其实体实事之名"与"称夫纯美精好之名"的分类问题。就目前的研究成果来看，戴震是第一次明确地提出了表述事实与表述价值的这两类大名的划分问题。但是他又没有将这两类之名绝对地分开，而是继承了中国传统哲学对天地、自然的人化（或曰德化）的传统，将指称天地的"实体、实事"，如天道、人道当作"纯美精好"之名来待，取消了在事实与价值之间二分的界限，也消解了现代西方哲学在事实与价值之间的紧张关系。

不过，戴震的认识论思想并不完全受他的名学思想影响，他提出了"光照论"与"大其心"的认知方式。光照论虽是比喻意义上的用法，但体现了戴震对人的理智之光的肯定。而"大其心"的说法是光照论的另一种说法，也是要增强人类心智的认知心量，从而理解古代圣贤对天地精神的理解。"光照"论偏重于对认知对象的把握问题，带有从认识论角度讲道德修养的特征；而"大其心"的说法则偏重于扩充认知主体的心量，以理解古代圣贤协于天地之心的精神，进而理解儒家经典中蕴含的圣人之道，偏重于今天西方哲学所讲的解释学。

一、追求"十分之见"与批评"任意见"——戴震的求知理想与社会关怀

在《与姚孝廉姬传书》一信中，戴震主要讨论了经学研究过程中如何获得"十分之见"的方法论，和学者应当确立"求道"的高远目标的问题。所谓"十分之见"，即上文所讲的为学当"精审"的意思，只是用词不同而已。而学问的"精审"，"十分之见"即指学问中包含着高度准确性的知识，与现代哲学认识论所追求的目标——"真理"比较相似。该信已经开始批评汉儒、宋儒在为学精审方面的不足与缺失之处了。另外还旁涉学者要"深思自得"的学术个性问题，师友之道的新见解等两个方面的问题。这样，他的认识论思想与师友之交的人伦问题就结合在一起了。

第一，寻求"十分之见"及其方法论的问题。戴震这样说道："凡仆所以寻求于遗经，惧圣人之绪言闇汶于后世也。然寻求而获，有十分之见，有未至十分之见。所谓十分之见，必征之古而靡不条贯，合诸道而不留余议，巨细毕究，本末兼察。若夫依于传闻以拟其是，择于众说以裁其优，出于空言以定其论，据于孤证以信其通，虽溯流可以知源，不目睹渊泉所导，循根可以达杪，不手披枝肄所歧，皆未至十分之见也。以此治经，失不知为不知之意，而徒增一惑，以滋识者之辨之也。"①

第二，批评汉儒、宋儒"得失中判"。戴震说："先儒之学，如汉郑氏、宋程子、张子、朱子，其为书至详博，然犹得失中判。其得者，取义远，资理闳……其失者，即目未睹渊泉所导，手未披枝肄所歧

① 《戴震全书》第六册，372页。

者也。"①

郑玄、程、朱之学的两失在于：一是详博而不精审；二是"目未睹渊泉所导，手未披枝肆所歧者"。即未能认真地把一个问题的来龙去脉搞清楚。换句话说，他们的学问均未能达至戴震心中理想的"十分之见"的境界，即"必征之古而靡不条贯，合诸道而不留余议，巨细毕究，本末兼察"。而他们学问的"两得"则是："取义远，资理闳。"戴震要求郑玄、程、朱之后的学者对于他们前贤的学问态度应当是："传其信，不传其疑，疑则阙，庶几治经不害。"②由此可见，戴震既批评了汉儒郑玄、宋儒程朱之不足，又肯定了他们学问的各自长处。可谓相当冷静、理性。

第三，这封信中，戴震还涉及师友之道的问题。对此问题他提出了别具一格的新见解，他说："古之所谓友，固分师之半。仆与足下无妨交相师，而参互以求十分之见，苟有过则相规，使道在人不在言，斯不失友之谓，固大善。"③戴震在这里以追求"十分之见""道"作为交"友"的终极价值目标，而且以托古的方式说真正的朋友即一半之师。愿意以交相为师的方式与姚鼐做朋友，从而让"道"在人的能动性追求之中保持住而不停留在僵化的语言之中。这是一种何等开阔而光明净洁的人格境界！可惜姚鼐不懂戴震高阔遥远之志，拜师不成，反而日后交恶，成为学术方面的敌人。然而这也从反面体现了戴震的远见卓识。

戴震的认识论与社会理想关怀也是联系在一起的。他反对"任意见

---

① 《戴震全书》第六册，372 页。
② 同上书，373 页。
③ 同上书，373 页。

而祸斯民"的做法。他以"分理"代替宋儒的"天理"就包含着这一社会理想。他对孟子"心之同然谓理、谓义"的说法做出如下的解释道：

> 心之所同然始谓之理，谓之义；则未至于同然，存乎其人之意见，非理也，非义也。凡一人以为然，天下万世皆曰"是不可易也"，此之谓同然。举理，以见心能区分；举义，以见心能裁断。分之，各有其不易之则，名曰理；如斯而宜，名曰义。是故明理者，明其区分也；精义者，精其裁断也。不明，往往界于疑似而生惑；不精，往往杂于偏私而害道。求理义而智不足者也，故不可谓之理义。自非圣人，鲜能无蔽；有蔽之深，有蔽之浅者。人莫患乎蔽而自智，任其意见，执之为理义。吾惧求理义者以意见当之，孰知民受其祸之所终也极也哉！①

戴震对于理、义的追求，一方面要"精于区分"，另一方面要"精于裁断"。"精于区分"属于认知问题，要达到"十分之见"。"精于裁断"属于知识的运用问题，类似于亚里士多德讲的"实践的智慧"。两者都不能凭个人的"意见"来下判断、做决定，否则就会给万民带来灾难。

戴震批评当时儒者执理以为意见的荒谬之处，说道："今虽至愚之人，悖戾恣睢，其处断一事，责诘一人，莫不辄曰理者，自宋以来始相习成俗，则以理为'如有物焉，得于天而具于心'，因以心之意见当之

---

① 《戴震全集》第一册，153～154 页，北京，清华大学出版社，1991。

也。于是负其气，挟其势位，加以口给者，理伸；力弱气慑，口不能道辞者，理屈。呜呼！其孰谓以此制事，以此制人之非理哉！即其人廉洁自持，心无私慝，而至于处断一事，责诘一人，凭在己之意见，是其所是而非其所非，方自信严气正性，嫉恶如仇，而不知事情之难得，是非之易失于偏，往往人受其祸，己且终身不寤，或事后乃明，悔已无及。呜呼，其孰谓以此制事，以此治人之非理哉！"①

在社会生活、政治生活领域赶时髦，如何能做到不凭"在己之意见"来处理事情呢？ 戴震提出了"以情絜情"的方法。他说："夫以理为'如有物焉，得于天而具于心'，未有不以意见当之者也。今使人任其意见，则谬；使人自求其情，则得。"②戴震将自己的这种说法回溯到《论语》与《大学》之中，以证明自己的观点是正确的，如子贡问恕，孔子回答道："其恕乎！己所不欲，勿施于人"。《大学》一书讲治国平天下的道理，也无非是说，"所恶于上，毋以使下；所恶于下，毋以事上；所恶于前，毋以先后；所恶于后，毋以从前；所恶于右，毋以交于左；所毋于左，毋以交于右"。而这些"所不欲""所恶"，在戴震看来，"不过人之常情，不言理而理尽于此。惟以情絜情，故其于事也，非心出一意见以处之，苟舍情求理，其所谓理，无非意见也。未有任意见而不祸斯民者"③。

---

① 《戴震全集》第一册，154 页。
② 同上书，155 页。
③ 同上书，155 页。

二、戴震论心知与道德修养、经典解释的关系

(一)"心之精爽"无蔽以进于神明——戴震论心知与人的道德修养

戴震从《礼记》中吸取了"血气心知"说，并进一步细化了血气与心知在人的认识过程中的功能与作用。他引用子产与曾子的观点，从阴为魄、阳为魂的思想传统出发来重新界定人的感官认知与理性认知的不同，认为感官认知为阴所主持，而心所代表的理性认知则为阳所主持，如他说：

> 子产言"人生始化曰魄，既生魄，阳曰魂"；曾子言"阳之精气曰神；阴之精气曰灵。神灵者，品物之本也"。盖耳之能听，目之能视，鼻之能臭，口之知味，魄之为也，所谓灵也。阴主受者也；心之精爽，有思辄通，魂之为也，所谓神也，阳主施者也。①

他又对孟子的"心之官则思"之说做了新的解释，认为孟子所言是指"心之能也"，即心具备能思的品质与潜质。这样的能思之心，有时候处于"精爽有蔽隔而不能通之时"，因此，心可能会犯错误，一旦"无蔽隔，无弗通"之时，则以"神明"称之。戴震由此分析，进一步得出以下这样的结论：

---

① 《戴震全集》第一册，156 页。

凡血气之属，皆有精爽。其心之精爽，巨细不同，如火光之照物，光小者，其照也近，所照者不谬也，所不照所疑谬承之，不谬之谓得理；其光大者，其照也远，得理多而失理少。且不特远近也，光之及又有明闇，故于物有察有不察；察者尽其实，不察斯疑谬承之，疑谬之谓失理。失理者，限于质之味，所谓愚也。①

戴震此处以"光照"论为喻，揭示了作为理性认知的心如何达到对认知对象准确无误的认识这一道理，在中国传统哲学的认识论传统里确有新意。但从现代认识论的角度看，特别是从马克思唯物主义实践观的角度看，这一"光照"论的认识论无法揭示人类认知在把握真理过程中的复杂性。但他肯定人通过"学"的过程来增益人的理性认识能力这一认识，在原则上是正确的。他说：

惟学可以增益其不足而进于智，益之不已，至乎其极，如日月有明，容光必照，则圣人矣。……故理义非他，所照所察者之不谬也。何以不谬？心之神明也。人之异于禽兽者，虽同有精爽，而人能进于神明也。理义岂别若一物，求之所所所察之外；而人之精爽能进于神明，岂求诸气禀之外哉！②

戴震高度肯定了人心的认知潜能，认为通过充分的发挥，普通人也

---

① 《戴震全集》第一册，156 页。
② 同上书，156～157 页。

可以进于神明的境界，因而可以成为圣人。传统哲学中"人皆可以为尧舜""途之人可以为禹"的命题，在戴震这里转为一种新的论述方式，即以人的认知可以进于神明的境界与圣人相等。但他也没有跳出传统儒家的思想传统多远的距离，因为，他讲的认知对象并非是现代科技文化中对客观事物的认知，而是传统伦理学框架下对"理义"的认知——尽管戴震对"理义"的解释有自己的特点。因此，戴震从认知的角度讲人的道德修养问题，将"尊德性"的目标转换成以"道问学"的方式来实现，的确有思想转向的意义。但这种转向也是有其内在限度的，即他仍然处在尊德性的大传统里，只不过他是以"道问学"的方式来讲"尊德性"，努力以可以公开谈论的方式来讨论人的德性长养问题，而不是以内在的心理体验方式来讨论尊德性的问题。因此，有学者认为宋明理学到清代哲学的转化，实际上是由尊德性到道问学的转化。这种说法可能说对了一半，即相对于宋儒、明儒而言，清儒更重视对古代经典文本的考据。就此一侧面而言，余氏所言有其合理性。但如果将这一结论普遍化，认为清儒只讲"道问学"而不再讲"尊德性"的问题，则是十分不妥的。由上述戴震所言可知，清儒只是以道问学的方式来讲尊德性的问题而已。

如果从现代哲学的角度来看，戴震这种以"道问学"的方式来讲"尊德性"的问题，其实是以认识论方式来讲道德、心性修养的问题。这种道德哲学的进路有其历史的转向意义，即将道德修养转向一种外在的、可公度的认知领域。与中国传统哲学一样，戴震的道德哲学与政治哲学、社会政治理想是紧密地结合在一起的，他所说的"心"与古代圣贤的社会理想、政治理想紧密相关。故戴震的道德哲学还要求士人能够扩大自己的心量，以与古代贤圣之心相协调，从而理解古代贤圣与天地之心相协调的精髓，从而真正理解古代经典的深奥意义。因此，他所开创的"由字以通其词，由词以通其道"的语言学经典解释方法，又带有一种解释学的意味，从而对经典的认知与解释又带上很强的主观性色彩。

（二）"大其心""以体古贤圣协于天地之心"——戴震的经典解释学思想

戴震的治学方法之所以被称为人文实证主义，而不是科学的实证主义，是因为他对儒家经典的解释，并不是完全依赖文字、语言、古代典章制度等实证性的知识来实现的。中晚年的戴震也强调研究者要扩大自己的心量，从而去理解古代圣贤协于天地之心的广阔心量，进而去会通儒家经文中的深邃意义。此一治学方法，在近百年的戴震研究者中很少有人关注。今特别提示出来，希望得到学界的高度重视。在《古经解钩沉序》一文中，他一方面强调"由字以通其词，由词以通其道"方法的重要性，同时又说"由文字以通乎语言，由语言以通乎古圣贤之心志"[1]的重要性。他说："人之有道义之心也，亦彰亦微。其彰也，是为心之精爽；其微也，则以未能至于神明。六经者，道义之宗而神明之府也。古圣哲往矣，其心志与天地之心协，而为斯民道义之心，是之谓道。"[2]戴震的意思是说，古代的"道"并不是简单的客观法则，其实也是古代圣贤与天地根本精神相契合的一种心志，并将这种心志与民众的要求结合起来，从而实现并满足民众的愿望，这就是"道"。所以，他在《郑学斋记》

---

[1] 《戴震全书》第六册，378页。
[2] 同上书，377页。

中又说道："学者大患在自失其心，心全天德，制百行。不见天地之心者，不得己之心；不见圣人之心者，不得天地之心；不求诸前古贤圣之言与事，则无从探其心于千载下。是故由六书、九数、制度、名物，能通乎其词，然后以心相遇。"①

　　研究儒家经文的人要让自己的心与古代圣贤的心志相一致，这样才能通过对六书、九数、制度、名物的研究，由语言的途径上达对古人之道的理解。他甚至还在《春秋究遗序》中说："读《春秋》者，非大其心无以见夫道之大，非精其心无以察夫义之精。"②这样，通过"深求语言之间"以及古代制度史、科技史的人文实证科学方法而能自造新意，又以我之"精心"逆遇古圣人之精义的正确创新途径，才能实现对古代经文的正确理解，进而能实现思想的创新。

　　由上简明的论述可知，戴震强调研究者之"精心"在言与道之间发挥作用，这正是戴震所开创的"人文实证主义方法"在追求经典解释的客观性时，力求避免机械论、客观反映论之类的简单化认识的要义之所在，也是他力图使考据学避免走向纯粹的文人智力游戏的理论意图之所在。戴震所提倡的这种"以心会心"的"哲学会通"方法，由于以"人文实证方法"为底线，不致流入主观的臆想之中，而更多地会展示其创造性——戴震自著的《孟子字义疏证》就是典范的例证。因此，以我之"精心"逆遇古人之精义的方法其实就是戴震创造的经学解释学方法。这一方法如何向当代的经典解释学转化，其内在的限制如何，将是下一章集中讨论的问题。

---

　　①　《戴震全书》第六册，407 页。
　　②　同上书，381 页。

第四章

戴震的经学解释学及其当代转化

　　解释学是现代西方哲学中重要的一支或曰流派，在当代中国的汉语哲学界，有关西方解释学著作的翻译、研究成果十分丰富，其杰出代表当然要数洪汉鼎对伽达默尔系列著作的翻译与研究。而将解释学与中国传统的解经学结合起来讨论，进而努力发展中国的解释学，也大有人在，如周光庆、李清良等人。具体到戴震的思想研究而言，大陆中国学者之中，李开较早地将解释学的思想引入到对戴震的研究之中。在《戴震评传》一书中，李开专辟一章七节的篇幅，对戴震的"语言解释哲学"进行了深入、细致的讨论与分析。将戴震的"语言解释学"看作他"完成从语言文字到'通道'的全过程的方法学"，通过此方法学，"逐步达到洞察人类的心智，最终到达新理学的道德哲学"，而这一方法，是"情同可感的唯物主义方法"。①

　　李开从语言学的角度将戴震的"语言学解释学"分成如下五个层次加以剖析，即词义诠释和哲学释义、语言解释中的转语和因声求义、语言解释中的古音学、语言解释中的今音学、语言解释中的方言研究。就"词义诠释"层面的解释学方法而言，李开认为戴震的解释学具有"验之事实的实证科学精神，不仅使知识论的经验科学上升到新的水平，而且对语义、逻辑方面的解释也提出了实证要求，从而使对象的解释向真理性的认识大大向前跨越了一步"。李开高度评价了戴震所开创的语言学解释方法的价值与意义，认为"戴震解释学中的实证精神和归纳方法，大大提高了语言文字学作为人文科学的科学地位"；而且，这种解释哲学"较西方晚近仅以语言逻辑而作求真理要求的语言分析哲学高明得多"。②

　　上述李开有关戴震"语言解释学"的具体评价是否都很妥当，可以再做进一步讨论，但从解释学的角度来研究戴震的考据学、语言学研究成果，是 20 世纪 90 年代中国哲学研究的一种新的展开方式，值得予以高度的肯定。近年出版的李畅然的《戴震〈原善〉表微》一书，在外篇部分较为深入细致地阐发了戴震的哲学解释学思想，他借用索绪尔的语言与言语相区分的理论框架，对西方古典的"解释学循环"理论采取一反转的视角，对戴震的哲学解释学循环的思想做出了新的阐发。他认为，戴震的"由字以通其词""应该理解为从更大范围的文本到字的归纳过程和在此

---

① 《戴震评传》，280～281 页。
② 同上书，293 页。

基础上从字到特定文本的演绎过程，这样的解读才真正深刻、准确地揭示了诠释的过程"。[①] 李畅然还以非常独特的眼光注意到戴震提出的"淹博""识断""精审""三个静态的境界"所深寓的"诠释学循环之灵魂"之精髓：

> "淹博"是力争充分占有相关资料，占有"全部"相关之"部分"；"识断"是从部分到整体，从资料中归纳出结论；"精审"代表着定论，也即"十分之见"，是通过将资料与结论反复循环，直到结论中的误说暨独断论成分完全消除，从而达成的圆融无碍的境界。[②]

上述李畅然有关戴震"解释学循环"思想的新解读，的确有令人耳目一新的感觉。令人稍觉不安之处在于：索绪尔的语言与言语的区分框架是否能够用来解释戴震经学解释学中的字、辞、道三者之间的关系。对此笔者目前还心存疑虑。

第一节　戴震的经学解释学及其方法论

概言之，就西方解释学的发展历史而言，大体上有一个以《圣经》为

---

① 李畅然：《戴震〈原善〉表微》，302 页，北京，北京大学出版社，2014。
② 同上书，302 页。

核心的经学解释学到现代哲学解释学的发展过程，而中国传统的注经学大体上也是一种中国式的经学解释学。如何由中国传统的经学解释学发展出现代的经典解释学，应当是当代中国本土的汉语哲学所要尝试的一种哲学的创造性转化工作。此处探讨戴震的经学解释学及其活化，即试图通过对戴震经学解释学原则的归纳与研究，尝试将其经学解释学向经典解释学转化，再向文本解释学的方向加以转化，进而将西方的哲学解释学与中国本土的解释学思想资源结合起来，逐步形成现代汉语的经典解释学与文本解释学。故笔者的研究视角与李开、李畅然的研究视角不尽相同，基本上是在李畅然所理解的古典的解释学循环的意义①下来展开对戴震的经学解释学循环的研究的。

一、解释学与解释学的循环

按照洪汉鼎的研究来看，"解释学"或言"诠释学""本是一门研究理解和解释的学科，其最初的动因显然是为了正确解释《圣经》中上帝的语言"②。它早期主要是—种神学解释学，因而可以视之为一种"《圣经》的技术学"，而当这种神学解释的技术学被应用于法律或法典的解释时，

---

① "'诠释学循环'的古典原理表明，阅读活动既需要逐一理解文本的每个组成部分以达成对该文本整体的理解，同时这种整体性又会反过来促进对该文本每一部分的理解。"（《戴震〈原善〉表微》，296 页）。

② 洪汉鼎：《译者序言》，见［德］汉斯-格奥尔格·加达默尔：《真理与方法——哲学阐释学的基本特征》（上），洪汉鼎译，1 页，上海，上海译文出版社，1999。

就产生了相应的"法学解释学"。直到 19 世纪的德国哲学家施莱尔马赫（1768—1834）与狄尔泰（1833—1911）的出现，才完成了解释学的理论建构，成为一门"关于理解和解释的系统理论"。但此时的解释学理论，基本上"都没有超出方法论和认识论性质的研究"，因而只能属于"古典的或传统的诠释学"。只是到了海德格尔手里，才"把理解作为此在的存在方式来把握，从而使诠释学由精神科学的方法论转变为一种哲学"。而在海德格尔"实存诠释学"的观点看来，"任何理解活动都基于'前理解'，理解活动就是此在的前结构向未来进行筹划的存在方式"。在海德格尔的基础上，伽达默尔将本体论意义上的诠释学发展成为一种"哲学诠释学"，这种哲学诠释学，"决不是一种方法论，而是人的世界经验的组成部分"。"哲学诠释学乃是探究人类一切理解活动得以可能的基本条件，试图通过研究和分析一切理解现象的基本条件找出人的世界经验，在人类的有限的历史性存在方式中发现人类与世界的根本关系。"①

在哲学诠释学的思想体系之中，"解释的循环"是一个重要的理论问题，也是构成"解释"行为的基本特征。根据伽达默尔的观点，解释学的循环大体上可以分为三个发展阶段，或曰三种类型。第一阶段，也可以说是作为第一种类型的"解释的循环"，即作为施莱尔马赫之前的一般解释学规则的"解释的循环"是这样的意思："理解的运动经常就是从整体到部分，再从部分返回到整体。我们的任务就是要在各种同心圆中扩大这种被理解的意义的统一性。一切个别性与整体的一致性就是正确理解

---

① 洪汉鼎：《译者序言》，见《真理与方法——哲学诠释学的基本特征》（上），2～3 页。

的合适标准。未达到这种一致性就意味着理解的失败"①。

第二阶段，也可以说是作为第二种类型的"解释的循环"，即指施莱尔马赫本人以及 19 世纪的解释学有关"解释的循环"的理解与规定是，把这种"部分与整体的诠释学循环区分为客观与主观的两方面"②，这种解释的循环正如个别的词从属于语句的上下文一样，个别的本文③也从属于其作者的作品的上下文，"而这作者的作品又从属于相关的文字类即文学的整体。但从另一方面说，同一本文作为某一瞬间创造性的表现，又从属于其作者的内心生活的整体。理解只有在这种客观的和主观的整体中才能得以完成"④。对于这种 19 世纪的解释学有关"解释的循环"的观点，伽达默尔对其总结道："19 世纪的诠释学理论确实也讲到过理解的循环结构，但始终是在部分与整体的一种形式关系的框架中，亦即总是从预先推知整体、其后在部分中解释整体这种主观的反思中来理解循环结构。按照这种理论，理解的循环运动总是沿着本文来回跑着，并且当本文被完全理解时，这种循环就消失。"⑤

第三阶段，也可以说是第三种类型的"解释学循环"，即由海德格尔与他本人所理解的"解释的循环"。"海德格尔则是这样来描述循环的：对本文的理解永远都是被前理解（Vorverständnis）的先把握活动所规定。

---

① 《真理与方法——哲学阐释学的基本特征》（上），373 页。
② 同上书，373 页。
③ 现代翻译一般译作"文本"。下面涉及洪译伽达默尔著作的"本文"一词均当作为"文本"，后来洪汉鼎的《诠释学——它的历史和当代发展》一书中，"本文"亦写作"文本"，特此说明。
④ 《真理与方法——哲学诠释学的基本特征》（上），373～374 页。
⑤ 同上书，376 页。

在完满的理解中，整体和部分的循环不是被消除，而是相反地得到最真实的实现。"①对于海德格尔有关"解释的循环"的规定，伽达默尔进一步阐述道：

> 这种循环在本质上就不是形式的，它既不是主观的，又不是客观的，而是把理解活动描述为流传物的运动和解释者的运动的一种内在的相互作用（Ineinanderspiel）。支配我们对某个本文理解的那种意义预期，并不是一种主观性的活动，而是由那种把我们与流传物联系在一起的共同性（Gemeinsamkeit）所规定的。但这种共同性是在我们与流传物的关系中、在经常不断的教化过程中被把握的。这种共同性并不只是我们已经总是有的前提条件，而是我们自己把它生产出来，因为我们理解、参与流传物进程，并因而继续规定流传物进程。所以，理解的循环一般不是一种"方法论的"循环，而是描述了一种理解中的本体论的结构要素。②

由此"作为本体论的结构要素"的"解释学的循环"观念出发，伽达默尔还进一步推衍出了一个新的解释学的结论，这个结论伽达默尔本人将其称为"完全性的先把握"（Vorgriff der Vollkommenheit）。这一"完全性的先把握"其实也是"支配一切理解的一种形式的前提条件"。这是说："只有那种实际上表现了某种意义完全统一性的东西才是可理解的。"③

---

① 《真理与方法——哲学诠释学的基本特征》（上），376 页。
② 同上书，376 页。
③ 同上书，377 页。

而只有当这个"完全性的前提条件"被证明为不充分时，"即本文是不可理解时，我们才对流传物发生怀疑，并试图发现以什么方式才能进行补救"①。

　　此处所使用的"解释学的循环"概念，基本上是处于一种方法论层面的循环，并不是由海德格尔与伽达默尔所阐述的作为本体论要素意义上的"解释学的循环"。之所以如此，是因为戴震的经学解释学在思想层面上没有达到这种认识的层次，他的经学解释主要是在方法论的层面显示了他的独特性，而且，他早期形成的"由字以通其词，由词以通其道""一字之义，当贯群经"的经学解释学，以及这种经学解释学中蕴含的"解释的循环"思想，与他中、晚期所阐发的"大其心以体古贤圣与天地之心相协"的以我心领会他者之心（我心为主，他者之心为精神性的客观对象）的主客观相符合的"解释的循环"方法之间，有一种需要加以进一步解释的思想空间。在笔者看来，戴震的经学解释学思想并未对"经学解释前提"进行深入的追问，他虽然意识到古代经典与后来者的时间距离，但他深信通过音韵、训诂、科学技术史与制度史等知识的探究，可以弥补这种因时间而造成的古代经典与后人之间产生的距离，进而达到对经典的准确理解。因此，戴震的经学解释学中所彰显出"解释学的循环"原则基本上是处于方法论层面的解释学的循环。因此，笔者所使用的"解释的循环"一词基本上也是处于方法论层面，而与伽达默尔所说的"解释的循环"不甚相关。但是，戴震的经学解释学具有向现代经典解释学、文本解释学转化的内在可能性。

----

　　① 《真理与方法——哲学诠释学的基本特征》（上），377 页。

戴震所理解的"经"是清人所接受的"十三经"，而不是汉唐人所理解的"五经"，故其"经学解释学"所涉及的经文文本包含了先秦诸子中的儒家诸子的作品、汉人结集而成的《孝经》，以及作为解释经典所用的工具书《尔雅》这部解释同类词词义的词典。根据戴震本人的自述，他的经学解释活动实际上是通过对汉人许慎编纂的字典《说文解字》的研究开始的，然后慢慢通过对文字、语言的训诂而达到对经学根本意义的把握。因此，戴震的经学解释学的形成历程，基本上是遵循语言训诂学到经义解释，再到"大其心，以体古贤圣与天地之心相协"的哲学解释过程。因此，对于戴震经学解释学的现代活化，即将其转化为一种现代的经典解释学、文本解释学，就具有内在的可能性。

二、从经学解释学到经典解释学

（一）训诂学或语言学方法与局部、整体之回环

戴震经学解释学的第一层次内容，就是语言层面的释义。而在语言层面的释义不同于传统经学的文字训诂，就在于其语言层面的训释包含着对具体经文文本的整体精神（即道）的把握，以及作为经文而存在的整个经学文本的核心精神之把握，不是具体语句或局部意思之疏通。戴震是这样陈述自己的经学解释学的形成过程的：

> 仆自少时家贫，不获亲师，闻圣人之中有孔子者，定六经示后

之人，求其一经，启而读之，茫茫然无觉。寻思之久，计于心曰：
"经之至者道也，所以明道者其词也，所以成词者字也。由字以通
其词，由词以通其道，必有渐。"求所谓字，考诸篆书，得许氏《说
文解字》，三年知其节目，渐睹古圣人制作本始。又疑许氏于故训
未能尽，从友人假《十三经注疏》读之，则知一字之义，当贯群经、
本六书，然后为定。①

从解释学的角度看，上述引文包含两层意思，其一是说，儒家的经
文文本中最核心的内容或精神是道。如何能够把握经文文本中的"道"
呢？那必须要通过对构成经文文本的文字、语言进行理解与解读。其二
是说，仅仅靠单独的字义、语句的文字、语言的解读，还不足以把握经
文文本的深刻意思。首先要将经文文本的一个字的意思贯通到群经的文
本之中，然后还要考察文字在造字之初的本义，最后才有可能正确地把
握经文文本中的道。而正是这第二层意义，构成了戴震经学解释学中第
一个层次的语言、文字层面的"解释循环"。

因此，上述的经学解释之循环可以包含两层三个环节的经学解释的
循环，第一层是字、语言到道，与由道来理解语言、文字的循环。没有
道为指引、为统领的训诂、语言解读，只能是破碎的，无意义的经文解
释方式。对于此点，戴震有明确的批评，甚至有非常不恰当的说法，认
为训诂、考据的学问如果不与"求道"的目标发生内在的关联，就是抬轿

① 《戴震全书》第六册，370～371 页。

子的轿夫，而只有求道的行为或求道的人，才是坐轿子的人。①

第二层是一字之义与群经、造字、用字的六书之间的循环。如他在反驳宋儒理学时用的文字训诂方法，就采用了这一方法，他认为，"理"字在诸经中不多见。② 既然六经及其后来的传、记等解释经文的著作中都不常见"理"字，可见宋明儒所讲的理学在儒家经学传统里就不应当处于核心的位置。此处，戴震的经学思想中还没有现代哲学学科的概念/范畴等知识与观念，他此处所讲的"理"字，实际上即讲理的概念与理念。从论证的策略来讲，戴震的这一经学论证思路有一定的说服力，因为我们要依经立义。如果从现代哲学创造性的转化或傅伟勋"创造的诠释学"角度看，这一经学的论证理路未必有说服力。

(二)"制数"之学与局部、整体之回环

戴震的经学解释学思想体系当中，不仅有古代汉语的释义学等语言学解释层面的循环，而且还有经学解释过程各种具体的制度、技术、技艺知识层面的融会贯通意义上的解释的循环，即戴震所说的"至若经之难明，尚有若干事"。这"若干事"即传统学问统称的"制数"之学，在现代汉语的语境中，即经学解释过程所遇到古代人文、社会、自然科学等方面的知识问题，一共有八个方面的内容，如戴震说：

_____

① 此一说法，是段玉裁的《戴震集序》中的说法，与章学诚在《书〈朱陆〉篇后》的文字稍有不同。章学诚转述的一名"当世号为通人，仅堪与余舆隶通寒温耳"的说法，颇有挑动当世名人与戴震为敌的意味，而段序仅说"以六书九数等事尽我，是犹误认轿夫为轿中人也"。(参见《戴震与中国文化》，78 页。)

② "《六经》、孔、孟之言以及传记群籍，理字不多见。"《孟子字义疏证·理》，见《戴震全集》第一册，154 页。

　　至若经之难明，尚有若干事。诵《尧典》数行至"乃命羲和"，不知恒星七政所以运行，则掩卷不能卒业。诵《周南》《召南》，自《关雎》而往，不知古音，徒强以协韵，则龃龉失读。诵古《礼经》，先《士冠礼》，不知古者宫室、衣服等制，则迷于其方，莫辨其用。不知古今地名沿革，则《禹贡》职方失其处所。不知少广、旁要，则《考工》之器不能因文而推其制。不知鸟兽虫鱼草木之状类名号，则比兴之意乖。而字学、故训、音声未始相离，声与音又经纬衡从宜辨。……中土测天用句股，今西人易名三角、八线，其三角即句股，八线即缀术。然而三角之法穷，必以句股御之，用知句股者，法之尽备，名之至当也。管、吕言五声十二律，宫位乎中，黄钟之宫四寸五分，为起律之本。学者蔽于钟律失传之后，不追溯未失传之先，宜乎说之多凿也。凡经之难明右若干事，儒者不宜忽置不讲。仆欲究其本始，为之又十年，渐于经有所会通，然后知圣人之道，如悬绳树槷，毫厘不可有差。①

　　上述戴震所言的"制数"之学八个方面的内容，在中国古代的经学思想体系里，都属于专门之学；在现代的学科体系里分别包括人文、社会科学、自然科学的三大领域的知识。"恒星七政"、三角八线属于自然科学领域中的天文与数学领域的知识；管、吕声律之学、《考工》所涉及的具体技术复原，属于艺术、技艺与自然科学的交叉领域的知识；《诗经》

① 《戴震全书》第六册，371 页。

中的用韵问题、比兴问题，每个字的声母、韵母与意义的关系问题，属于人文学中的古代语言学研究领域的知识；古代宫室、衣服及其制度，地理沿革等，是人文学中的历史、地理及历史地理的研究领域的知识，也与应用科学中的工程学的知识相关。这八个方面的具体知识内容，在经学的体系中既有相对的独立性，但在服务于经文整体意义的解释过程中，又需要做贯通性的理解，而不能单独地作为一门独立的学科知识来对待，这便是经学解释学对待"若干事"所要用取的正确态度。这与我们今天依照西方知识分类学的方式，将这八件事分别当作具体的知识门类来做客观的研究，是极其不同的一种处理态度。因此戴震的"经学解释学"的思想体系里，包含着如何从整体回环的角度来处理这些专门知识的解释学的技艺。换句话说，通过整体与局部循环的解释技艺，将这些分门别类的知识"说明"①（explain）服务于经文文本之道的发掘与阐述这一根本目标。"若干事"中第一类具体知识，相对于经中之"道"而言，都是一个局部与细节。但对于这些局部细节的准确把握对于解释者所要追求的根本目标——道而言，虽然是局部的，但对这些局部细节知识的准确性认识，都有助于对道的准确理解。如果转换成中国传统哲学的范畴来讲，这些局部、细节之物，就是器，而经中的道与这些物（器）的关系就是道器关系。反过来，由于求道目标的整体性又可

---

① 江天骥先生专门区分了"理解"（即我们讲的"解释"）与"说明"两个概念，说道："理解和说明是两种不同的科学方法。但自然主义则坚持科学方法的连续性，包括人在内的一切自然对象与现象都可以用一般规律给予说明，认为这才会获得真正的科学知识。这样，方法论解释学同自然主义是对立的。"参见江天骥：《科学主义和人本主义的关系问题》，见吴根友：《珞珈哲学读本》，112 页，北京，中国社会科学出版社，2014。

以让这些细节、局部"若干事"构成一个之于道而言是有意义的"一件事"，而不是一个孤立的事件(尽管这一点，在戴震的经学解释学中并没有明言)。按照王夫之的"道器观"来看，即"尽器则道无不贯。尽道所以审器，知至于尽器，能至于践形，德盛矣哉"①。

(三)大其心和圣人协于天地之心志相协与言语、思想之整体回环

戴震的经学解释学及其所具有的解释的循环特征，在其显性的表达方面主要是通过"由字以通其词，由词以通其道"的简明命题，以及与经中之道准确理解相关的"若干事"显现出来的。而其经学解释学中所包含的解释者主体之心与被解释的经文文本中的圣人与天地相协的"大心"之间的解释循环，或者说是"视界融合"，在重视人文实证氛围的乾嘉时代，以及长于训诂的戴震经学思想体系里，则一直处在隐性的位置。而下面一段话，则比较集中而完整地体现了戴震经学解释学中处于隐性位置的"三重循环"的特征：

> 学者大患在自失其心，心全天德，制百行。不见天地之心者，不得己之心；不见圣人之心者，不得天地之心；不求诸前古贤圣之言与事，则先从探其心于千载下。是故由六书、九数、制度、名物，能通乎其词，然后以心相遇。②

---

① [明]王夫之：《思问录内篇》，见《船山全书》第十二册，427 页，长沙，岳麓书社，2011。

② 《戴震全书》第六册，407 页。

　　上述引文包括三层循环。首先，解经的第一要着是要洞察天地之心，之后才能获得自己的真正主体精神——己心，这就是"不见天地之心，不得己之心"一句话的要义。这是第一层的循环。其次，要洞察圣人之心，才能把握天地之心。这是第二层的循环。最后，亦即第三层次的循环，即通过圣人之言与事，来探索相距几千年以前的圣人之心。而探索几千年前的圣人之心的现实媒介，即物质化、客观化的六书、九数、制度、名物，集中到一点上即存留于经文文本的书面语言。从学者建立自己经学解释的主体性——得己心（亦可以理解为获得解释的前见）的目标来看，其在实际的过程中首先展开的是"由六书、九数、制度、名物，能通乎其词"的解释技术的训练以启其端。然后通过此技艺的习得与完成，而后与圣人之心构成一种经文理解上的"视界融合"，由此第一次的视界融合，进一步达到对"天地之心"的洞察或领悟，从而实现己心之获得。"由六书、九数、制度、名物，通乎其词，然后以心相遇"，实际上是上述"三重循环"的一种压缩版的表达。这种压缩版的表达式，在其他地方主要表现为解释者的主体之心与经文中蕴含着的道、义之相遇的两层的循环关系。如在《春秋究遗序》中，戴震这样说道："读《春秋》者，非大其心无以见夫道之大，非精其心无以察夫义之精。"此处的"大心""精心"，只不过是就解释主体精神面向的不同运用方式而言的，"大心"主要就解释主体的思想境界与觉悟的程度之提升而言，"精心"主要就是解释主体细致、精微的思想识断、认识能力的提升而言的。接下来所要进一步阐述的，实际上是借表彰作序对象——桐城叶书山而表达他自己的经学解释学主张，即通过对经文中圣人流传下来的书面语言的把握，进而领悟经文中蕴含着的道与义：

　　震尝获闻先生论读书法曰："学者莫病于株守旧闻，而不复能造新意，莫病于好立异说，不深求之语言之间，以至其精微之所存。夫精微之所存，非强著书邀名者所能至也。日用饮食之地，一动一言，好学者皆有以合于当然之则。循是而尚论古人，如身居其世睹其事，然后圣人之情见乎词者，可以吾之精心遇之。非好道之久，涵养之深，未易与于此。"①

　　类似的说法，在后来他给余萧客的《古经解钩沉》(依钱穆考订为戴震47岁时作品)作的序中亦有大体相同的表述，只是用词稍有不同，因为作序之书的具体性质的不同，又多做了一些随文引申的说法：

　　　　人之有道义之心也，亦彰亦微。其彰也，是为心之精爽；其微也，则以未能至于神明。六经者，道义之宗而神明之府也。古圣哲往矣，其心志与天地之心协，而为斯民道义之心，是之谓道。

　　　　士生千载后，求道于典章制度而遗文垂绝。今古悬隔，时之相去殆无异地之相远，仅仅赖夫师故训乃通，无异译言以为之传导也者。又况古人之小学亡，而后有故训，故训之法亡，流而为凿空。数百年已降，说经之弊，善凿空而已矣。

　　　　⋯⋯⋯⋯⋯

　　　　由文字以通乎语言，由语言以通乎古圣贤之心志，譬之适堂坛

---

① 《戴震全书》第六册，381～382页。

之必循其阶，而不可以躐等。①

由于此文是为余萧客的《古经解钩沉》一书作的序，要表扬惠栋的弟子余萧客在古经训诂方面所做的贡献，故在结尾部分强调了对文字训诂的重要性，将文字与经文的书面语言的内在关系揭示了出来，以表扬余萧客对古经解所做的钩沉工作的意义。

第一段文献涉及三个问题：每个人心中都有或隐或显的道义之心；六经是道义的宗主、人的神明（即人的认识与道为一的精神状态）的府库；与天地之心相协的圣哲心志（即道）。简化的表达式：人心——六经——圣哲之心，虽分为三而实为一。这是戴震哲学的理论预见。第二段文献主要是讲求道所面临的困难，用什么样的方法才能更好地求道。第三段文献主要是讲由文字到语言，再由语言到古圣贤之心志（即经中之道）。

戴震在上述三段文献中的所要表达的主要意思是："由语言以通乎古圣贤之心志"，即强调训诂、考古要以求经文中的圣人之道为目标。因为只有领悟了古圣贤之心志，才可能见天地之心，亦才可能得己之心。而"得己之心"，实际上是以个体化的方式理解圣贤之心、天地之心，亦可以说是普遍化的真理与价值在个体身上的生动体现。因此，此一层面上的解释的循环，主要表现为解释者主体与圣人之心、天地之心的循环，而这种循环实际上是作为经验个体的解释者向普遍的圣人之心、天地之心的回归，亦可以理解为向道（或曰绝对真理）的回归。当

_____

① 《戴震全书》第六册，377～378 页。

然，如果是从解释的主体角度看，亦可以视之为孔子提倡的"为己之学"，与宋明儒提倡的"学贵自得"主张，与同时代稍后的章学诚所追求的"独断之学"，亦可以相互诠释。中国传统哲学中真正的"己"，不是与道（或曰真理）相分离，而恰恰是与道相统一的"己"，与现代原子论式的个体和个性主义追求的己之独特性并不相同。只有得道的人才能达到《庄子·天下》所说的"朝彻而见独"的境界，才能够"澹然与神明居"。

（四）理想性目标——"十分之见"

戴震的经学解释学为自己设定了一个非常理想性的目标，即追求"十分之见"。他深信存留于经文之中的圣人"绪言"，可以通过他所运用的"由字以通其词，由词以通其道"的语言学方法，以及六书、九数、制度、名物的通贯性、综合性的研究手段，再加上"大其心"以与古贤圣之心相遇的"视界融合"的方法，予以准确地把握。下面一段文献在相当大的程度上体现了戴震在解经过程中所追求的理想性目标：

> 凡仆所以寻求于遗经，惧圣人之绪言闇汶于后世也。然寻求而获，有十分之见，有未至十分之见。所谓十分之见，必征之古而靡不条贯，合诸道而不留余议，巨细毕究，本末兼察。若夫依于传闻以拟其是，择于众说以裁其优，出于空言以定其论，据于孤证以信其通，虽溯流可以知源，不目睹渊泉所导，循根可以达杪，不手披枝肆所歧，皆未至十分之见也。以此治经，失不知为不知之意，而

徒增一惑，以滋识者之辨之也。①

上文所说的"必征之古而靡不条贯"，主要是针对训诂以及名物、制度的考据学手段而言的；"合诸道而不留余议"，主要是就研究者要"大其心"；志于闻道，最后将自己的心或志向提升到能够理解古圣贤之心的境界，以"圣人之道"来反观具体的训诂、名物制度的解释是否合适。可以说，是以对千古圣贤所坚信的永恒之道来检验具体的解释技艺是否恰当，这也可以视为"真理"与"方法"的循环。戴震早年所说的"十分之见"，主要还是囿于考据学而言的，带有强烈的认识论色彩。晚年将理、义与"意见"（类似英文的"opinion"）对立起来，并表达了一份强烈的社会关怀——"吾惧求理义者以意见当之，孰知民受其祸之所终也极也哉"：

　　心之所同然始谓之理，谓之义；则未至于同然，存乎其人之意见，非理也，非义也。凡一人以为然，天下万世皆曰"是不可易也"，此之谓同然。举理，以见心能区分；举义，以见心能裁断。分之，各有其不易之则，名曰理；如斯而宜，名曰义。是故明理者，明其区分也；精义者，精其裁断也。不明，往往界于疑似而生惑；不精，往往杂于偏私而害道。求理义而智不足者也，故不可谓之理义。自非圣人，鲜能无蔽；有蔽之深，有蔽之浅者。人莫患乎蔽而自智，任其意见，执之为理义。吾惧求理义者以意见当之，孰

———————————

① 《戴震全书》第六册，372页。

知民受其祸之所终也极也哉！①

上文中所说的心之"所同然"的理与义，实即他早年一再所说的经文中存留古圣贤之道、圣人之"绪言"。作为普通人，每个人皆有所蔽，只是有蔽之深、有蔽之浅之分。所以，在求道、求理、求义的过程中，要特别小心，切不可将"未至十分之见"的"意见"当作"十分之见"，当作理、义。不过，作为对经文中存留的圣人之道，如何能确证为是"十分之见"呢？谁有资格宣布是"十分之见"？对于这样的问题，戴震似乎没有来得及去思考，更不用说要像墨家所说的那样，要做"施之于政"的实践检验了，当然也不可能用现代哲学所具有的以社会实践检验真理的思想意识了。因此，戴震希望由训诂、考据的方式寻求确定语义的传统语言学方法，去探寻经文中的带有整体理论思辨特征的道或真理，实际上存在着工具或曰技艺上乏力的困境，而面对此工具与技术乏力的困境，戴震本人似乎没有足够的知觉。

第二节　戴震经学解释学向经典解释学转化之探索

一、从经学解释学到经典解释学

我们之所以将戴震的解释学称为经学解释学，是因为他的解释学原

---

① 《戴震全书》第六册，153 页。

则都是从经学著作的注释、解释实践中总结出来的。本章第一节第二部分的内容扼要地阐述了戴震的经学解释学原则及其理想目标。由我们所认识的戴震经学解释学的思想原则出发，尝试将他的这一解释学原则泛化，放到中国古代经典的解释过程之中，进而将这一中国传统的解释学思想提升到一个具有普遍性的原则高度。我们的方法主要表现在以下四个方面。

其一，将戴震的"由字以通其词，由词以通其道"的经学解释学原则，泛化为"由字以通其词，由词以通其义"。将"通道"的目标转换成"通义"目标，进而对古代经典的解释保持一种方法上的统一性，即由文字训释，到语言分析，再到经典的意义解读。至于共通的方法是否能达到统一的意义目标，我们不做过多的要求。这主要是为了保持人文学的自身特质，也可以让古代的经典文本保持对后人、对世界的开放性。而方法的统一性，也可以让解释学保持在人文学的科学性的水准上，避免一些低级的无谓的争论。因为语言学的相对客观性、可验证性，特别是语音学与语法学的较高的历史客观性，可以在一定的程度上保证人文学研究成果的科学性。因此，戴震解释学的展开文本依据虽然是传统的经文文本，但可以将经文文本扩大到相对具有一致认可度的经典文本上，这种语言学的释义途径，在原则上是可以共享的。只是我们要跳出经学思维方式，将"求道"转换"求义"就可以了。而这种转换本身也可以让古代的经文文本的开放性彰显出来，释放更多的意义空间。

其二，将戴震的"一字之义，当贯群经"的经学解释学的循环，转换成"一字一句之义，当贯经典文本的整体"。即把"群经"换成了"整体"。此处所言的"整体"概念，可以是古代经典的某一个代表篇章，如《齐物

论》整篇的主旨，也可以看成《庄子》全书所体现的庄子思想的整体性之
"整体"。类似的如《论语》《老子》《孟子》《荀子》等著作，都可以视为一个
"整体"。当然，"整体"也可以是某一个学派的核心思想，如道家学派共
享"道"之核心思想，对于道的把握就构成了人类认知上的"明"这一智慧
的状态。如要准确地考察道家思想中"明"这个概念的真正意思，就应当
贯通道家的核心经典，如《老子》《文子》《庄子》，及至后期道教著作，如
葛洪的《抱朴子》，看一看这些著作是如何解释"明"这个概念的。"整体"
的概念当然也包含"群经"，如五经、七经、十三经等，但不局限于儒家
的群经。伴随着研究问题的范围改变，"整体"的概念所含摄的范围可大
可小，具有非常强的适应性，因而比戴震经学解释学中"群经"概念所体
现出来的"整体"意味要丰富得多。范围也广泛得多，要而言之，更具有
普遍性。

其三，将戴震的"大其心以体古贤圣与天地之心相协"的经学解释学
中的相对封闭的"视界"，转化为"以体认人类的根本价值基点与未来可
能的发展方向"这一包含着思想境界与认知水平两方面提升的开放式的
"视界"，从而解释经典，活化经典。"大其心"这一原则，从今天的哲学
角度看来，即提高人的思想境界与认识能力。这与戴震经学解释学中的
"大其心"的观念仅仅局限于经文文本中所体现的"圣人之心""天地之心"
的狭隘而又模糊的内容是相当不一样的。人的心量扩大，既包含着认知
水平的提高，也包含着思想境界的提升，而这两点既有相对的独立性，
又是相辅相成的。思想境界的提升主要是体现为认知水平质的飞跃，是
各种认知通过特殊的经验而综合为一种新的、带有真理性的认识。而
"认知水平"往往有朱子学"今日格一物，明日格一物"的片面性、累积性

的特点。豁然开朗的那一瞬间，往往是思想境界提升的时刻。在现代的哲学视野里，"大其心"原则上是可以说清楚的，不像在戴震的"经学解释学"中所表现那样，带有某种神秘性——如圣人之心、天地之心之类的先验内容。就其认知水平面而言，"大其心"，就是戴震自己所说的"至若经之难明，尚有若干事"这一经学解释学中的知识问题，与这一知识问题相关的解释学原则，笔者将其称为经典解释的补充原则，亦可称为第四个原则：知识视野与思想视野的扩充。

其四，知识视野与思想视野的扩充。"至若经之难明，尚有若干事"一段文献中所说的"若干事"，在戴震的经学解释学中，主要是指古典的人文知识，包含科学技术史的知识。笔者在此基础上，将其称为"知识视野"。另外，根据现代哲学学科的知识特点，笔者觉得戴震的经学解释学中还没有注意到的思想观念、思想体系的问题，笔者将其称为"思想视野"。从现代哲学的角度看，如现象学、解释学、结构主义、历史唯物主义等就是一种思想体系或观念体系，虽然也是一种广义的人文知识，但主要是思想的体系，故称之为"思想视野"。戴震所说的"大其心""精其心"，主要意思是指思想境界的提升与认识能力的提高这两个方面的内容。而其说的"至若经之难明，尚有若干事"的说法里，仅仅包含着知识的视野扩展与认知能力的提升，并没有涉及今天哲学学科所说的思想视野的扩大的问题。举例证之，戴震的"大其心"并不包含我们今天讲的运用新的哲学观念、立场来分析经文文本的问题，更不用说以批判的眼光来看待经文文本中存在的问题了。在戴震的经学解释学思想中，他的思想前见是：经文中蕴含的道就是绝对正确的真理。经文以后的解经者主要是通过"大其心"的方式，准确地解读经文的书面语言，然后把经文中的"圣人之道"解读出来。这就是戴震的"经学解释学"中的基本思路。我们要活化他的经学解释学思想，将其转化为"经典解释学"，通过提升解释主体的认知水平与思想境界，与经典文本融合。同时又不局限于经典文本的意义，而是将其中所蕴含的思想原则与解释者主体所处的时代问题结合起来，并将经典中所体现的思想原则作为当代哲学思考的一个有机的组成部分，而不再是作为主导性的原则。这便是我们提倡的经典解释学与戴震的经学解释学的根本不同地方。换句话说，经典解释学将经典视为开放的文本，而戴震的经学解释学则将经文文本视为一个真理的封闭体系。解释者主体的"大其心"只是向经文文本的无限接近，因而原则上是历史还原主义的思路。我们提倡的"经典解释学"则是要求古代经典向现实世界打开，作为主体的解释者"大其心"，则是向经典与生活的二重世界开放，并在经典、世界与解释主体的三维互动、循环的过程中，让经典活化，让世界丰富化，让解释者自身的精神内涵丰富化，进而变成更有精神厚度的主体。

上述原则大体上可以构成笔者所说的现代经典解释学的四个原则。这一现代经典解释学原则当然是在戴震的经学解释学原则基础上生发出来的，还不足以囊括经典解释学的所有问题。像孟子所说的"知人论世"的解释学方法，似乎就很难被戴震的经学解释学原则所囊括。而像《庄子》"三言"中的寓言、重言，虽然与经典解释学的方法没有直接关系，但《庄子》运用了"卮言"作为哲学的语言表达方式。戴震所坚持的由训诂方法去解决字——语言——道的三重关系，似乎就难以处理这种哲学经典的意义解释问题。因此，现代经典解释学的原则仅从戴震的经学解释学的思想传统出发，似乎还不能够完全胜任对于经典的解释工作。因

此，戴震的经学解释学只是向现代的经典解释学提供了自己的若干原
则，如果要发展中国式的经典解释学的思想体系，既需要吸收中国传统
其他思想家的解释学思想，同时还要吸收现代西方解释学，特别是哲学
解释学的思想。笔者近几年来运用戴震的经学解释学原则，去处理《齐
物论》中"莫若以明""天籁""卮言"问题，以及《大宗师》中的"坐忘"问题
时，既活化了戴震的"经学解释学"原则，努力使之朝着"经典解释学"的
原则转化，同时也逐渐认识到其经学解释学原则在实际的转化过程中所
表现出的某种不足。

二、戴震经学解释学的内在限制

(一)语言学的训诂能否通达经中之道

对于语言学的训诂方法能否通达经中之道的方法与路径问题，戴震
的经学解释学思想原则在当时及后来引起了截然相反的两种观点。反对
派认为以训诂的方法来理解经中大道，完全是支离、破碎大道，当时的
代表人物是钱载(字箨石)，后来主要是方东树。而在方法上肯定戴震的
训诂方法，在思想倾向上反对戴震的翁方纲则装扮了一个调停的角色。
戴震的后学与私淑戴震思想的人，坚持并深化了戴震所提倡的"由字以
通其词，由词以通其道""一字之义，当贯群经"，以及"因音求义"的广
义语言学方法。此一派的观点在本书中有专门的章节加以讨论，此处暂
且不表，我们在此将集中讨论反对派的意见。

　　与戴震同时且年纪稍长的诗人、画家钱载，对于戴震"由字以通其词，由词以通其道"的方法，不以为然，可惜钱载批评戴震以训诂学方法解经的观点没有正式的书面文字，只能在翁方纲的《附录与程鱼门平钱戴二君议论旧草》中有一点间接的记录：

　　　　昨萚石与东原议论相底诋，皆未免过于激。戴东原新入词馆，斥詈前辈，亦萚石有以激成之，皆空言无实据耳。萚石谓东原破碎大道，萚石盖不知考订之学，此不能折服东原也。①

翁方纲本人的观点是，不能否定训诂学与经义的关系，但也不能把这种关系强调到必由之路的高度。面对钱载的观点，翁氏的意见是："诂训名物，岂可目为破碎？学者正宜细究，考订诂训，然后能讲义理也。"②

　　面对戴震，翁氏的意见有两点。其一是肯定的观点："今日钱、戴二君之争辩，虽词皆过激，究必以东原说为正也。"③其二是认为戴震夸大了训诂与经义的关系。训诂、名物对于经义的解释不是普遍有效的："东原固精且勤矣，然其曰圣人之道必由典制名物得之，此亦偶就一二事言之可矣，若综诸经之义，试问《周易》卦爻象象乘承比应之义，谓必由典制名物以见之可乎？《春秋》比事属辞之旨，谓必由典制名物见之可乎？"④

---

① 《戴震全书》第七册，297 页。
② 同上书，297 页。
③ 同上书，297 页。
④ 同上书，297 页。

在这一段质疑戴震的文字里，后面还列出了《尚书》《诗经》《论语》《孟子》《孝经》等儒家的经文文本，认为不可能都通过戴震所主张的以"典制名物"去求其中义理的方法。翁氏认为："戴君所说者，特专指《三礼》与《尔疋》耳。"①翁氏的实际主张，要以义理为主，但不反对考订，认为惠栋、戴震等人，"皆毕生殚力于名物象数之学，至勤且博，则实人所难能也。吾惟爱之重之，而不欲劝子弟朋友效之。必若钱君及蒋心畬斥考订之学之弊，则妒才忌能之所为矣，故吾劝同志者深以考订为务，而考订必以义理为主"②。

但需要注意的是，翁方纲所说的"义理"，是以程朱理学为实质性内容的义理，不是戴震所说的义理。从学术的道德与政治立场而言，翁氏是反对戴震的新义理观的，而且仅肯定了戴震的"名物象数"之学。翁氏的《理说驳戴震作》的基本结论如下。其一，戴震不应当以"名物象数"之学批评程、朱之学。翁氏说："近日休宁戴震，一生毕力于名物象数之学，博且勤矣，实亦考订之一端耳。乃其人不甘以考订为事，而欲谈性道以立异于程、朱。就其大要，则言理力诋宋儒，以谓理者密察条析之谓，非性道统挈之谓，反目朱子性即理也之训，谓入于释、老真宰真空之说，竟敢刊入文集。"③

其二，戴震以物理、事理释义理，驳程、朱之理学，是"文理未通"，不足为据。翁氏说："夫理者，彻上彻下之谓。性道统挈之理，即密察条析之理，无二义也。义理之理，即文理肌理腠理之理，无二义

---

① 《戴震全书》第七册，297~298 页。
② 同上书，298 页。
③ 同上书，296 页。

也。其见于事，治玉治骨角之理，即理官理狱之理，无二义也。事理之理，即析理整理之理，无二义也。假如专以在事在物之条析名曰理，而性道统挈处无此理之名，则《易》系辞传'易简而天下之理得矣'；《乐记》'天理灭矣'，即此二文先不可通矣。吾故曰戴震文理未通也。"①

翁方纲非常有限地肯定了戴震通过"名物象数"的考订手段讨论经文中义理的方法，但认为这只是一种认取经文义理的方法与途径，不宜夸大这一方法的作用。而试图通过此种方法来否定程、朱的义理，这是非常不可取的，而且与经文中的有些论述是矛盾的。故戴震的新义理说在学理上其实是不通的。上述翁方纲的评论、论述，虽然比较简单，不能与戴震"新义理说"的复杂论述相提并论，但也还算是在说理。另外，有一点是比较明确的，翁方纲并没有触及戴震"由字以通其词，由词以通其道""一字之义，当贯群经""本六书，然后为定"的细致、复杂的经学解释学的系统论述，只是概言为"名物象数"的考订之学。这其中的原因可能很多：如没有认真地看戴震的文集；也可能是看了，但因为其学术前见的影响而没有注意到戴震细致而复杂的论述。对于个中的原因，作为后人的我们不去猜测。仅就其所呈现于书面的文字来看，翁氏是戴震同时代人当中能从学理角度批评戴震夸大自己经学解释学方法的学人之一（另一位是章学诚）。撇开两人的学术立场与思想倾向之争，翁氏的批评虽然不是很有力、很系统，但有一定的道理，足以引起戴震之后研究戴震学术的学者、思想者的关注。继翁方纲之后，方东树对于戴震及其后学的批评，相对而言要更为系统、深入一些，但对于以戴震为代表的

---

① 《戴震全书》第七册，296～297 页。

皖派的经学解释学方法的内在问题的揭露并不算深入，反而更集中于对思想立场的批评，甚至于谩骂。

方东树因为不满江藩的《汉学师承记》一书，而作《汉学商兑》一书。在该书中，方氏对戴震及其后学的批评主要表现在两个方面，一是思想立场的批评，二是经学研究方法的批评。

方东树认为，朱子学是实理实事之学，既是心学陆象山的学问，也是一种真正的实学。① 而乾嘉汉学，虽然"言言有据，字字有考，只向纸上与古人争训诂形声；传注驳杂，援据群籍，证佐数百千条，反之身己心行，推之民人家国，了无益处，徒使人狂惑失守，不得所用。然则虽实事求是，而乃虚之至者也"②。

上述批评，主要是一种立场、义理上的批评，并未涉及对戴震为代表的语言学方法是否能通达经文之道的批评，并不具有学理上的说服力。对于戴震以膝理释理，而否定朱子天理之观念，方东树认为，"则亦仍不出训诂小学伎俩。不知言各有当，执一以解经，此汉学所以不通之膏肓锢疾，又肆之以无忌惮之言，以汩乱圣人之经教"③。这种批评，没有什么学术价值，只是方氏的护教立场的表达。而通过方氏的批评，恰恰可以反证戴震经学解释学所具有的思想解放意义。

方东树对于以戴震为代表的乾嘉训诂学之于经学解释的意义的批评，主要体现在下面三段论述之中，其中，第一、第三两段论述，有一定的学术价值意义，亦可以看出以戴震为代表的经学解释学的内在问

① 《戴震全书》第七册，300 页。
② 同上书，301 页。
③ 同上书，303 页。

题。第二段批评似乎不能成立。

第一段论述，方东树批评了戴震所说的解经方法论。戴震说："自昔儒者，其结发从事，必先小学。小学者，六书之文是也，《周官》保氏掌之，以教国子，司徒掌之，以教万民。而《大行人》所称谕书名，听声音。又属瞽史，分职专司，故其时儒者治经有法，不歧以异端。"①

方氏对戴震上述的方法论所给出的批评意见是："按此是门面语，以吓俗人耳。考实案形，全属影响。夫保氏、司徒之教，六书仅属一端。行人、瞽史之司，乃是同文之治。……既非教法之全在是，又不为儒者治经之用，且不知是时有何经可治，名何等为儒者，将谓若后世之经生乎？"②而从孔门"六艺"之学来看，戴震所提倡的小学、考订等方法，也只是"六艺之一端"，实际上是很偏狭的。

第二段论述，方东树批评以戴震为代表的汉学家提倡以小学、考订的方法研究经学，实际上忘记了儒学的根本。"汉学家昧于小学大学之分，混小学于大学，以为不当歧而二之，非也。故白首著书，毕生尽力，止以名物训诂典章制度，小学之事，成名立身，用以当大人之学之究竟，绝不复求明新至善之止，痛斥义理性道之教，不知本末也。"③

上述方氏的批评对于有些汉学家而言可能是合适的，但对于戴震的经学解释学而言，基本上是无效的。戴震希望由小学的道路进入经文中的义理研究，将形下之学与儒家的形上之道结合起来，而且认为，只有通过这种人文实证的方法才可能准确地把握经文中的道或曰圣人与天地

---

① 《戴震全书》第七册，309 页。
② 同上书，309 页。
③ 同上书，310 页。

相协之心。他们并不否定儒家经文中的"明新至善"的伦理目标。至于通过这一方法能否实现这一伦理目标，那是另外一回事。即使在宋明儒内部，陆九渊的心学，阳明的"知行合一说"，都批评程、朱的理学思想体系，认为程、朱的伦理之学——大学，有知行分离、知而不行的缺陷。

第三段论述，方东树主要从思维的逻辑上批评以戴震为代表乾嘉汉学所阐述的训诂与义理的关系，认为由训诂的方法获得经文中的义理，是一种可行的方法，但并不是一种必然的、绝对的方法。也就是说，由训诂到义理，是一种或然的方法，但并不是一种必要的方法，更不是一种充分必要的方法。方氏说：

> 若谓义理即在古经训诂，不当歧而为二，本训诂以求古经，古经明而我心同然之义理以明，此确论也。然训诂不得义理之真，致误解古经，实多有之，若不以义理为之主，则彼所谓训诂者，安可恃以无差谬也？诸儒释经解字，纷纭百端，吾无论其他，即以郑氏、许氏言之，其乖违失真者已多矣，而况其下焉者乎！总而言之，主义理者，断无有舍经废训诂之事。主训诂者，实不能皆当于义理。何以明之？盖义理有时实有在语言文字之外者，故孟子曰："以意逆志，不以文害辞，辞害意也"。①

上述方氏以或然性的逻辑来否证以戴震为代表的由训诂而治经义的方法，有一定的道理，但并不能够否证以戴震为代表的乾嘉汉学所提倡

---

① 《戴震全书》第七册，311 页。

的经学解释学方法。不仅不能，方氏所论还有强辩与不严密之处，析之如下。

其一，训诂不得义理之真，也可以说是训诂的功夫不到位，如果像戴震所说的"一字之义，当贯群经、本六书，然后为定""本末兼察""寻根达杪"，避免了训诂的不准确之处，又当如何呢？

其二，以义理为主就可以避免经文解释的歧见与谬误吗？历史上的今文经学内部意见纷呈，宋明理学中的程朱理学、陆王心学长期争论，理学、心学内部也是纷争不已，何尝有统一性的见解？因此，方氏提出以义理为主就可以避免训诂的歧义，在经学史、宋明理学史上是站不住脚的。

其三，"义理实有在语言文字之外"，这讲的是言外之意的问题。方氏并不能由此而断言义理不需要语言、文字。有"言外之意"的问题，但仍然不脱离语言文字。文学、诗性的语言，有丰富的多义性，但仍然要通过对语言、文字的准确把握，才能把握超出语言、文字的丰富意思。方氏此一层的论述，在一定的程度上显示了以戴震为代表的乾嘉经学解释学中过度依赖经文语言的叙事、说理功能，而忽视了语言的隐喻、造象的诗性达意功能的不足，此一点颇有启发。但方氏本人实际并没有将此问题阐述清楚。这一点也是需要指出来的。因此，当方氏批评以戴震为代表的乾嘉汉学由训诂而通经义的经学解释方法为门户之见的时候，他自己恰恰也是在以另一种门户之见来对待自己所批评的对象。"汉学之人主张门户，专执《说文》《广雅》小学字书，穿凿坚僻，不顾文义之安，正坐斥义理之学不穷理故也，故义理原出训诂之外，而必非汉学家所守之训诂，能尽得义理之真也。"①这种说法不是门户之见，又是什么呢？

戴震经学解释学的内在限制，从其同时代人、后来的反对者的批评性意见中，可以看出其方法的非必然性、非普遍有效性的一面，而且也可以看出他过分依赖古代汉语叙事、论理的理性能力，而有忽视古代汉语隐喻、造象的诗性表意功能，即对言外之意有忽视的倾向。将这些批评意见与现代哲学对实证主义、分析哲学的批评综合起来考察，可以看出实证主义谱系的哲学过分追求意义的确定性，将哲学科学化的不足，忽视了哲学的诗性与启发性的一面。不过，戴震经学解释学中"大其心"的内在要求，也与他的人文实证方法具有一定的内在张力，需要克服与弥合。

(二)面对现代哲学解释学中的"前见"

由海德格尔所创立的现代哲学解释学，不仅不否定经典解释过程中的"前见"，反而认为，正是因为"前见"而让解释的活动得以发生与展开。那么，由戴震所系统化的经学解释学，是否注意到了解释的"前见"问题呢？如果注意到了，他又是如何处理的？

从戴震的语言学解释学的角度看，戴震似乎没有注意到经文解释中的"前见"问题，因为他相信"由字以通其词，由词以通其道"的可能性与确定性。如果对字义把握准确，就可以对"词"(语言)的意思进行准确的把握，进而就可以对经文中的道进行准确的把握。即使他在其他地方做

---

① 《戴震全书》第七册，311 页。

了补充性的论述，如"一字之义，当贯群经、本六书，然后为定"，然后再辅以"经之难明若干事"的准确处理，似乎都未涉及经文解释过程中的"前见"问题。但是，如果我们完整地考察他的经学解释学思想，就会发现他还有"大其心"的思想。上文提过，戴震认为，所有的人都有或隐或显的"道义之心"，但在通常的情况下，人们往往遮蔽了这种"道义之心"，即戴震所说的"学者自失其心"。而且，戴震认为，只有将经文解释的主体学者的心提升到与经文中的圣人之心、天地之心相协的高度，人们才有可能理解经文中所存留的道。因此，要完整地理解戴震的经学解释学的思想，实际上也应当对他的经学解释"前见"给予充分的关注。上述所引的批评者，无论是与戴震同时代的翁方纲，还是后来的方东树，似乎都未能注意到戴震及其所代表的乾嘉汉学在经学解释学过程中所具有的解释"前见"的问题。发掘戴震经学解释学中的"前见"意识，不是要将其经学解释学拔高到现代哲学解释学的高度，而是要进一步追问，戴震所说的"大其心"——解释的"前见"的相关论述是否可行。

其一，作为解释主体的"我心"，有什么样的明确标准证明能够或已经与圣人之心相协？这不仅超出了语言分析、解释的范围，而且即使在哲学的义理层面也很难获得较为一致的认可。如果解释者的立场有严重的分歧，这种"大其心"的活动，就足以造成更大的分歧。王阳明与朱子对《大学》解读的分歧，刘宗周与王阳明对《大学》解释的分歧，可能视作典型的例证。因此，"大其心"在何种意义上是可以成立的，就是一个非常值得讨论的问题。

其二，无论是现代解释学所肯定的"前见"，还是戴震提出的"大其心"，我们又如何能够将其与"成见"区别开来？庄子在《齐物论》中提出了"以道观之"的方法，来克服儒、墨的成见。但"道不同不相为谋"，什么样的"道"能够被大家共同接受？人类的"心之所同然"的理与义，究竟是什么？在今天的人文学科中，尤其是在哲学学科中，什么样的理与义可以构成共识？虽然抽象的"正义"的观念可能都会接受，但在对"正义"的具体内容与规定方面，未必能形成共识。因而"谁之正义"的问题就更为复杂。如此一来，现代解释学虽然肯定了"前见"是让人文学的解释活动得以成为可能的前提，但并不能让人由此前提出发，得出哪种"前见"是更为合理的问题。现代解释学自称是一种实践的哲学，但其实践的有效性似乎仍然是一个悬而未决的问题。

因此，由经学解释学到经典解释学，可以让传统的经学转化到现代的哲学道路上，可以敞开古代经典的多面意义，但对于敞开的经典多元意义如何转化成现代人的价值？仍然有许多工作需要我们去进一步努力探索。

　　戴震与惠栋、章学诚的学术、思想
关系辨析

　　　　考察戴震与惠栋、章学诚之间的思想关系，与澄
清戴震思想的独立性，戴震对于程朱学术的态度，以
及戴震的人品、学品，均有极大的关系。乾嘉时期的
戴震成名之后誉满天下，但谤亦随之。尤其是《孟子
字义疏证》一书问世之后，遭到了正统学者的批判与
围攻。只有极少数学人，如钱大昕，能保有定力，没
有对戴震的思想与学术进行批判。

第一节　戴震与惠栋的学术关系考辨

一、戴震 35 岁之前的著述情况

根据前贤与时贤的研究成果来看，戴震在结识惠栋之前就已经有相当大的学术成就了。[①] 从今天的学问（知识）分类来看，其学术成就大体在以下四个方面（若依四部分类则为经、子、集三部）。[②]

其一，在科学技术史方面。他 22 岁撰成《筹算》，后改名为《策算》。而且自 22 岁以后，几乎每年都有一两种著作问世。即在 1757 年结识惠栋之前，他已经是一个著作等身的青年学问家了。24 岁，撰成《考工记图注》，33 岁撰成《勾股割圜记》（三卷），又作《周礼太史正岁解》二篇，《周髀北极璿机四游解》二篇。

其二，在文字学与音韵学方面。23 岁，撰写《六书论》三卷。此书后来散佚，今仅存《六书论序》一文。25 岁，撰成《转语》二十章，今亦不存。27 岁，撰成《尔雅文字考》十卷。

---

① 参见张立文：《戴震》，323～331 页，台北，东大图书股份有限公司，1991。

② 2011 年 11 月 23 日，笔者在台湾参加明清国际学术会议期间，认识了美国圣塔克鲁兹加州大学历史系助理教授胡明辉博士，他把其论文《青年戴震：十八世纪中国士人社会的"局外人"与儒学的新动向》赠给笔者，该文以详细的史料、特别的视角揭示了青年戴震自学成才的人生经历与心路历程。可谓从不同角度得出了大体相同的结论，即青年时代的戴震已经形成了"自己独特的字词学以及方法论，并提出了崭新的经学知识认识论"。［胡晓辉：《青年戴震：十八世纪中国士人社会的"局外人"与儒学的新动向》，载《清史研究》，2010(3)。］

其三，在经学研究方面。31 岁，撰成《诗补传》。《法象论》约作于此时。

其四，在集部研究方面。30 岁，撰成《屈原赋注》九卷，《音义》三卷。

结识惠栋之前，有几封重要的论学书信颇能反映戴震的学术思想，兹列举如下，然后稍加分析。其一，《与是仲明论学书》，段玉裁于《年谱》中记为乾隆癸酉年(公元 1753 年)，据钱穆考证当为乾隆己巳至庚午年，即公元 1749—1750 年，约为戴震 26～27 岁的作品。据信中"仆欲究其本始，为之又十年"一句来看，自戴震 17 岁从塾师处学习许慎的《说文解字》始，至此年，正好十年整。钱穆所订或更准确。

其二，《与姚孝廉姬传书》，该封信作于乾隆乙亥年，即公元 1755 年，戴震 32 岁。

其三，《与方希原书》，该书亦作于乾隆乙亥年，即公元 1755 年，戴震 32 岁。

二、戴震 35 岁之前的学术思想简论

(一)《与是仲明论学书》与戴震学术思想的第一次总结

《与是仲明论学书》比较全面地反映了戴震学思经历及其早年的学术思想，分析如下。

第一，戴震早年的学术成长经历主要是靠自学，没有专门的师承关

系。他在长期摸索之后得出了如下的认识："经之至者道也，所以明道者其词也，所以成词者字也。由字以通其词，由词以通其道，必有渐。"①这是 30 岁以前的戴震所明确的经学思想与治经学的方法论——即通过文字、语言的途径寻求"经"文中的抽象哲学道理——道。而"由词通道"的过程是一个循序渐进的过程。

第二，他的文字学研究起源于许慎的《说文解字》。然后又发现《说文解字》对于故训之解不能尽其意，又研习《十三经》的注、疏，进而在学术思想上又获得新的认识："则知一字之义，当贯群经、本六书，然后为定。"②这一思想极为重要，体现了戴震从局部到整体，又从整体到局部的经学解释学思想。而其经学解释学思想是以文字、语言的理解与分析为基础的。

第三，除了文字与语言的功夫之外，从事经学研究还需要解决"若干事情"，这"若干事情"即戴震后来概括的"制数"之学。这一段文字较长，但为了能充分揭示戴震早年的学术思想，不得不引证如下：

　　至若经之难明，尚有若干事。诵《尧典》数行至"乃命羲和"，不知恒星七政所以运行，则掩卷不能卒业。诵《周南》《召南》，自《关雎》而往，不知古音，徒强以协韵，则龃龉失读。诵古《礼经》，先《士冠礼》，不知古者宫室、衣服等制，则迷于其方，莫辨其用。不知古今地名沿革，则《禹贡》职方失其处所。不知少广、旁要，则

————————

① 《戴震全书》第六册，370 页。
② 同上书，371 页。

《考工》之器不能因文而推其制。不知鸟兽虫鱼草木之状类名号，则比兴之意乖。而字学、故训、音声未始相离，声与音又经纬衡从宜辨。……中土测天用句股，今西人易名三角、八线，其三角即句股，八线即缀术。然而三角之法穷，必以句股御之，用知句股者，法之尽备，名之至当也。管、吕言五声十二律，宫位乎中，黄钟之宫四寸五分，为起律之本。学者蔽于钟律失传之后，不追溯未失传之先，宜乎说之多凿也。凡经之难明右若干事，儒者不宜忽置不讲。仆欲究其本始，为之又十年，渐于经有所会通，然后知圣人之道，如悬绳树槷，毫厘不可有差。①

　　上述文献表明，戴震在 30 岁之前还花费了十年时间研究古代典章制度、古代科学史、数学史、西方传来的数学知识。其中对中国勾股、缀术(将圆形图展开进行细分，然后再合成为圆形)与西方三角形八线方法的优长比较有认识上的不妥，其余的部分都可以看作戴震在文字、语言之外还重视"制数"的治经学术思想。如果比较简洁地来概括戴震的治经学术思想，大体上可以说有两条路线：一是传统的小学(或曰类似西方的语文学)，二是典章制度史、科学史等史学知识。这两种知识在人文学领域里都具有较强的客观性与可实证的特征。这也是晚明以来学者要求以"实学"(此词意义极其宽泛)代替宋明理学、心学的思辨哲学——虚学的共同倾向。戴震很少用"实学"一词，因为宋儒也将他们的学说称

---

　　① 《戴震全书》第六册，371 页。

为"实学"①，并以之与佛学与道家、道教学说区别开来。但在晚明、清代学者看来，宋明儒的理学、心学在对待经学的问题上过于偏重思辨，一方面缺乏故训的基础，另一方面缺乏对上古制度史、科学技术史的了解。要而言之，宋明儒在经学方面缺乏必要的实证性知识。因此，在戴震看来，他们对经学的研究成果就难以令人信服。上述戴震所说的"若干事"，可以概括为知识的考古工作。这就是说，经学研究除了文字、语言学的基础知识之外，还需要一个更加广泛的知识考古工作做辅助。

第四，研究经学有三大困难，即"淹博难，识断难，精审难"②。

第五，从"道问学"的角度批评历史上的贤人，一类是博学而不精审的郑樵与杨慎；另一类是陆九渊、陈白沙、王阳明的心学学派一系人物。他说："前人之博闻强识，如郑渔仲、杨用修诸君子，著书满家，淹博有之，精审未也。别有略是而谓大道可以径至者，如宋之陆，明之陈、王，废讲习讨论之学，假所谓'尊德性'以美其名，然舍夫'道问学'则恶可命之'尊德性'乎？未得为中正可知。群经六艺之未达，儒者所耻。"③而最后一句"群经六艺之未达，儒者所耻"，似乎就是顾炎武"博学于文，行己有耻"的改编版。与顾氏不同的地方在于，戴震将儒者在知识方面的欠缺看作儒者之耻，而不再是顾炎武强调道德修身方面的耻感。然而我们也不能简单地认为，戴震仅"道问学"而不"尊德性"了。更

---

① 如朱熹在《朱子语类》中讲："吾儒万理皆实，释氏万理皆空。"又在《中庸章句题解》中表示《中庸》一书所讲的道理"皆实学也"。参见葛荣晋：《中国实学思想史》上卷，290页，北京，首都师范大学出版社，1994。

② 《戴震全书》第六册，371页。

③ 同上书，371~372页。

准确地讲，戴震认为"尊德性"必须通过"道问学"的实学途径去实现。这与他后来在《绪言》《孟子字义疏证》中强调的通过不断扩大知识视野，提高认识能力，以使人的德性上升到神明境界的哲学、伦理学思想，在精神实质上是一致的。

(二)《与姚孝廉姬传书》与戴震学术、思想的变化

《与姚孝廉姬传书》一信，主要讨论了经学研究过程中如何获得"十分之见"的方法论，以及学者应当确立"求道"的高远目标这样两个问题。所谓"十分之见"即上文所讲的为学应当"精审"的意思，只是用词不同而已。而学问的"精审""十分之见"即指学问中包含着高度准确性的知识，与现代哲学认识论所追求的目标——"真理"比较相似。该信已经开始批评汉儒、宋儒在为学精审方面的不足与缺失之处了。另外还旁涉学者要"深思自得"的学术个性问题，以及如何看待师友之道的新见解等两个方面的问题。主要内容有如下四点，分述如下。

第一，寻求"十分之见"及其方法论的问题。戴震这样说道："凡仆所以寻求于遗经，惧圣人之绪言暗汶于后世也。然寻求而获，有十分之见，有未至十分之见。所谓十分之见，必征之古而靡不条贯，合诸道而不留余议，巨细毕究，本末兼察。若夫依于传闻以拟其是，择于众说以裁其优，出于空言以定其论，据于孤证以信其通，虽溯流可以知源，不目睹渊泉所导，循根可以达杪，不手披枝肄所歧，皆未至十分之见也。"①

---

① 《戴震全书》第六册，372 页。

上述这段文献极其重要，至少包含了如下三层意思。其一，在有关经学研究方面有两大类型的成果：一是"十分之见"（绝对正确）的成果和"未至十分之见"（部分正确）的成果。其二，对"十分之见"从理论上给出了规定，它是一种融贯性的、系统性的真理认识，古今贯通，与道相合，本末兼顾。其三，对如何达到"十分之见"的方法从否定性的方面进行了规定：不能依据传闻而猜测事情的真相，不能从众人的说辞或观点中选择一种看起来更好的观点当作正确的认识，不能凭玄想而不凭证据来决定是非，不能根据一个孤立的证据来确立一种融贯性的认识。不亲自考察事情的原委，不亲自考察并梳理事情发展的细节与过程，都不可能达到"十分之见"。

第二，批评汉儒、宋儒的"得失中判"。戴震说："先儒之学，如汉郑氏、宋程子、张子、朱子，其为书至详博，然犹得失中判。其得者，取义远，资理闳……其失者，即目未睹渊泉所导，手未披枝肆所歧者也。"①刚过而立之年的戴震，在学问上具有极大的气魄，敢于目空千古，对前贤大儒在学问上"目未睹渊泉所导，手未披枝肆所歧"的缺陷大胆地给予了批评。

第三，批评学习郑玄、程子、朱子不能以求道为学问的终极价值关怀，缺乏深思自得的"十分之见"。他认为，后世学者"浅涉而坚信"郑玄、程、朱之学戴震说："用自满其量之能容受，不复求远者闳者。故诵法康成、程、朱不必无人，而皆失康成、程、朱于诵法中，则不志乎闻道之过也。诚有能志乎闻道，必去其两失，殚力于其两得。既深思自

---

① 《戴震全书》第六册，372～373 页。

得而近之矣，然后知孰为十分之见，孰为未至十分之见。"①

戴震认为，郑玄、程、朱之学的两失在于：一是详博而不精审，二是"目未睹渊泉所导，手未披枝肄所歧"，即未能认真地把一个问题的来龙去脉搞清楚。换句话说，他们的学问均未能达至戴震所理想的"十分之见"的境界，即"必征之古而靡不条贯，合诸道而不留余议，巨细毕究，本末兼察"。而他们学问的"两得"则是："取义远，资理闳。"戴震要求郑玄、程、朱之后的学者对于他们前贤学问的态度应当是："传其信，不传其疑，疑则阙，庶几治经不害。"②由此可见，戴震既批评了汉儒郑玄、宋儒程、朱之不足，又肯定了他们学问的各自长处。可谓相当冷静、理性。

第四，在这封信中，戴震还涉及师友之道的问题。对此问题他提出了别具一格的新见解。他说："古之所谓友，固分师之半。仆与足下无妨交相师，而参互以求十分之见，苟有过则相规，使道在人不在言，斯不失友之谓，固大善。"③戴震在这里以追求"十分之见""道"作为交"友"的终极价值目标，而且以托古的方式说真正的朋友即一半之师。愿意以交相为师的方式与姚鼐做朋友，从而让"道"保持在在人的能动性追求之中，而不停留在僵化的语言之中。这是一种开阔而光明净洁的人格境界！可惜姚鼐不懂戴震的高阔之志，拜师不成，反而日后交恶，成为学术方面的敌人。然而这也从反面体现了戴震的远见卓识，未收此人为学生。

---

① 《戴震全书》第六册，373 页。
② 同上书，373 页。
③ 同上书，373 页。

　　《与方希原书》一信作于戴震第二次逃难于北京之时。戴震曾于 26 岁与族人"争祖坟之被侵者，讼不能胜，乃入都门"①。33 岁时，其族中豪者又侵占其祖坟，族豪倚财，贿赂县令，欲致罪戴震，戴震紧急脱身到北京，连行李衣服都没有带，寄居歙县会馆。此次在京与当时著名的青年学者纪昀、王鸣盛、钱大昕、王昶、朱筠结交，戴震以扎实的学术知识，名动京师。故这封信的结尾说："仆奔走避难，向之所欣，久弃不治，数千里外闻足下为之，意志动荡，不禁有言。"②

　　这封信末尾所说的"向之所欣，久弃不治"的学问，即指 30 岁之前四个方面的学问：①科学技术史方面的学问；②文字学与音韵学方面的学问；③在经学研究方面的补注一类的工作；④在集部研究方面，如《屈原赋注》之类的注释工作。但故乡友人提起这些学问，还是令戴震情不自禁地要对友人说一说自己对做这些学问的终极目的的看法，进而对整个经学学术史有一个反思性的评价，一是陈述自己对传统学问分类的看法，二是劝诫友人"致力于古文之学"当以求道为终极目的，否则徒费精神。

　　这封信的第一部分讨论了学问（知识）分类问题。"古今学问之途，其大致有三：或事于理义，或事于制数，或事于文章。事于文章者，等而末者也。"③很显然，戴震明确地认为，文章之学在三种学问之中是最

---

　　① ［清］段玉裁：《诰封孺人戴母朱夫人八十寿序》，见《经韵楼集》，201 页，上海，上海古籍出版社，2008。

　　② 《戴震全书》第六册，376 页。

　　③ 同上书，375 页。

不重要的。戴震的这一观点后来遭到章学诚的严厉的批评。① 当然，戴震这里所讨论的"学问（知识）三途"，可能与程颐所言有关。程颐曾说："古之学者一，今之学者三，异端不与焉。一曰文章之学，二曰训诂之学，三曰儒者之学。欲趋道，舍儒者之学不可。"②但戴震所说的"三途"，其具体内容毕竟与程颐所言又有所不同，此点不可不察。而且，其价值取向与程颐亦不同。戴震非常看重的是理义之学与制数之学，并且强调由制数通达理义之学的实证途径。

这封信第二部分明确批评汉儒与宋儒之失，表现了戴震要超越汉学与宋学的思想倾向。他说："圣人之道在六经。汉儒得其制数，失其义理；宋儒得其义理，失其制数。"③

另外，该封信两提郑君，一提汪君，当指同郡的郑用牧、汪凤梧二人。戴震在《答郑丈用牧书》一信结尾处说："好友数人，思归而共讲明正道，不入四者之弊，修词立诚以俟后学。"④这当指他的身在外地的四位年青时代的朋友，想回故乡从事讲学活动，以发扬圣人之正道。该信不著具体年月，在《戴震全书》中被编在《与姚孝廉姬传书》与《与方希原书》之间，不知编者是否暗示该书为 35 岁以前之书信？若依信中内容没有批评程朱理学的过激言论这一点看，应当是戴震的早年书信。该信要

---

① ［清］章学诚《又与正甫论文》："马、班之史，韩、柳之文，其与于道，犹马、郑之训诂，贾、孔之疏义也。戴氏则谓彼皆艺而非道，此犹资舟楫以入都，而谓陆程非京路也。"见［清］章学诚著，仓修良编：《文史通义新编》，679 页，上海，上海古籍出版社，1993。

② 《程氏遗书》卷十八，参见《戴震评传》，47 页。

③ 《戴震全书》第六册，375 页。

④ 同上书，374 页。

求友人在立身、为学两方面避免"四弊"，要皆以"闻道"为终极价值目标方可避免"四弊"。《答郑丈用牧书》权且寄放于此一时段，以佐证未见惠栋之前的戴震已经学有宗旨，以求道、闻道为核心，然后有自己的一套方法论。该信云：

> 立身守二字曰不苟，待人守二字曰无憾。事事不苟，犹未能寡耻辱，念念求无憾，犹未能免怨尤。此数十年得于行事者。其得于学，不以人蔽己，不以己自蔽，不为一时之名，亦不期后世之名。有名之见其弊二：非掊击前人以自表襮，即依傍昔儒以附骥尾。二者不同，而鄙陋之心同，是以君子务在闻道也。①

戴震在此正面表达了自己为学"务在闻道"，尽量避免"以人蔽己""以己自蔽""为一时之名""期后世之名"的"四蔽"。接下来批评当时"博雅文章善考核者"道：

> 今之博雅文章善考核者，皆未志乎闻道，徒株守先儒而信之笃，如南北朝人所讥，"宁言周、孔误，莫道郑、服非"，亦未志乎闻道者也，私智穿凿者，或非尽掊击以自表襮，积非成是而无从知，先入为主而惑以终身；或非尽依傍以附骥尾，无鄙陋之心，而失与之等。故学难言也。②

---

① 《戴震全书》第六册，373～374 页。
② 同上书，373～374 页。

　　综上分析可以得出如下三点结论。第一，戴震在见惠栋之前，已经明确地确立了以闻道、求道为终极价值目标的学问精神。这是三封信的共同主题。第二，戴震从重视"学问"的立场出发，批评了陆九渊、陈白沙、王阳明空谈心性学一派轻视学问的缺陷，同时又从追求学问的精审性目标出发，批评了汉儒郑玄，宋儒张载、程子、朱子在为学方面未能精审，未能"穷源达杪"的缺陷与不足。但都没有涉及对他们思想主张，特别是他们的伦理学观点的批评。然已经表现了戴震试图超越汉学与宋学的思想倾向。第三，戴震已经形成了比较完整的于经中求道的方法论体系。其一是"由字以通其词，由词以通其道"语言学纲领，或曰"语言学解释哲学"。[①] 其二是"制数"之学的方法。具体而言，即对古代科学技术史、制度史、吕律学的广泛了解与把握，从而正确解释古代"经"文中所蕴含的"圣人之道"。

　　另外，《答郑丈用牧书》中"立身不苟""事事不苟，犹未能寡耻辱"两句，可证明以戴震为代表的乾嘉学者亦重视"尊德性"的问题，并非只是一味地"道问学"。也可以此反驳现代新儒家批评戴震，进而批评清儒不讲道德修养的观点。

　　通过以上分析，我们可以看到，戴震在 1758 年冬天于扬州见到惠栋以前，基本上已经形成了自己一套学问方法，对汉儒、宋明儒在学问方面的缺失均有批评，但并未涉及理气及伦理学诸问题。客居扬州四载后，其学术与思想开始发生变化。这究竟是受惠栋的影响，还是有其他

----

　　① 　参见李开的《戴震评传》的第七章内容。

原因所致，未可轻易下结论。钱穆认为戴震的反理学思想是受惠栋的影响所致，缺乏令人信服的证据。

三、戴震与惠栋的学术、思想关系再辨正

有关惠栋与戴震的学术思想关系问题，现代学术界主要有两种不同的意见。其一是以钱穆、李开等人为代表的主流观点，他们认为，戴震在 35 岁那年见到惠栋之后，学术与思想发生了重大变化。其二是以许苏民与笔者本人为代表的新观点，不同意钱、李等人的说法。在我们看来，惠栋对戴震的思想、学术影响并不像钱穆与李开说的那么大，只是戴震的学术视野扩大了，并获得了一个重要的学术同盟军。见了惠栋之后，吴派自是吴派，皖派还自是皖派。①

(一)钱穆论惠栋与戴震的关系

钱穆在《中国近三百年学术史》第八章"戴东原"条中，高度评价了惠栋对乾嘉学术的影响。他认为，惠栋之学"尊古而信汉，最深者在《易》"②。惠栋发挥其祖父惠周惕、其父惠士奇之汉易学思想，使得"汉学之绝者千五百年，至是而粲然复章"③。惠栋"守古训，尊师传，守家法，而汉学之壁垒遂定。其弟子同县余萧客、江声诸人先后羽翼之，流

---

① 参见《戴震与中国文化》，49～54 页。
② 钱穆：《中国近三百年学术史》，351 页，北京，商务印书馆，1997。
③ 同上书，351 页。

风所被，海内人士无不重通经，通经无不知信古，其端自惠氏发之，而于是有'苏州学派'之称"①。

　　钱穆认为："戴学从尊宋述朱起脚，而惠学则自反宋复古而来。"②他将以惠栋为代表的"吴派"学术渊源追溯到浙西与浙东两派，认为惠栋既继承了顾炎武"通经则先识字，识字则先考音"之学，"以经学之训诂破宋明之语录，其风流被三吴，是即吴学之远源也"③。浙东旧学，阳明精神尚在，通过黄梨洲兄弟驳《易图》、陈乾初疑《大学》，再到毛奇龄盛推《大学古本》、再到阎若璩辨《古文尚书》等一系列的学术活动，其结果"与亭林有殊途同归之巧，使学者晓然于古经籍之与宋学，未必为一物"④。"清初诸老，尚途辙各殊，不数十年，至苏州惠氏出，而怀疑之精神变为笃信，辨伪之工夫转向求真，其还归汉儒者，乃自蔑弃唐宋而然。故以徽学与吴学较，则吴学实为急进，为趋新，走先一步，带有革命之气度；而徽学以地僻风淳，大体仍袭东林遗绪，初志尚在阐宋，尚在述朱，并不如吴学高瞻远瞩，划分汉、宋，若冀、越之不同道也。"⑤钱穆为了证明以惠栋为代表的吴派具有急进的反宋学主张，转引了他人记载惠栋评《毛诗注疏》中的一句话："栋则以为宋儒之祸，甚于秦灰。"⑥由此奠定了惠栋反宋学的开山者的位置，从而将戴震看作闻惠栋之风而后起者。他说："盖乾、嘉以往诋宋之风，自东原起而愈甚，而

---

①　钱穆：《中国近三百年学术史》，353 页。
②　同上书，353 页。
③　同上书，353 页。
④　同上书，353 页。
⑤　同上书，353～354 页。
⑥　同上书，354 页。

东原论学之尊汉抑宋，则实有闻于苏州惠氏之风而起也。"①

钱穆这一观点其实也不是他个人的观点，实渊源自江藩。江氏在《汉学师承记》中概述经学的历史时说道："经术一坏于东西晋之清谈，再坏于南北宋之道学。元、明以来，此道益晦。至本朝，三惠之学，盛于吴中；江永、戴震诸君，继起于歙。从此汉学昌明，千载沉霾，一朝复旦。"②然而，江藩还只是从时间上来叙述吴派汉学与皖派汉学之间的关系，并未像钱穆那样如此坐实吴、皖二派之间的关系。而江藩也只是说："江南惠定宇、沈冠云二征君，皆引为忘年交。"③

上述内容扼要地陈述了钱穆论惠栋与戴震之间关系的整体性观点。依我们的观点来看，钱穆的这种学术史叙述基本上不符合学术史的真实情况。其一，戴震在风闻惠栋之前已经是学有所成的青年学者；其二，戴震对汉儒、宋儒、明儒都有所批评。其三，戴震已经明确地确立了自己以"求道"为终极价值目标的学术人生志向。其四，钱穆有意或无意地忽视戴震自 17 岁后至 34 岁的 17 个年头里辗转江西、北京各地的人生经历，以一句"徽学以地僻风淳，大体仍袭东林遗绪"的来概括戴震的学术性格，其实多有疏漏。其五，晚明以降的学术风气未必仅钟集于吴派惠氏而不影响戴震，顾炎武、黄宗羲等人的学术思想既是惠栋的学术思想前缘，同样也是戴震的学术思想前缘。考戴震前期《经考》等著作，戴震在书中多次提及顾炎武、黄宗羲，并由此上溯到元代黄泽、南宋董槐

① 钱穆：《中国近三百年学术史》，355 页。
② ［清］江藩：《汉学师承记》，见钱锺书主编、朱维铮执行主编：《汉学师承记》（外二种），8 页，北京，生活·读书·新知三联书店，1998。
③ 同上书，102 页。

等人的学术成果并对这些著述有研究与批评，绝对不是钱穆所谓志在阐宋、志在述朱。然而我们现在已经无法了解钱穆的内在学术心理，无法了解他为何如此夸大吴派对皖派的学术影响，而有意或无意地忽视戴震学术、思想"必空所依傍"①的独创性。

（二）戴震与惠栋的学术、思想关系再考辨

钱穆以戴震43岁时所作《题惠定宇先生授经图》《古经解钩沉序》两文为典型材料，得出戴震自1758年冬（时年35岁）见惠栋后"论学宗旨盖始变"的结论。他的具体结论是："东原是文作于乾隆乙酉，而议论与前举已大异。其先以康成、程、朱分说，谓于义理、制数互有得失者，今则并归一途，所得尽在汉，所失尽在宋，义理统于故训典制，不啻曰即故训即典制而义理矣。是东原论学一转而近于吴学惠派之证也。其后四年，己丑，东原为松崖弟子余萧客序《古经解钩沉》……据是观之，东原此数年论学，其深契乎惠氏故训之说无疑矣。"②

下面就来具体分析这两篇文章中戴震学术思想的具体方面。首先，《题惠定宇先生授经图》一文第一段，戴震非常生动形象地追忆了惠栋见戴震之时的激动之情。"前九年，震自京师南还，始睹先生于扬之都转盐运使司署内。先生执震之手言曰：'昔亡友吴江沈冠云尝语余，休宁有戴某者，相与识之也久。'"③这表明，惠栋对于戴震之学已经有所耳闻。

---

① 《与某书》，见《戴震全书》第六册，495页。

② 钱穆：《中国近三百年学术史》，356～367页。

③ 《戴震全书》第六册，504页。

其次，戴震借表彰惠栋之学之机，重申自己在 34 岁之前就已经形成的学术思想，要求训诂活动服从对六经义旨的阐述，而阐述六经义旨又必经文字、训诂之途径，同时还要注意对典章制度的了解。只是表述的言辞方面有所不同。原文如下：

> 震自愧学无所就，于前儒大师，不能得所专主，是以莫之能窥测先生涯涘。然病夫六经微言，后人以岐趋而失之也。言者辄曰："有汉儒经学，有宋儒经学，一主于训故，一主于理义。"此诚震之大不解也者。夫所谓理义，苟可以舍经而空凭胸臆，将人人凿空得之，奚有于经学之云乎哉？惟空凭胸臆之卒无当于贤人圣人之理义，然后求之古经。求之古经而遗文垂绝，今古悬隔也，然后求之训故。训故明则古经明，古经明则贤人圣人之理义明，而我心之所同然者乃因之而明。贤人圣人之理义非它，存乎典章制度者是也。松崖先生之为经也，欲学者事于汉经师之训故，以博稽三古典章制度，由是推求理义，确有据依。彼歧训故、理义二之，是训故非以明理义，而训故胡为？理义不存乎典章制度，势必流入异学曲说而不自知，其亦远乎先生之教矣。①

稍能认真阅读上述文字的人，何曾能看出戴震有独宗汉儒、贬抑宋儒的思想倾向？更何曾有钱穆所说的如下意思？"其先以康成、程、朱分说，谓于义理、制数互有得失者，今则并归一途，所得尽在汉，所失

---

① 《戴震全书》第六册，505 页。

尽在宋，义理统于故训典制，不啻曰即故训即典制而义理矣。"戴震此处所说与他 34 岁之前"由字以通其词，由词以通其道"和通过弄懂"制数"来研究"经"文的思想高度一致。只是戴震早年所说的"道"在此变换成"理义"而已。只是在这段文献里戴震似乎有更贴近《孟子》的思想内容了，即"我心之同然"与"古贤人圣人心之理义"的相同性这一新内容。在《与方希原书》一信中（1755 年），戴震曾说不再治早年的学问了。那么从 33 岁至 43 岁这十年里，戴震在做什么呢？戴震在研究《孟子》一书的哲学思想。《原善》三篇与三卷本《原善》当作于这一时期，后来所作的《绪言》也与这十年里研究《孟子》密切相关。而惠栋的学问主要在易学方面，在《孟子》方面几乎没有什么特别的研究。

我们再看《古经解钩沉序》一文（依钱穆的说法，该文作于戴震 47 岁时）。这篇序文的第一段还是要求士人研究经学以"求道"为终极旨归，并且特别突出人的"道义之心"与古圣哲"道义之心"，以及和古圣哲的道义之心与"天地之心"的双重内在关系。其所表现出来的学术倾向变化是由考据向义理方向倾斜。但他所追求的义理仍然是他早年所说的"道"。只是"道"更明显地表现为人伦社会之"道"。他说：

> 士贵学古治经者，徒以介其名，使通显欤？抑志乎闻道，求不谬于心欤？人之有道义之心也，亦彰亦微。其彰也，是为心之精爽；其微也，则以未能至于神明。六经者，道义之宗而神明之府也。古圣哲往矣，其心志与天地之心协，而为斯民道义之心，是之谓道。[1]

---

[1] 《戴震全书》第六册，377 页。

　　该序文的第二段则是讲如何求得古圣贤之道的方法论问题的。而且对汉儒"经师故训"的方法表现了极大的怀疑。但戴震主要力诫的还是以"凿空"的方式说经。虽然汉儒的训诂方法并不完全可靠，而且汉儒的"家法"不同，经解也各异，但如果舍弃这一方法，也不可能找到其他更好的办法。他也只是在探索性的寻找其他的方法而已。这表明戴震对"汉儒"的方法并不是完全地依赖，其实也就间接地对惠栋及其弟子余萧客持守"汉学"的态度并不完全是无条件地赞同。原文如下：

> 士生千载后，求道于典章制度而遗文垂绝。今古悬隔，时之相去殆无异地之相远，仅仅赖夫经师故训乃通，无异译言以为之传导也者。又况古人之小学亡，而后有故训，故训之法亡，流而为凿空。数百年以降，说经之弊，善凿空而已矣。虽然，经自汉经师所授受，已差违失次，其所训释，复各持异解。余尝欲搜考异文，以为订经之助；又广揽汉儒笺注之存者，以为综考故训之助。①

　　该文的第三段重申其早年的"由字以通其词，由词以通其道"的观点。所不同的是，"词"明确地变成了"语言"，而且对"凿空"者的弊端指证得更加具体，即"缘词生训"与"守讹传谬"。这两种具体的弊端在《与是仲明论学书》和《与方希原书》两信中均可找到类似的说法。原文如下：

---

① 《戴震全书》第六册，377 页。

后之论汉儒者，辄曰故训之学云尔，未与于理精而义明。则试诘以求理义于古经之外乎？若犹存古经中也，则凿空者得乎？呜呼！经之至者，道也；所以明道者，其词也；所以成词者，未有能外小学文字者也。由文字以通乎语言，由语言以通乎古圣贤之心志，譬之适堂坛之必循其阶，而不可以躐等。是故凿空之弊有二：其一，缘词生训也；其一，守讹传谬也。缘词生训者，所释之义，非其本义。守讹传谬者，所据之经，并非其本经。①

以上三段文字是该序文之主体部分，丝毫看不出戴震维护汉儒、激烈批评宋儒的思想倾向。序文中提及余萧客"好古而有师法"，并说余氏的解经方法引起了他对自己旧时治经经验的回忆。最后，又说惠栋与他自己的学术、思想一致性之处在于"深嫉乎凿空以为经也"，说明戴震引惠栋的说经方法为同调，然后又再一次提醒"稽古之学"不仅在"故训"，要以"闻道"为志，则大体上接近真正的经学研究之正道了。

通过以上辨析，钱穆所谓戴震于扬州见惠栋以后，学术思想为一变的说法，根本不能成立。他所谓"《原善》三篇，大约在丁丑游扬州识松崖以后，以东原论学至是始变也"②的论断，也根本不能成立。上文所引《与方希原书》一信中已经透露了戴震学术的转向，只是没有明言转向《孟子》而已。钱穆又认为东原作三卷本《原善》，又是深受惠栋的影响。"乙酉，东原过苏州，题松崖《授经图》。《原善》扩大成书，即在其翌年。

① 《戴震全书》第六册，378 页。
② 钱穆：《中国近三百年学术史》，358 页。

东原深推松崖，谓舍故训无以明理义，《原善》三卷，即本此精神而成书。故曰：'天人之道，经之大训萃焉。'则东原论学著书，其受松崖之影响，居可见矣。"①这一说法亦没有任何根据，而且缺乏逻辑上的联系。戴震推崇惠栋的，正是惠栋学问中与他自己的精神相通的内容，而且在此序文中，戴震还指出了汉儒的不足，含蓄地讲了自己学术与惠栋的不同。钱穆上述所论，在很大程度上都属于想象之词。而且，钱穆文中的"排宋儒"一词的意思颇为含糊，不足以表明戴震反对宋儒理学的思想史性质及其前后的变化。前期戴震批评宋明儒，主要是学术方法方面的"凿空"。②《原善》《绪言》及《孟子字义疏证》批评宋儒，主要批评的是宋儒的伦理学，以及被意识形态化的伦理学在现实社会、政治生活中的危害性。钱穆对戴震批评宋儒的思想前后内容的变化不做详细地考察，一味含混地说戴震批评宋儒，未能深契戴震学术思想之精神。这其实与钱穆的遵从宋儒的道德理想主义的思想"前见"密切相关。他虽然在学问

---

① 钱穆：《中国近三百年学术史》，361 页。

② 周兆茂在《戴震哲学新探》一书称，早期戴震是程朱理学的干城，属唯心主义阵营，其理由之一是他早期著作《经考》《经考附录》两书对西汉扬雄、东汉郑玄以降的学者，除朱子、程子和江永皆称子以外，余皆径称名讳。另外，有些地方直接肯定程子、朱子对经典的注释与解释。这些说法有一定的说服力，但并不能完全表明戴震对程子、朱子的说法完全遵从，也不能证明戴震就没有批语程子、朱子之处。更不表明他在学术立场就完全同意程子、朱子的思想。早期的戴震在注经的思想方面有深受程朱理学影响的一面，不容否认。但就未必说明戴震就是程朱学派的信奉者。作为经学家的戴震，他完全有理由接受程、朱思想中那些被认为是符合"六经"或"十三经"思想的内容。而即使在早期，戴震写给他人的几封书信里仍然在方法层面有批语宋儒"失其制数"的内容。更为公正地说，戴震与程朱思想之间的关系，有受其影响到不断摆脱其影响，到最后猛烈批判其思想的几个阶段。而这一思想变化发展的过程皆与他从青年时代就确立的为学方法有内在的关系，也与戴震长期生活在当时政治体制之外，对下层社会生活之艰苦有切肤之感有直接关系。

路径上不同于现代新儒家，特别是牟宗三、唐君毅、徐复观等人，但在维护宋儒道德理想主义的思想立场方面，其实是貌离而神合。不明白钱穆的学术"前见"，就无法理解他对戴震反宋明理学思想难以契入的内在思想根源。

（三）惠栋与戴震关系的新结论

笔者的结论是：戴震在扬州会见惠栋后，学术思想并未发生如钱穆所说的那么大的变化。换句话说，以戴震为代表的皖派学术并未受到以惠栋为代表的吴派学术的深刻影响。惠栋、戴震在扬州会面的历史意义在于：皖派学术在反对以凿空方式研究经学的学术主张方面找到了自己的同盟军。年青的戴震得到了在学术界享有盛誉的吴派领袖的支持，因而可以壮大自己的学术力量。皖派与吴派经学之间虽也有学术分歧，但为了批评时代学术所面对的共同大敌——凿空说经，只能是缩小、淡化二者之间的分歧，致力于发扬汉儒精神中通过训诂方式说经的长处，力诚汉儒"家法"分歧的缺点，而且始终要牢牢把握经学研究以闻道为最终目标的大方向。从上述所引的几则典型文献来看，作为该时代学术领袖的戴震的确有比较高明的学术同盟意识。如果从更高的理论意义来看，惠、戴于扬州的会面，使得乾嘉学术"以训诂、制数通经义"的人文实证主义的新学术"范式"，通过戴震的理论总结而得以彰显出来。至于这一新学术"范式"内部的分歧则降为次要的矛盾。而江藩的《汉学师承记》所彰显出的"汉学"与"宋学"之争，则再一次以学术史的理论形态凸显了乾嘉百年里"汉学"对"宋学"的绝对优势的事实。

与戴震基本上属于自学成才，转益多师、空无依傍的学术成长经历不同，惠栋的学术有深厚的家学渊源。而惠栋学术自我风格的形成恰恰是自觉摆脱家学影响的结果。《戴震乾嘉学术与中国文化》一书中的第三编第二章简要地概述了惠栋的学术思想，此处不再赘述。本章只是简要地说明，惠栋的学术成就主要在经学史，特别是汉代经学成果的继承与发扬方面，其突出成就表现在其有深厚家学渊源的易学方面，而戴震的学术成就主要在小学与孟子学方面，特别是在哲学方面。更为简洁地说，惠栋是一个经学家，而戴震是一个思想家、哲学家。戴震的所有学术功夫都是服务于其思想创造的，而惠栋的思想则主要是在经学的夹缝中表现出来的。有关戴震与惠栋学术、思想之异同的辨析，前人多有所论，今由近溯远，略加述评如下。①

钱穆在辨析惠栋与戴震学术之异同时说："然则惠、戴论学，求其归极，均之于《六经》，要非异趋矣。其异者，则徽学原于述朱而为格物，其精在《三礼》，所治天文、律算、水地、音韵、名物诸端，其用心常在会诸经而求其通；吴学则希心复古，以辨后起之伪说，其所治如《周易》，如《尚书》，其用心常在溯之古而得其原。故吴学进于专家，而徽学达于征实，王氏所谓'惠求其古，戴求其是'者，即指是等而言也。"②

钱穆的说法有合理之处，但也有模糊不清之处。惠栋、戴震虽然都以《六经》为准绳，然戴震实际上有借《六经》而表达自己思想的强烈意图，带有较多的突破《六经》思想范围的新思想内容。相对于以惠栋为代

---

① 章太炎论吴、皖二派之间的区别，见综述部分，此处从略。
② 钱穆：《中国近三百年学术史》，357 页。

表的吴派汉学"求古"的特征而言，以戴震为代表的皖派汉学当然表现为"征实"的特点。但皖派汉学也多有"专家"，戴震本人就是音韵学方面、训诂学方面的专家，段玉裁、高邮王氏父子是小学方面的专家，而任大椿是古代礼学方面的专家。因此，我们不能简单地说吴派多"专家"之学，而皖派不是"专家"之学。

作为戴震与惠栋的后学王昶，在《戴东原先生墓志铭》中也简单地比较了戴、惠二人学术、思想之异同。他说："元和惠先生栋三世传经，其学信而好古，于荀、虞之《易》，郑、孔之《礼》、何休之《春秋》，旁搜广摭，发明古义。东原见于扬州，交相推重也。"①王昶的说法中有值得重视之处，即他没有说戴震是多么地受惠栋学术、思想的影响，而只是说他们之间交相推重。

至于皖派后学，如王引之则直接批评惠栋的学术。在《王文简公文集》卷四《与焦理堂先生书》中，王引之说："惠定宇先生考古虽勤，而识不高、心不细，见异于今者则从之，大都不论是非。"这种批评虽有过头之处，但也具有部分的合理性。

作为戴震、惠栋的同时代人，也是乾嘉三大考据史学家之一的王鸣盛曾比较过惠栋与戴震学术的异同。他说："方今学者，断推两先生，惠君之治经求其古，戴君求其是，究之，舍古亦无以为是。"②不过，作为同时代的另一学者洪榜并不完全同意王鸣盛说法，仅是从正面肯定了戴震学说以"求是"为归的精神。他说："王君博雅君子，故言云然。其

---

① 《戴震全书》第七册，31 页。
② 同上书，8 页。

于先生之学，期于求是，亦不易之论。"①王鸣盛与洪榜等人有关戴震与惠栋学术、思想异同关系之论断，深刻地影响了近代大学者，也是皖派学术传人的章太炎先生。②

由上所论可见，戴震与惠栋学术、思想之异同关系的辨析，在戴震与惠栋的同时代就有不同的说法。钱穆从他个人的学术偏好出发，夸大惠栋对戴震学术、思想的影响，试图贬低戴震在乾嘉学术、思想中的地位，其实是由很多非学术因素的影响导致的。如他并不认同梁启超、胡适等人高度表彰戴震的学术与思想的倾向，但又不便于直接反驳，故以"寓论断于史实之中"的史学家之笔法，通过对惠栋学术、思想的表扬，并试图证明惠栋实为戴震学术、思想之师的曲笔，以降低戴震在清代学术与思想史上的地位，进而达到对梁启超、胡适学术观点之否证。③ 另外，虽然钱穆非狭义的现代新儒家，但是他的思想倾向于宋学，对宋儒的义理情有独钟，也使得他从学术立场上就不太认可戴震的思想。要而言之，惠栋与戴震的学术、思想的关系，是一种学术同盟军的关系，并不存在戴震师从惠栋这样的先后关系。

---

① 《戴震全书》第七册，8页。

② 参见吴根友、孙邦金：《戴震乾嘉学术与中国文化》，福州，福建教育出版社，2015。该书第一编中有对章太炎学生的述评。

③ 参见范云飞：《试析钱穆"扬惠抑戴"方法及其解释学的"前见"》，载《人文论丛》，2019(2)。

第二节　戴震与章学诚之间的学术关系

一、20 世纪 70 年代后几种重要著作对此问题的分析

相对于 20 世纪前 70 年的研究而言，近年来，学界对于章学诚与戴震的学术分歧及其关系的认识，又提出了新的观点。撮其要者，有如下几种说法。

有学者从"内在理路"的视角出发，将宋明儒学到清代儒学的发展道路看作一条"从尊德性到道问学"的发展道路。因此，从表面上看，戴震与章学诚的学术有很大的不同，但从"儒家智识主义"的角度看，戴、章二人的学术思路是一致的。所以《文史通义》虽批评戴震及其狭义的考证观点，而从深层次看则仍与戴震的经学考证同属一类。

仓修良、叶建华在《章学诚评传》中对章学诚为何要批评戴震，做了比较详细的分析。他们认为，章氏批评戴震，有三点原因：一是批评戴震夸大考据学的作用，二是批评戴震"心术未醇"，三是批评戴震在修志上的观点。在第二个方面，仓、叶二位先生认为章氏批评并不完全对，而在《朱陆》等文章中，"确实有些地方存在替朱熹辩解之辞，反映了他的封建卫道士思想色彩"①。但总体来看，"章学诚对戴震的学术成就，肯定大于否定，褒扬大于贬斥。尽管有些地方批评相当激烈，甚至并不恰当，但总的精神还是为了'攻瑕而瑜小粹'，根本不存在'恶语中伤'的

---

① 仓修良、叶建华：《章学诚评传》，191 页，南京，南京大学出版社，1996。

诽谤。"①

许苏民认为，章学诚对戴震、袁枚、汪中的恶意攻击，"都不全是出于学术原因"②。他在仔细分析了章学诚与戴震的学术关系，以及章学诚批评戴震的种种言论的得失之后，认定章学诚攻击戴震，大概是出于两个原因："一是因为社会的压力而想留下一点卫道的文字以表明自己虽深受戴学影响而仍不失为'正人君子'，二是因为戴震身前对他这位'逼近己者'和学术思想上的知音'不甚许可'，即对他推崇不够，没有使他的知名度也高起来。如此而已，岂有它哉！"③

陶清将章学诚批评戴震的观点归纳为两个方面的问题。"一方面，是对于普遍规律（"道"）的认识的途径的方法，章学诚批评戴震把考字义、辨名物的考据之学，作为'闻道'的唯一途径，并把'道器'对立起来的形而上学观点。另一方面，对于历史上的学术思想的观点和态度。章学诚认为，宋学虽有偏弊，但它的为学、治学的方法与路数，实为迄于当时的学者所承继。或者说，自宋以后，包括戴震诸人，虽有不断深化的认识，但总的做学问原则并未根本改变。……汉学宋学的共同弊病在于：把'道'桎梏于经书之中，把学问拘泥于经学之内。……他所着力阐明的正是既不同于汉学宋学的道在《六经》，由经求道的经学思想，又不同于戴震的考字义、辨名物的专门汉学思想倾向的道理。"④

---

① 仓修良、叶建华：《章学诚评传》，197 页，南京，南京大学出版社，1996。
② 萧萐父、许苏民：《明清启蒙学术流变》，683 页，沈阳，辽宁教育出版社，1995。
③ 《戴震与中国文化》，232 页。
④ 王茂、蒋国保、余秉颐 等：《清代哲学》，775～776 页，合肥，安徽人民出版社，1992。

陶清还进一步分析并肯定了章学诚批评戴震的思想前提，认为作为文化史学家的章学诚对戴震的批评，"注重的是学术思想发展的历史过程及其内在联系"。但他又批评了章学诚思想的局限性，认为作为思想家的章学诚，"忽视了学术思想的发展正是以批判地继承为前提的，扬弃是学术思想深入发展的基本形式"①这一思想史的原则。因此，他认为，要通过具体地分析，从不同的层面评价章学诚对戴震批评允当与否。

上述时贤所论，各有其当。然仍有未洽之处。在此，我们试图在综合前贤、时贤所论的基础上，做进一步的分析，以期深化对章学诚与戴震二人的思想特色的认识。

就我们阅读的文献来看，章学诚批评戴震的观点，集中体现在《书〈朱陆〉篇后》一文之中，该文对戴震的批评可以分成以下五个层次。

第一层，章学诚批评戴震过分夸大自己哲学追求——"志在明道"的意义，把当时从事于训诂、声韵、天象、地理之学的学者看作"肩舆之隶"，仅能与他的舆隶"通寒温"。他认为，戴震的这种说法"有伤雅道"，然"尚未害于义也"。

第二层，批评戴震过分夸大了自己所从事的专业——训诂、名物之学在明道方面的作用，而"不知训诂名物，亦一端耳"。对于"古人学于文辞，求于义理，不由其说，如韩、欧、程、张诸儒，竟不许以闻道"，"则亦过矣"。

---

① 王茂、蒋国保、余秉颐等：《清代哲学》，769 页，合肥，安徽人民出版社，1992。

第三层，集中批评戴震的地方志观点和对古文创作的看法。

第四层，集中批评戴震饮水忘源和口头上菲薄朱子的观点，以及导致徽歙地区"通经服古"的学子，不菲薄朱子不得为通人的"恶劣"影响。

第五层，集中批评戴震在平时言谈中所表现出的世故圆滑的人生态度。

将上述五个层次问题简化，我们认为章学诚对戴震的批评，主要集中表现在两个方面，一是学术方面，二是伦理道德方面。在学术方面，章氏对戴震的批评有些地方有合理性，在伦理道德方面对戴震的批评，恰恰反映了章氏保守的伦理立场。本章将从伦理倾向、学术旨趣、地方志体例上的争论三个方面，重评章学诚对戴震的批评。

二、章学诚维护"名教"的思想及对戴震的批评

章学诚在文史问题上有很多高明的学术见解，然而，在伦理学与政治立场上却显得相当保守。这种保守的政治与伦理学立场使得他无法理解戴震、袁枚等人的新思想。章学诚思想中有这种矛盾不足为奇，思想史上许多思想家都有这一矛盾。

从章氏的学术品格来看，他批评戴震、袁枚不应当是他人品方面的问题，也不只是他纾解学术心理压力的缘故。这多是由思想家个人的人生价值取向导致的。

他认同戴震的学术成就，但对戴震批评朱子学术与历史地位的做法大为不满，尤其不满意戴震口头上要取代朱子的"狂傲"态度。章学诚在

《朱陆》中，含蓄地批评戴震"饮水忘源"，在《书〈朱陆〉篇后》中，则直接地批评戴震"心术未醇"。特别令章学诚不能容忍的是，戴震在口谈间称："自戴氏出，而朱子侥幸为世所宗已五百年，其运亦当渐替。"章氏认为，戴震的说法"谬妄甚矣！"并认为这些说法"害义伤教，岂浅鲜哉！"①特别是因为戴震的这些口头说法，致使"徽歙之间，自命通经服古之流，不薄朱子，则不得为通人。而诽圣排贤，毫无顾忌，流风大可惧也"。

从表面上看，章氏在《朱陆》和《书〈朱陆〉篇后》两文里，是在替朱子说话。若联系章氏的其他文章来看，章氏更看重的是朱子所代表的儒家"道统"。而这一"道统"的精神则在于朱子及往古圣贤所代表的一种人伦秩序、人格典范与权威。② 而这种人伦秩序、人格典范与权威不因为他们在具体知识方面的缺陷而有损他们的形象。因为知识发展的规律是后出转精，不足以此而诟病前人。以戴震为代表的考据学家虽然在训诂学、名物学知识方面高出前人，但并不足以凭此而菲薄前人，尤其是自己的学术前辈。如果凭此来菲薄自己的学术前辈，就是一种"忘本"的行为，在道德上是非常糟糕的。

章氏的意思非常明确，在知识的层面校正前贤的过错是可以的，如果在道德方面挑战前贤，则是不可以的。他在《又与朱少白书》中说："戴君之误，误在诋宋儒之躬行实践，而置己身于功过之外。至于校正

---

① ［清］章学诚著，叶瑛校注：《文史通义校注》，276 页，北京，中华书局，1994。
② 在《易教》《书教》《诗教》《原道》（上、中、下）诸篇里，章学诚重新解释了儒家自周公到孔子的"道统"。与宋明理学的"道统"内容不尽相同，章氏的"道统"更偏重于先王政典和具体的统治政绩。

宋儒之讹误可也。并一切抹杀，横肆诋诃，至今休、翁之间，少年英俊，不骂程、朱，不得谓之通人，则真罪过。戴氏实为作俑。……然戴实有得力处，故《原善》诸篇，文不容没。若渊如则本无所得，全恃聪明，立意以掀翻古人为主，而力实未能。故其文集疵病百出。"①

据今人的研究看，章学诚应该读过戴震晚年的最后一本著作《孟子字义疏证》。② 如众所知，在乾隆时代，文字狱是一件非常可怕的事情。所以，章氏在多处称赞戴震著作的文字中，只能含混地说《原善》诸篇，是可以理解的。如果章氏读过《孟子字义疏证》一书，那么他就会了解戴震公开地从伦理学的角度批判程朱理学"以理杀人"的激进思想。戴震正是借助于对程朱理学中伦理学谬误的批判，达到对传统等级制度下以维护权威主义为主要功能的伦理学的批判。戴震的批判方式正是借助"求真""求是"的知识论路径来批判传统伦理学只讲尊贵，不讲是非的权威主义倾向。而章学诚要维护的正是这种具有权威主义倾向的伦理秩序。因此，章学诚与戴震思想的深层次矛盾正在于伦理学方面。章氏要维护朱子理学，进而维护"名教"。戴震未必彻底地反对儒家的"五伦"，然在批评程朱理学有"以理杀人"的倾向时，的确是在阐发一种具有近代人道主义意义的新伦理思想。

而章学诚则指出了著书之大戒："是非谬于圣人，忌讳或干君父，此天理所不容也。"③在《答甄秀才论修志第一书》里又说，"史志之书，

---

① ［清］章学诚著，仓修良编注：《文史通义新编新注》，784 页，北京，商务印书馆，2017。

② 《戴震与中国文化》，223 页。

③ 《文史通义新编新注》，658 页。

有裨风教者，原因传述忠孝节义，凛凛烈烈，有声有色，使百世而下，怯者勇生，贪者廉立。"①在《史德》篇，他通过对《离骚》《史记》的辨析，得出了这样的结论："夫以一身坎坷，怨诽及于君父，且欲以是邀千古之名，此乃愚不安分，名教中之罪人，天理所诛，又何著述之可传乎？夫《骚》与《史》，千古之至文也。其文之所以至者，皆抗怀于三代之英，而经纬乎天人之际者也。所遇皆穷，固不能无感慨。而不学无识者流，且谓诽君谤主，不妨尊为文辞之宗焉，大义何由得明，心术何由得正乎？……《骚》与《史》皆深于《诗》者也。言婉多风，皆不背于名教，而梏于文者不辨也。"②

通过以上的分析可知，章学诚在伦理价值取向方面与戴震的矛盾是深层次的，这种深层次的价值取向上的矛盾使得他对戴震的诸多批评流于情绪化，甚至有"打棍子"的嫌疑，因而也影响了他对戴震思想批判的深度与力度，有时甚至是一种错位的批评。

章学诚在伦理学方面具有维护名教的思想倾向，还可以从《原学》《妇学》和《〈妇学〉篇书后》等文章中可以看出。《原学》篇说："盖天之生人，莫不赋之以仁义礼智之性，天德也；莫不纳之于君臣、父子、夫妇、兄弟、朋友、之伦，天位也。以天德而修天位，虽事物未交隐微之地，已有适当其可，而无过与不及之准焉……此圣人之希天也，此圣人之下学上达也。"③

《妇学》和《〈妇学〉篇书后》这两篇文章，在很大程度是针对当时著名

---

① 《文史通义校注》，821 页。
② 同上书，221～222 页。
③ 《文史通义新编新注》，108 页。

诗人袁枚教授女弟子的主张和行为而作的。在《妇学》篇里，他基本是从维护传统伦理名教秩序的角度出发，提倡女性学习文化，而不是认为女子如同男人一样有发展自己的权利，不是从如何发挥女子才情、个性角度来提倡妇女学习文化的。《妇学》篇说："盖文章虽曰公器，而男女实千古大防，凛然名义纲常，何可诬耶！……以纤佻轻薄为风雅，以造饰标谤为声名，炫耀后生，猖披士女，人心风俗，流弊不可胜言矣。"①在《〈妇学〉篇书后》，他直接说："《妇学》之篇，所以救颓风，维世教，饬伦纪，别人禽，盖有不得已而为之，非好辨也。……彼不学之徒，无端标为风趣之目，尽抹邪正、贞淫、是非、得失，而使人但求风趣；甚至言采兰赠芍之诗有何关系，而夫子录之，以证风趣之说。无知士女，顿忘廉检，从风波靡。是以六经为导欲宣淫之具，则非圣无法矣。"②他认为正因为妇学荒废，家政不修，致使"千载而后，乃有不学之徒，创为风趣之说，遂使闺阁不安义分，慕贱士之趋名，其祸烈于洪水猛兽，名义君子，能无世道忧哉？"③

在《题随园诗话》里，他甚至对袁枚进行人身攻击，说："诬枉风骚误后生，猖狂相率赋闲情。春风花村多蜂蝶，都是随园虫变成。"④

新文化运动的旗手之一陈独秀在《吾人最后之觉悟》一文中说过："自西洋文明输入吾国，最初促吾人之觉悟者为学术，相形见绌，举国所知矣。其次为政治，年来政象所证明，已有不克守抱残之势。继今以

---

① 《文史通义新编新注》，310～311 页。
② 同上书，316 页。
③ 同上书，317 页。
④ 转引自《章学诚评传》，148 页。

往，国人所怀疑莫决者，当为伦理问题。此而不能觉悟，则前之所谓觉悟者非彻底之觉悟，盖犹在惝恍迷离之境。"①由陈独秀的论述我们可以引申出三点看法。第一，处在乾隆时代的章学诚在伦理思想方面具有保守倾向，是非常正常的。这一保守思想倾向使得章学诚无法理解戴震、袁枚等人在伦理学领域里艰难地展开的新思想，但不影响他作为该时代一个伟大学者与思想家的形象。第二，我们可以更进一步地认识戴震、袁枚等人所阐发的新伦理思想的价值，自觉地继承、并发扬这一新思想，让现代价值观念与本民族固有的早期现代思想结合起来。第三，要从戴、章二人的伦理价值取向的高度看待二人的学术分歧，从而将章学诚对戴震的一些表面化、情绪化的批评与其人生价值取向的不同联系起来。不要将他们二人间的分歧做简单化的理解。

三、章学诚的历史文化哲学思路及其对戴震的学术批评

　　章学诚对戴震的批评，除了伦理取向的差异之外，有些的确是由学术旨趣和思维方式的不同而导致的。我们认为，由于他所坚持的历史哲学思维方式不同于戴震所坚持的实证化的经学考据学思维方式，使得他对道以及求道的方法的认识，有比戴震等乾嘉考据学者高明的地方。其"道论"中对道在六经之中，又在六经之外的论述，远胜于戴震认为道在"六经之中"的托古主义理想，可以将他看作清代哲学中发展戴震哲学精

---

　　①　陈独秀：《吾人最后之觉悟》，载《新青年》，1916(6)。

神的另一大学者与思想家。

章氏"道论"思想的轮廓大致如下：阐道源、定道体、明道器，从而为文史工作指明根本方向，并为不同领域里的文史工作的价值提供哲学根据。其卓识创见在于对"道器"关系的阐述，提供了前人所没有的新思想内容。从后人的角度看，其"道器关系论"与王夫之虽多有暗合之处，然而在章学诚时代，他似乎还无法看到王夫之的相关论述，因而，其"道器关系论"可以视为他的思想独创。

在章学诚的思想体系中，他所讲的"天"有两层意思。一是客观的自然之天，即类似今日的宇宙。在《天喻》篇，他说："夫天浑然而无名者也。三垣、七曜、二十八宿、一十二次、三百六十五度、黄道、赤道，历家强名之以纪数尔。"①在《匡谬》篇，他说："盈天地间惟万物。"②二是代指自然而然的状况，不是人力所为的过程与结果。这一意义上的"天"概念主要是用来说明道的客观性，非人为性和普遍性。

因此，当他从生成论的角度说出，"道之大原出于天""天地生人，斯有道矣，而未形也"这两句话时，就是在阐述"天道"问题。而文中的"天"就是自然之天。

当他说"故道者，非圣人智力之所能为，皆其事势自然，渐形渐著，不得已而出之，故曰天也"③时，他是在阐述道的客观性，其中的"天"字有自然而然，不是人力所为的自然过程与结果的意思。

通观章学诚的"道论"思想，他对"天道"的论述非常简略，这既可能

---

① 《文史通义校注》，310 页。
② 同上书，404 页。
③ 《原道上》，见《文史通义校注》，119 页。

与他对"天道"的态度有关，也可能与他个人的知识背景有关。他反复阐述这样一个道理："言天人性命之学，不可以空言讲也。"并将自己所归属的"浙东学派"的特征规定为："言性命者必究于史。"他认为后人著述"舍人事而言性天"，是无法把握史学精义的。正是在这样的天人性命之学的观念下，他还说了一句非常奇怪的话："上古详天道，而中古以下详人事之大端也。"①这显然不是对科技发展史的描述，因为，在其他地方，他多次说过，天文历算之学，后出转精。而应当理解为中古以后的学者多从"人事的大端"来阐发天人性命之学的。

由于他不太熟悉天文历算之学，这一知识结构的局限性也可能是他略于论天道的原因。而这也正是他与戴震"道论"思想形成区别的关键之一。

章学诚的"道论"思想，主要是阐述人道的内涵、变动不居的开放过程及其存在方式。

在章氏看来，作为人类社会规则的"人道"，"乃始于三人居室"，然而此时之"人道"还不是很显明。等到"人有什伍而至百千，一室所不能容，部别班分，而道著矣。仁义忠孝之名，刑政礼乐之制，皆其不得已而后起者也"②。

章学诚为何将"人道"的开端规定为三人居室，而不是二人居室？传统儒家讲一阴一阳之谓道，讲夫妇，人伦之始。而章氏说："三人居室，而道形矣，犹未著也。"这有什么样的深意？按照章氏的论述，三人居室

---

①　《易教中》，见《文史通义校注》，12 页。
②　《原道上》，见《文史通义校注》，119 页。

而人道开始形成，主要原因是起于分工，因分工而产生"均平秩序之义"，为了维持均平秩序之义而推举年长者维持均平，因而又形成长幼尊卑的等级。

他是这样说的："人生有道，人不自知；三人居室，则必朝暮启闭其门户，饔飧取给于樵汲，既非一身，则必有分任者矣。或各司其事，或番易其班，所谓不得不然之势也，而均平秩序之义出矣。又恐交委而互争焉，则必推年之长者持其平，亦不得不然之势也，而长幼尊卑之别形矣。"①

应当说，章氏从抽象的社会分工的角度出发，论述人类秩序的形成，其所论有其深刻之处，亦道出了前人所未明言的新内容。孟子虽然提到了人类分工的道理，但没有像章学诚这样更加细致地阐述人类出于生存需要而分工，因分工而产生各种制度形成的原理。

关于天道与人道的关系，章学诚没有明确论述，只是在论述《周易》时涉及这一关系。他说："《易》以天道切人事，《春秋》以人事而协天道。"②

从本体论的角度看，章学诚所说的"道"与朱子所说的"理"是相同的。他在《原道》中说："道者，万事万物之所以然，而非万事万物之当然也。"因此，人们能看见的只是"当然"，而无法看到"所以然"。这种当然，只是"道"变动的陈迹，不是"道"本身。因此，从认识论的角度看，人们不可能看见道本身，只能看见具体的物象与事象。他说："道不可

---

① 《原道上》，见《文史通义校注》，119 页。
② 《易教下》，见《文史通义校注》，20 页。

见，人求道而恍若有见者，皆其象也。"①

由此，他认为，道体是不定的。他说："夫道者，仁者见之谓之仁，知者见之谓之知，百姓日用而不知，无定体者皆是也。"②

既然"可形其形而名其名者，皆道之故（陈迹）"，那么圣人是如何把握"道"的呢？大圣人是从众人的"不知其然而然"的人伦日用之中，体悟到道之形迹，从而"经纶制作""创制显庸"。相对于客观、自然之道（即真理）而言，圣人只是把握并顺应了道，而不是根据个人的主观才智来制定社会制度的。反过来说，由周公创立、孔子继承的一套制度，乃是一种客观的人道法则的体现。所以，后人要知道人道的法则，首先必须知道"周、孔之所以为周、孔"的深层道理，而不是简单地把他们当作圣人来盲目地崇拜。

章学诚的"道论"思想中最精彩的是他的"道器关系论"。他从历史哲学与文化哲学的高度提出了"道不离器""六经皆器""即器存道""道因器而显"等一系列的光辉思想，反对"屏弃事功"而凭空言道的思想。他说："夫天下岂有离器言道，离形存影者哉？彼舍天下事物、人伦日用，而守六籍以言道，则固不可与言夫道矣。"③很显然，章学诚反对仅从六经中求道，其实就是反对以戴震为代表的乾嘉时代的考据学者在六经中求道的思想。因为戴震在多处反复地说："经之至者，道也。"然而，在章学诚看来，"六经皆史"，故六经也是器。所以，在《原道下》篇，章学诚进一步揭示了道既在六经之中，又在六经之外的道理。他说："夫道备

---

① 《易教下》，见《文史通义校注》，18 页。
② 《定武书院教诸生识字训约》，见《文史通义》外篇二；转引自《章学诚评传》，133 页。
③ 《原道中》，见《文史通义校注》，132 页。

于六经，义蕴之匿于前者，章句训诂足以发明之。事变之出于后者，六经不能言，固贵约六经之旨，而随时撰述以究大道也。"①章学诚这种"随时以究大道"的"道论"思想，比戴震仅限于六经中求道的思想有更合理的地方，甚至比戴震笼统地说"人道，人伦日用身之所行皆是也"，也更明确地揭示了"道"具有随时变化的意义。

处在乾嘉时代重视实证的学术风气之下，章学诚也反对宋明理学中空谈性命的思想。他说："学夫子者，岂曰屏弃事功，预期道不行而垂其教邪？"又批评宋儒"离器而言道"的思想。宋儒将工于训诂、文章之学看作"溺于器而不知道"。章学诚则认为：

> 夫溺于器而不知道者，亦即器而示之以道，斯可矣。而其弊也，则欲使人舍器而言道。夫子教人博学于文，而宋儒则曰："玩物而丧志。"曾子教人辞远鄙倍，而宋儒则曰："工文则害道。"夫宋儒之言，岂非末流良药石哉？②

从文化哲学的广阔视域出发，章学诚还反对以一家一派之道来囊括人类至公之道。所以，章学诚说："孔子立人道之极，岂有意于立儒道之极耶？""人道所当为者，广矣，大矣。"③儒、墨、道、农、九流，各自有道，然而都没有囊括人类整全至公的大道。从这一角度说，章氏的确继承了"浙东学派"黄宗羲的多元学术观，认为"道"存在于诸家之中，求

① 《原道下》，见《文史通义校注》，139页。
② 同上书，140页。
③ 《原道中》，见《文史通义校注》，131页。

道的方式也可以多样的，而不只是考据学一种。所以章学诚说："训诂章句，疏解义理，考求名物，皆不足以言道也。取三者而兼用之，则以萃聚之力，补遥溯之功，或可庶几耳。"①

从求道方式、方法的开放性角度看，章学诚比戴震的经学视野更加开阔。他用历史哲学来对抗他自己所处时代考据学的独断风气。这一思想路径无疑有其合理性，而且也体现了章学诚作为一代思想大家在道德上的勇气。他反对戴震以训诂、制数"概人"，而看重"马、班之史，韩、柳之文"，认为"其与于道，犹马、郑之训诂，贾、孔之义疏也"。戴震将前者看作艺而非道，在章学诚看来，戴震的观点是肯定"资舟楫以入都，而谓陆程非京路也"②，显然是不能成立的。章学诚提倡学术方法、途径的多元化这一思想主张，与黄宗羲所说的"圣贤血路，散诸百家"，在精神上是相通的。③

章学诚的学术旨趣在于通过历史哲学与文化哲学来阐明"道"的变化、发展特征与求道方式、方法的多元化特征，要求人们重视对当代典章制度的研究，让学术服务于现实政治（不一定是当时的王朝政府）。

---

① 《原道下》，见《文史通义校注》，138 页。

② 《又与正甫论文》，见《文史通义新编新注》，809 页。

③ 章氏说此话时，对黄宗羲的认识还不深，但他在此时（嘉庆二年，即 1797 年）应当看过黄氏的《明儒学案》。是书成于康熙三十二年（1693 年）。在是书序及"发凡"中，黄氏提倡"学问之道，以各人自用得著者为真。凡倚门傍户、依样葫芦者，非流俗之士，则经生之业也。此编所列，有一偏之见，有相反之论。学者于其不同处，正宜著眼理会，所谓一本而万殊也。以水济水，岂是学问！"见《黄宗羲全集》第七册，6 页，杭州，浙江古籍出版社，1986。关于章学诚与戴震"道论"思想之异同及其相互之间的关系，此处不做深论，将有另一篇文章讨论这一问题。

而戴震的学术旨趣在于通过文字、语言、典章制度来求证六经中之道，以破除理学的权威主义，恢复原始儒家中的人道精神。

借用索绪尔在语言学中使用的"历时性"与"共时性"两个概念，从方法论的角度看，章学诚的哲学思想更加重视"道"的历时性特征；戴震的哲学思想更加重视"道"的共时性特征。戴震认为存在于"六经"中之"道"即适用于当时社会需要之道。他以寻求客观知识论的态度来探求人文、社会领域里具有具体性与历史性特质的真理。从"道"的变化莫测、发展角度看，戴震的"道论"思想缺乏足够辩证性。

然而，章氏虽然看到道的历时性特征，却并没有揭示出与当时社会新的历史发展方向相一致的新人道思想，而戴震通过托古的方式在一定程度揭示出了与人类发展方向大体一致的新人道思想，在看似封闭性思想体系里却阐发了极其新锐的伦理学与哲学思想。相反，章学诚在宏阔的历史哲学视野里并没有阐发出多少新锐的伦理学思想，相反还保留着极其浓厚的名教思想，在现实生活层面留有很多庸人的气息。这种思想与实际生存状态的巨大反差有很多耐人寻味的地方。

四、章学诚对戴震"方志"观的批评与再评价

在地方志的编纂问题上，章学诚多次批评戴震不懂史学而冒充行家。在《书〈朱陆〉篇后》一文中，章学诚非常严厉地了批评戴震。他说："其于史学义例、古文法度，实无所解，而久游江湖，耻其有所不知，往往强为解事，应人之求，又不安于习故，妄矜独断。如修《汾州府

志》，乃谓僧僚不可列之人类，因取旧志名僧入于古迹。又谓修志贵考沿革，其他皆可任意，此则识解渐入庸妄，然不过自欺，尚未有心于欺人也。"①

对于这一相当专门的学术问题，《戴震评传》与《章学诚评传》二书的作者，大约是出于对自己传主的无意识偏爱，都认为各自的传主在地方志编纂问题上所提的理论主张，更有合理性。如《章学诚评传》的作者认为："按照戴震的主张，其结果就很容易把当时考据学家那种专务考索地理沿革、埋头古书、轻视当代文献、不问现实政治的不良学风带到修志领域。其内容自然是'厚古薄今'，不能反映当代社会情况。"②

又说，章学诚认为戴震"'不解史学'，'记传文字，非其所长，纂修志乘，固亦非其所解'。这些批评，是基本符合戴震的实际情况的，无可非议"③。

《戴震评传》的作者则用了将近十页的篇幅来分析戴震与章学诚在地方志问题上的争论，其基本倾向是维护戴震的地方志观点，个别地方批评了章氏的观点。如作者说："章提出重文献，是以一般历史科学的文献要求来要求地方志，未免不合方志需实情的休例，戴震重沿革实际上就是重历史和现实的实际情况。"④

对于章学诚、戴震二人在地方志编纂问题上的争论，我们认为，王

---

① 《文史通义新编新注》，132 页。
② 《章学诚评传》，191 页。
③ 同上书，197 页。
④ 《戴震评传》，256 页。

记录的评价或许更为平实、公允。他认为，章学诚在《记与戴东原论修志》一文所说，戴震在方志问题上只主张"志以考地理，但悉心于地理沿革，则志事已竟，侈言文献，岂所谓急务哉？""只是章氏的一面之辞"。因为，"查戴震的著述，只见戴震强调修志须明沿革，未见戴氏以方志为地理专书之言"[①]。戴震在方志问题上强调的是"切民用，明政事"的经世史学思想。"因此，对章、戴之争，我们今天应有持平的看法。""章戴二人，治学路径不同，立言之旨各异，不必抑扬轩轾。"[②]

今以《寿阳县志序》为例，来仔细考察章氏对戴震方志观点的批评。戴震的方志观点是："一州一县咸各有志，俾沿革山川见历代史者，于此可稽。因以近察政之体要，民之利病，故非通古今，明史治，则撰次概不足观。"[③]在《汾州府志例言》和《汾阳县志例言》两文中，戴震非常清楚明白地介绍了自己在地方志编纂问题上的系统考虑。为了便于概览，兹将戴震的《汾州府志》[④]体例内容列表如下（见表 5-1）。

表 5-1 《汾州府志》体例

序号	体例内容
1	"志之首，沿革也。"
2	"星野次乎沿革。"
3	"疆域次沿革、星野之后。"
4	"山川次乎疆域。"

① 王记录：《中国史学思想通史》（清代卷），227 页，合肥，黄山书社，2002。
② 同上书，227～228 页。
③ 《戴震全书》第六册，510 页。
④ 同上书，580～584 页。

续表

序号	体例内容
5	"城池、官置……凡十有一者，官事也，民事也。纲之、纪之……政之大体于是乎在，民之利病于是乎在，故次疆域山川之后。"
6	"职官、名宦、食封、流寓四者""人物、义行科目、仕实、列女五者……"
7	"古迹、冢墓、祠庙、事考四者，备稽古者之检之也，杂识又其余也。寺观附祠庙之下，明非正也。"
8	最后是艺文放在志之末尾，最后再在志书之首加上地图及沿革表，让人对该地方的地理形势、历史沿革一目了然。

在《汾阳县志·例言》中，戴震的基本思路与上述一贯，只是个别地方的具体说法不同，而且对于每条体例的内容及各体例之间逻辑关系都有明确的说明。他说："志首沿革，以星野附之，何也？沿革不明，则志中述古，未有能免于谬悠者，故考沿革为撰志首事。"①

由上所引可知，戴震在地方志编纂的体例方面，并非如章学诚所说的那样，仅是要做成"地理专书"，而只是把地理沿革放在首位。这只能说体现了戴震的地方志的史学理论特色，不存在对与错的问题。从立异的学术心理来看，章学诚可能为了维护自己在史学方面的长处，而无法听取戴震的意见。据学者考证，1766 年，章学诚与戴震初晤，在他早期的学术生涯中投下了"巨大阴影"，到乾隆三十八年(1773 年)夏，章学诚在宁波道官署里见到戴震，讨论修志问题，时年章学诚 36 岁，戴震 50 岁。戴震正在主修《汾州府志》和《汾阳县志》。依仓修良先生的看法，章学诚 35 岁时已经开始了《文史通义》的创作工作，此时的章学诚

---

① 《戴震全书》第六册，585 页。

已经有了自己的比较系统的史学观点了，只是因为时间关系，还没有来得及完全成诸文字。章氏的《记与戴东原论修志》①一文带有很强的情绪化，说戴震"闻余言史事，辄盛气凌之"。又说戴震在争论之后"拂衣径去"。从文章看，"拂衣径去"可能是事实，而"盛气凌之"有可能是章学诚个人的感觉。因为戴震看到他的《和州志例》后说："此于体例，则甚古雅，然修志不贵古雅。"又介绍自己修《汾州》诸志的做法："皆从世俗，绝不异人，亦无一定义例，惟所便尔。夫志以考地理沿革，则志事已竟，侈言文献，岂所谓急务哉？"而且，章学诚还说，到第二天，戴震还拿《汾州府志》给章学诚看，并说："余于沿革之外，非无别裁卓见者也。旧志人物门类，乃首名僧，余欲删之，而所载实事，卓卓如彼，又不可去。然僧岂可以为人？他志编次人物之中，无识甚矣。余思名僧必居古寺，古寺当归古迹，故取名僧事实，归之古迹，庸史不解此创例也。"如果当时戴震真的对章学诚是"盛气凌之"的态度，第二天根本没有必要再见他，更不会把自己正在纂修的《汾州府志》拿给他看，并再详细解释自己并不只是重视沿革而不顾其他。章学诚当时如果细心倾听戴震的意见，应该会看到戴震的《汾州府志》的体例不只是重视沿革，也不只是一部地理专书。可章氏在此文中有三段批评戴震的文字都带有情绪，甚至还有点抓小辫子的嫌疑。其一云："如云但须从俗，则世俗人皆可为之，又何须择人而后与哉？"其二云："如云但重沿革，而文献非其所急，则但作沿革考一篇足矣，何为集众启馆，敛费以数千金，卑辞厚币，邀君远赴，旷日持久，成书且累函哉？"其三云："如云僧不可以为人，则彼

---

① 《文史通义校注》，869~871 页。

血肉之躯，非木非石，毕竟是何物邪？笔削之例至严，极于《春秋》。"

　　我们现在来分析章学诚上述的三条说法。第一，戴震所说的"从俗"，是说继承方志的一般成例，只是他在地理沿革的考订方面尤其见长，而这正是以往方志的缺陷。并非如章学诚所言，一般的世俗之人皆可为。第二，戴震说的是"但重沿革"，而不是说不要其他。第三，戴震没说名僧不是人，而只是说这些人物在旧的地方志中属于仙释一类的人物，而他认为佛、道二教地位不及重天、重祖的儒教，因而是不甚重要的，故而将名僧放在寺观之中附带叙述，就可以了。关于这一点，我们可以批评戴震以儒家为正宗的宗教观，但绝对不可以像章学诚在该文所批评的那样，戴震连僧人是生物学意义上的人这一点常识也没有。至于章学诚在《书〈朱陆〉篇后》一文中说戴震"谓修志贵考沿革，其他皆可任意"，乃是章学诚强加在戴震头上的观点。戴震作为一代经学大家，而且是专以"求是""求道"为人生终极目标的大学者，怎么可能在地方志的问题上表现出如此草率的态度呢？从《汾州府志》《汾阳县志·例言》中可以看出，戴震对地方志编纂体例的思考是非常严谨的，绝非如章学诚所说的那样不懂史学而冒充内行。

　　章学诚在《记与戴东原论修志》一文中说："方志如古国史，本非地理专门。"这句话的前半句代表他的方志学理论观点，是属于章氏自己学术观点中的所谓"独断"，即创见，是对是错，有无价值，是可以再进一步讨论的。后半句话则是思想家个人"立理以限事"的主观化判断所导致的误判，有无的放矢的嫌疑。因为，这句话的隐指对象戴震并没有将方志看作"地理专门"。至于他为了强调文献的价值而说"载籍具在，人人得而考之"，则是非常情绪化的。不具备广博的历史、地理以及其他的相关知识，是无法从事于史籍考订工作的。至于在编纂地方志的过程中，他个人更重视搜罗文献、编次体例、整理材料等工作，而且在重沿革与重文献两者"不得已而势不两全"之际，更偏重文献的一方，那是可以理解的。一方面，可以体现不同史学家编纂的地方志的特色，另一方面也可以让史学家发挥自己的长处。但这也只是当两者"不得已而势不两全"之时，如果均能照顾，则二者可以并重。由此可见，章学诚并不是完全反对戴震"重沿革"的地方志思想，而只是希望戴震也能倾听他的重视文献的主张。因此，我们认为，章学诚在地方志问题上对戴震的批评，是后学希望得到前贤肯定而又没有得到肯定之后，一种心理的反弹。他故意抓住戴震的口语加以批评（因为无法验证），其批评所蕴含的学术成分其实很少。当然，这并不是说，章学诚在地方志的问题方面没有自己独特的思想体系，而只是说，章学诚并没有从思想体系的差异性方面来批评戴震思想的不足之处。说得不客气点，章学诚倒是以史学专家自居，不容戴震侵犯他的学术领地。章学诚本人不擅长考据，在史学方面要竭力维护自己的学术尊严，故对戴震的方志学大加挞伐，此正见出章学诚心量之狭的一面。

章学诚在"地方志"理论方面坚持自己的"三书"理论。他说："凡欲经纪一方之文献，必立三家之学，而始可以通古人之遗意也。仿纪传正史之体而作志，仿律令典例之体而作掌故，仿《文选》《文苑》之体而作文征。三书相辅而行，阙一不可；合而为一，尤不可也。"①章学诚从通史的历史学要求出发，非常重视历史的客观性，将方志看作国史取材的主

---

① 《文史通义校注》，571 页。

要材料库，避免国史取材于私人著述、家谱，从而丧失国史的可信度。这一愿望是好的。而且，为了实现历史学的客观性，他还要求州县地方政府设立"志科"，委派专门的胥吏长期地、系统地从事各种档案的整理与保存工作，以为日后编纂地方志提供可靠的素材。① 这些设想都体现了作为历史学家的章学诚在有关地方志问题上的远见卓识。相比较而言，戴震在这面没有章氏思考得系统。但是，若从章学诚的思想发展史来看，他早年的地方志思想应该与戴震相似。在大约作于乾隆二十八年末(1763 年)至二十九年(1764 年)之间的《答甄秀才论修志第一书》中，章学诚说："州郡均隶职方，自不得如封建之国别为史，然义例不可不明。"②由此可知，章学诚将地方志看作"古国史"的观点，乃是他在 36 岁时思想趋于成熟时的"独断"。而戴震认为地方志与正史有所不同，其主要目的是"求其切民用，达治道也"③。并在《汾州府志例言》中针对志与史在人物传记的不同侧重点方面，亦有细致的考虑，"盖志与史例有不同者：史善恶并书，志详善而略恶也"④。而章学诚在批评戴震将僧人放在古寺中的义例时说："史于奸臣叛贼，犹与忠良并列于传。"⑤这显然是从通史的角度来看待方志的。

　　简言之，章学诚在地方志编纂问题上与戴震的争论，主要是由二人在地方志的理论观点上有所不同而引起的。戴震是从"经世致用"的角度来看

---

① 《文史通义校注》，587 页。
② 同上书，819 页。
③ 《汾州府志序》，见《戴震全书》第六册，467 页。此序是戴震为修府志官员所写的代笔之作。
④ 《戴震全书》第六册，583 页。
⑤ 《文史通义校注》，871 页。

待地方志的修纂工作，而在地方志与正史之间的关系问题上，他坚持的是一种地方志不同于正史的方志学观点，有点考据学家就事论事的态度。而思想渐趋成熟时期的章学诚则是从通史的观点出发，将地方志看作古国史，并且将地方志看作能为正史提供公正、客观、翔实史料的材料库，因而在地方志与正史的关系问题上，他采取的是一种联系的观点。因此，在方志学的理论问题上，我们不能说孰是孰非，而只能说二者各有擅长。

现存的戴震文字中，没有一处提到章学诚。这其中的原因已经无法得知，也无须去推测。但我们也不能仅凭章学诚的一面之词来评判他们二人之间的曲直与是非。我们所能够做的事情是，对于章学诚批评戴震的一些说法，要尽可能地对照可以找到的印证文献，仔细地分析思想家所说的话究竟有多大的客观性，并努力从多角度来思考二人之间的分歧，从分歧中看到乾嘉时代学术的多面性，不同学术流派的所得与所失，为当今的学术研究提供有益的启示。仅从方志编纂的争论来看，章学诚对戴震的批评多有未当之处，而且不少措辞带有很强的情绪化色彩。戴、章二人的方志理论各有所是，未必章学诚的方志理论就优于戴震的方志理论，而戴震的方志理论也绝非章学诚所说的那样，仅是地理之书。因为从戴震所修的方志目录来看并不是这样。史学虽非戴震学问之长，但戴震之于史学也绝非外行。合理的解释应当是：戴震与章学诚二人方志理论的侧重点有所不同。然章学诚却夸大这种分歧，并坚持自己之所是，而力斥戴震方志理论之非。在章、戴二人有关方志争论的问题上，目前现存的文献多是章学诚提供的，这种历史叙述中的非对等性，要求我们保持一份学术的清醒，即对章氏叙述的主观性要有足够的认识。否则，我们就很有可能受古人蒙蔽。

第六章 ┃ 后戴震时代的学术与思想举要

本章仅以段玉裁、焦循、高邮王氏父子、阮元等人的学术思想为例，以彰显戴震的学术思想在乾嘉时期的影响。实际上，戴震对于乾嘉以后中国学术思想的影响，远远不止于这几个人，此处仅是举要而已。

第一节　在"求是"中"求道"
——段玉裁对戴震思想的继承与发展

段玉裁(1735—1815 年)，字若膺，号茂堂，江苏金坛人，乾隆时举人，是乾嘉时期杰出的学者、语言学家。早年师事戴震，除在对待程朱理学的态度上不同于戴震之外，在学术与思想方面，他对戴震的学术、思想或继承，或发展，对其学术与思想始终存有敬意。一旦遇到合适的时机，就对戴震的思想加以传播。在其精心结撰的《说文解字注》"理"字条，突破字典学的惯例，大段引证了戴震在《孟子字义疏证》中对"理"字的定义。由此可见其服膺戴震学说之一斑。

一、求是与求道

"求是"是乾嘉学术研究的共同精神纲领，但每个学者对此具体精神纲领的理解有一定的差异性，从而显示了乾嘉学术共同体内部精神内涵的丰富性。段玉裁学术的主要成就在对《说文解字》的研究方面，但其学术思想非《说文解字注》一书所能概括。相对于其师追求"十分之见"而言，段玉裁在"求是"方面表现出某种谦逊的态度，而且将"求是"上升到人生终极价值追求的高度，深化并推进了该时代学人对"实事求是"共同精神纲领的理解。

(一)"凡著书者，将以求其是而已"

相对于焦循、阮元而言，段玉裁更是一个语言学家而不是一个哲学家。他在促使 18 世纪中国哲学的语言学转向的过程中，其思想与哲学更远，而与语言学更近。即使如此，他在有关训诂、注经原则、治经方法等方面的论述，仍然涉及了广义的语言哲学的问题。特别是他在古典的语文学研究中所贯彻的追求真知的精神，与戴震是相通的。他在《左传刊杜序》中说："凡著书者，将以求其是而已，非将以求胜于前人而要名也。将以求胜于前人而要名，则吾斯未信，而欲天下后世信之，无是理也。虽然，吾非以要名，吾非以求胜于人而诚求其是，则其书之成，宜若必可信矣。"①他曾经批评当时人模仿明人王应麟著《困学纪闻》和明末清初大学者顾炎武著《日知录》的著书方法。他认为这种著书方法有两种弊端：一是好为异说；二是剿说雷同，中无所得，仅是邀名而已。他自己的观点是著书应当追求真知。他说：

> 闻之东原师曰："知十而皆非真知，不若知一之为真知也。"洞彻其本末，剺剖其是非，核诸群书而无碍，反之吾心而帖然，一字一句之安妥，亦天地位，万物育之气象也。久能所说，皆得诸真知，故近以自娱娱亲，远以娱人，涣然冰释，怡然理顺，其传世行后无疑也。②

不仅如此，段玉裁还认为，通过这种追求真知的活动，上可以神交古人，下可以神交后人，使人的生命存在超越时间的限制而进入永恒的境界。他说："夫人有心得之处，超乎古人者，必恨古人不我见，抑余以为古人有言有为，未尝不思后之人处此必有善于我者，未尝不恨后之

---

① 《经韵楼集》卷四，见《续修四库全书》第 1434 册，626 页，上海，上海古籍出版社，2002。下所引皆以《续修四库全书》版本为底本。《经韵楼集》共十二卷，卷一至卷四收录在《续修四库全书》第 1434 册中；卷五至卷十二收录在《续修四库全书》第 1435 册中，下不再注出。

② 《娱亲雅言序》，见《经韵楼集》卷八，75 页。

人不可见也。"①这种在追求真知的活动中寻求短暂生命的永恒意义的思想，恰恰可以从一个侧面说明，乾嘉学者的学术活动并非仅仅是外在的政治高压的结果，他们在考据学的学术研究工作中寻找到了精神寄托。这也是我们从内在的角度理解乾嘉时期考据学兴盛的一个关键之所在。

通过对王应麟、顾炎武为代表的"博闻强记"式的著书活动的批评，段玉裁提出了自己的为学主张，认定考据学乃为学问之全体。他说："考核者，学问之全体，学者所以学为人也。故考核在身心性命伦理、族类之间，而以读书之考核辅之。今之言学者，身心伦理不之务，谓宋之理学不足言，谓汉之气节不足尚，别为异说，簧鼓后生，此又吾辈所当大为之防者。然则余之所望于久能者，勿以此自隘，有志于考核之大而已。"②此处需要稍加辨析的是：段玉裁在此所说的"考核"，已经不再是局限于狭义的考据了，而是包含了"身心性命伦理"等抽象的思想内容，只是他要以知识论的"求真"方式来实现他的哲学思考。

(二)"真是日出"——"求是"是一个历史的过程

与其师戴震追求"十分之见"的确然性知识目标不尽相同，段玉裁认为"追求真是"是一个过程，不是一劳永逸的活动。后代胜于前代，后人不得已要与前人不同，是追求真理的一般规律所规定的，并不是有意要难为前人。他说：

---

① 《娱亲雅言序》，见《经韵楼集》卷八，75 页。
② 同上书，75 页。

　　　　著书者，固以天下后世信从真是之为幸，而非以天下后世信从
　　　未必真是之为幸。左氏非不乐公羊、穀梁之后出，杜氏非不乐刘炫
　　　辈之后出，朱子在今，必深幸诋议之有人。夫君子求为可信，不求
　　　人之信。求其真是，而亦不敢自必为真是。此真是之所以日
　　　出也。①

　　这种"为求真是而求真是"的纯学术态度，充分体现了乾嘉学者在知
识论方面所具有的纯粹"求真"精神。而且，段玉裁清醒地意识到，追求
"真是"是一个历史的过程，后来的人不断地发现"真是"是服从知识本身
的规律，因而会不断地产生新的真理。段玉裁对"真是日出"的信心，从
原则上预示了他之后的世界不断产生各种"真是"的历史，而他得出的这
一科学性的预言是从人文学研究的过程中获得的。就追求"真是"是一个
过程的认识而言，他有超逸其师戴震追求"十分之见"之处。因为戴震似
乎没有看到"十分之见"是一个理想性的目标，而不是一次性完成的。正
是因为段玉裁等人有这种纯粹的"求真"精神，后来梁启超、胡适等人都
认为清代乾嘉学术具有科学精神。

　　与戴震的"由字以通其词，由词以通其道"的语言哲学纲领相比，段
氏史强调了经文与语言学的相互独立性，以及在此独立性基础上所具有
的相互关联性。更有甚者，在段氏看来，语言学的根本在于熟悉声类，
即语音学的基础作用，不理解语音学，古典的语言学也就缺乏坚实的基
础，语言学的基础不扎实、不牢靠，对经典意义的理解则失去了可信

---

　　① 《左传刊杜序》，见《经韵楼集》卷四，626 页。

性。因此，段玉裁非常重视声音与意义的关系，将戴震的"由字以通其词，由词以通其道"的一般语言哲学思想，细化为"由音通字义，由字义再通道"的语言学的哲学思考。

不仅如此，段玉裁还重视发掘训诂的原则，即更重视对语言学规则的总结，从而为正确地解经提供更加合适的工具。如他在论述训诂的原则时说："训诂必就其原文而后不以字妨经，必就其字之声类而后不以经妨字。不以字妨经，不以经妨字，而后经明。经明而后圣人之道明。点画谓之文，文滋谓之字，音读谓之名，名之分别部居谓之声类。……不习声类，欲言六书，治经难矣。"①所谓"不以字妨经"，意思是说通过对局部的字词的正确理解与训释，为经文大意的正确把握提供文字、语言方面的正确释义；"不以经妨字"，是要求解经者具备精湛的文字、音韵学知识，将经文中的字词、语言给出正确的训释。这段话的重点在于强调文字、音韵、训诂的相对独立性及其在解经过程中的重要性。他花费了四十年时间才出版的《说文解字注》一书，通过对《说文解字》一书的深入研究，提出了"于古形、古音、古义互可求焉"的文字释义方法，为更能逼近古代经典原义提供了更为精确的语言学的释义工具。

(三)"求是"与经学中的人伦之道

值得注意的是，段玉裁的"求是"活动与经学研究中的求道要求具有内在的联系，与戴震的"尊经"思想一脉相承并有所推进。段玉裁认为，"六经"是中国文化的总武库："尝闻六经者，圣人之道之无尽藏。凡古

---

① 《周礼汉读考序》，见《经韵楼集》卷二，589页。

礼乐、制度，名物之昭著，义理性命之精微，求之六经，无不可得。虽至亿载万年，而学士、大夫推阐，容有不能尽，无他，经之所蕴深也。"①这一经学思想，在一定程度上既限制了段玉裁在思想层面进一步地做创造性和批判性的思考，也使得他的"求是"活动难以取得像自然科学一样的成果。虽然，他在音韵学的学术研究方面不乏创见，而且也取得了巨大的学术成就。但他的文字、音韵学研究还只是停留在经学领域，未能在子、史等更加广泛的领域里展开自己的研究。段玉裁在经学研究过程中"求是"理想所表现出的局限性，不只是段玉裁一人的局限性，也是整个乾嘉经学研究中共同具有的局限性。这一源自经学研究内在学理的局限性，也从根本上限制了乾嘉经学研究难以取得更大的学术成就。

在伦理思想方面，段玉裁不像其师戴震那样批评宋代理学，而是认同宋代理学的伦理观念。这也从价值立场上限制了他的"求是"活动具有更加广泛的社会思想启蒙的意义。虽然，他也反对将考据学技术化，要求考据学与求道，即身心性命之学的形上追求结合起来，这一精神努力方向与戴震是一致的，是值得肯定的。但由于"经学"自身的特点限制了其他"求是"价值理想的充分实现。

二、"治经莫重乎得义，得义莫切于得音"的语言哲学思想

段玉裁是音韵学家，他对声音与意义的关系更为敏感，其认识也更

---

① 《江氏音学序》，见《经韵楼集》卷六，27 页。

为系统、深入。在前人研究的基础上，他深化了声音与意义相关联的语言学思想，提出了"治经莫重乎得义，得义莫切于得音"的语言哲学思想和治经的语音学原则。这可以看作他对乾嘉语言哲学思想的一种独特的贡献。在《王怀祖〈广雅注〉序》中，段玉裁这样说道：

> 小学有形、有音、有义，三者互相求，举一可得其二。有古形，有今形；有古音，有今音；有古义，有今义。六者互相求，举一可得其五。古今者，不定之名也。三代为古，则汉为今；汉魏晋为古，则唐宋以下为今。圣人制字有义而后有音，有音而后有形。学者之考字，因形以得其音，因音以得其义。……治经莫重乎得义，得义莫切于得音。①

从上述一段话可以看出，段玉裁已经将戴震"由字以通其词，由词以通其道"语言哲学思想转化为一种经学的语义、语音学，在学术上推进了戴震的语言学研究，然在哲学上则更加远离了戴震的思想。

(一)因音求义的语言学方法

在如何辨析字义的问题上，他从语音为主的原则出发，指出："文字起于声音，六书不外谣俗。六书以象形、指事、会意为形，以谐声、转注、假借为声；又以象形、指事、会意、谐声为形，以转注、假借为声……六书犹五音，十七部犹六律。不以六律不能正五音，不以十七部

---

① 《经韵楼集》卷六，71 页。

不能分别象形、指事、会意、谐声四者文字之声韵鸿杀，而得其转注假借。"①又说："古六书、假借以音为主，同音相代也，转注以义为主，同义互训也。作字之始，有音而后有字，义不外乎音，故转注亦主音。"②"字义不随字音为分别。音转入于他部，其义同也。音变析为他韵，其义同也。平转为仄声、上入转为去声，其义同也。"③

上述三则材料所讨论的核心问题均是如何辨认经典中"字义"问题。从经典训释的角度看当然与"求道"相关。然而段氏所论的主要意思毕竟在于"求道"的工具与方法上面，只能算是为"求道"提供正确的字义训释基础罢了，并不是"求道"本身。

这一语音学原则在校书过程中亦有自己的价值，他认为，校书的准则可以效法孔子，而以郑玄为汉以后之榜样。郑玄在校书过程中形成的一整套原则与方法可以取法。他说："郑君之学不主于墨守而主于兼综，不主于兼综而主于独断，其于经字之当定者，必相其文义之离合，审其音韵之远近，以定众说之是非，而以己说为之补正。凡拟其音者，例曰读如、读若，音同而义略可知也。凡易字者例曰读为、读曰，谓易之以音相近之字而义乃憭然也。凡审知为声相近若形相似，二者之误则曰当为，谓非六书假借而转写讹缪者也。汉人作注皆不离此三者，惟郑君独探其本原。"④

---

① 《六书说》，见《说文解字注》第十五卷下，833 页，上海，上海古籍出版社，1981。

② 《古异部假借转注说》，见《说文解字注》第十五卷下，832 页。

③ 《古音义说》，见《说文解字注》第十五卷下，816 页。

④ 《经义杂记序》，见《经韵楼集》卷六，72 页。

上述文献中的"独断"一词，其实是指有根据的学术创见，非今日"武断"之意。在这则文献中，段氏将东汉注经大师郑玄"因音求义"原则总结为三条：第一，拟音者曰读如、读若；第二，易字者曰读为、读曰；第三，通过审音而为声相近形相似者曰当为。这三条原则既是对汉儒注经过程中因音求义原则的归纳总结，也可以看作乾嘉学者在"因音求义"方面提炼出的语言学原则。从锻造解经新工具的角度看，乾嘉学术也在哲学方法论方面有所突破与创获。

段玉裁认为："不知虞夏商周之古音，何以得其假借、训诂？不知古贤圣之用心，又何以得其文义而定所从，整百家之不齐与？"[①]这就将解经的新工具、新方法提高到了一个新的高度，体现了乾嘉时期重视哲学思考方法论的倾向。

通过专门的语音学知识，段玉裁的确解决了古代经典中的某些疑难问题。如在《密州说》一文中，他通过"夷夏之语"互训的语言学原则，揭示了《左传》杜注将密州看作莒国国君买朱锄之字说法的错误之处。他说：

> 襄三十一年经，莒人弑其君密州。《左氏传》书曰："莒人弑其君买朱锄，言罪之在也。"杜曰："买朱锄，密州字。"案，此语必误！买密双声，朱州叠韵。州为朱锄，犹邾为邾娄也，断非一名一字。未有弑君书君字者，亦未有圣经书其名，传易之以字而冠以书曰者。昭元年，《左》"大卤"，《公》《穀》作"大原"。《公羊》曰："地、

---

① 《经义杂记序》，见《经韵楼集》卷六，72页。

物从中国，邑、人名从主人。"《穀梁》曰："号从中国，名从主人。"
盖买朱锄者，从主人，密州者，从中国与？昭元年《左》经曰"大
卤"，《左传》以"大原"释之。此《左》经曰密州，《左传》以买朱锄释
之，岂非通夷夏之语，互训之欤？中国曰"大原"，夷狄曰"大卤"；
吴谓"善伊"、谓"稻缓"，中国曰"善稻"；狄人谓"贲泉矢胎"，中国
曰"贲泉"，皆一夷语一华语也。[①]

段玉裁认为《左传》杜预注将密州看作莒国国君买朱锄之字，是错误
的。这种称谓方法不合经、传中称国君的称谓法，而错误可能是由"华
语"与"夷语"的不同导致的。段玉裁对此段文献的考订没有给出最终的
确定的答案。但他的分析过程是有启发意义的。由此段文献资料可知，
通过专门的语言知识，的确可以解经典传注中一引起细节性的知识问
题。但这与哲学思考相距甚远。我们可以这样说，透过语音分析来解决
古代经典中的疑难意义的辨析工作，是段玉裁在乾嘉时期为语言哲学的
思考提供了语言工具方面的新方向。但在具体的哲学思考方面，其贡献
甚微。

(二)"释慷"与"圣之于天道也"辨

强调通过训诂的方法来阐明经义，是乾嘉考据学学者的共识。段玉
裁对此亦有论述。他说："经之不明，由失其义理。义理所由失者，或

---

① 《经韵楼集》卷四，625页。

失其句度，或失其故训，或失其音读。三者失而义理能得，未之
有也。"①

段玉裁通过具体的例证，证明训诂手段对正确理解经文的重要性。
首先，他以《大学》一文中"此之谓自谦"一句中"谦"字为例，论证了训诂
对于正确理解经义的重要性。他说：

> 《大学》曰："所谓诚其意者，毋自欺也。如恶恶臭，如好好色，
> 此之谓自谦，故君子必慎其独也。"郑注云："谦读为慊。慊之言厌
> 也。"按凡言读为者，易其字，与言读如拟其音不同。《说文》心部：
> "慊者，疑也。"是许叔重谓慊即今"嫌疑"字。郑意慊，即歉。徐仙
> 民音古簟反，是也。汉人歉、嗛、慊三字义略同。凡云之言者，皆
> 以转注假借达其义，谓此慊字当以厌为言。厌，《释文》不为音，盖
> 读于艳切，自厌恨也。《正义》释厌为安静，读同毛诗《小戎》"湛
> 露之厌厌"，于经义甚隔。朱子读慊，苦叶切，云："快也，足也。"似
> 于经义亦未协。古书虽多以慊为惬者，而此则非也。经云"毋自
> 欺。"何者为"自欺"？人各有炯然不昧处。恶恶如恶臭然，好善如好
> 色然。自觉未能无此恶，自觉未能有此善，耿耿自恨于中而人所不
> 知，此之谓自歉也，此所谓独也。"自欺"云者，自欺其所自歉。虽
> 自恨未能有，未能无而不诚心致力于有之无之也。"毋自欺"者，慎
> 其所独知而诚心致力于有之无之也。"自歉"为自欺、不自欺之根，
> 工夫全在慎独。《孟子》言乍见孺子将入井，皆有怵惕恻隐之心，呼

---

① 《"在明明德，在亲民"说》，见《经韵楼集》卷二，616 页。

尔蹴尔之箪食豆羹，皆有羞恶不受之心，谨守此心，即是慎独；不守此心，即是自欺。下文"小人闲居为不善，无所不至"，此不慎独而自欺者也。及于厌厌然，掩其不善著其善，则其自歉之心未尝无，而自欺者终不能欺人。君子惕于十目所见，十手所指而慎独以充之，则意诚而驯至于心广体胖。不自欺而人亦共见，一反一正，皆以申明如恶恶臭。以下四句，郑既云谦读为慊矣，而又能云慊之言厌也者，正恐人读为"行有不慊于心"之慊，同惬而以此足之。汉人嗛、谦、慊通用。《子夏易传》用嗛为谦。《大学》之篇用谦为嗛，惟歉字汉人少用。谦嗛，即歉也。嗛者，口有所衔也。人有不自得于心，正如口有所衔未下于嗌，乃不快不足之反。而心广体胖，乃是快足之境。①

上述引文过长，但不引不足以完整地反映段氏的本意。段氏的意思是说，《大学》文中的"自谦"的"谦"字当为"歉"字，歉为厌之意，"自歉"为"自恨"，即段氏所云："人各有炯然不昧处"的所谓"独"也，而不是如朱子等认为的为德性自足之意。段氏的解释虽非定论，然其新的释义是建立在语义分析基础之上的，带有语言学的实证特征。

其次，他通过对《孟子》文本中"圣之于天道也"一句的文本辨析，借孟子与朱子的伦理思想阐发了自己的认识论思想——"凡心所能通曰圣"，从而将传统思想中"圣"的观念由重德性的倾向转换到重认知的方向。在《孟子"圣之于天道也"说》一文里，段玉裁说道：

---

① 《〈大学〉"此之谓自谦郑注"释》，见《经韵楼集》卷三，617～618 页。

《孟子》各本作"圣人之于天道也"，赵注亦云："圣人得以天道王于天下。"《朱子集注》乃云："仁义礼智天道在人，则赋于命者，所禀有厚薄清浊，不以圣为仁义礼智之类，天道为父子、君臣、宾主、贤者之类。"令《孟子》一例之句，忽生颠倒，每以为疑。[①]

通过文本考察，段玉裁认为，经文中多了一个"人"字，原文当为"圣之于天道也"。他认为：

圣非圣人之谓。《尚书大传》子曰："心之神明谓之圣。"《洪范》曰："恭作肃，从作乂，明作哲，聪作谋，睿作圣。"《小雅》亦云："或圣或否，或哲或谋，或肃或乂。"《周礼》教民六德：智、仁、圣、义、忠、和。智、仁、义、忠、和，皆所性而有，则圣亦所性而有也。《说文》曰："圣者，通也。凡心所能通曰圣。"天道者，凡阴阳五行日星历数吉凶祸福，以至于天人性命之理。人有通其浅者，有通其深者，有通其一隅者，有通其大全者，有绝不能通者。其间等级，如奕者之高下然。犹仁于父子，义于君臣，礼于宾主，智于贤否，各人之所知所能，固不可以道里计矣。是皆限于天所赋者，故曰命也，但其所行虽未能诣极，而其性善无不可以扩充诣极者，故曰有性焉，君子不谓命也。于分别贤否则曰智，于明乎天道则曰圣，各就其事言之，常人所通不缪者，亦曰圣，如曲艺中皆有圣是

---

① 《经韵楼集》卷四，634 页。

也，如农夫有能占晴雨者，极而至于李淳风、刘文成之术数。如小儒皆言性理，以至孔孟之言性与天道，皆得云圣之于天道。由是言之，则五句一例，而无所不伦矣。①

在上述文献中，段氏通过文本分析，将圣人对于"天道"的垄断权还之于众人。他断言："常人所通不缪者，亦曰圣。"从而打破了历史上的圣人与凡人之间的绝对界限，而代替为一种认识上的程度差别。所以他说："有通其浅者，有通其深者，有通其一隅者，有通其大全者，有绝不能通者。其间等级，如奕者之高下然。"更有甚者，他认为，各行各业中，凡能明于天道者，都有自己的"圣人"，从而将"圣人"普泛化。

从纵向的思想史的比较角度看，段氏的这些思想是以考据学的知识形态表现出来，与李贽直接的"非圣非贤"的直白议论相比，显得非常冷静、理性，没有直接诉之于人的情感的感染力，但通过诉之于人的理智的理解力，从而会间接地产生一种理性的思想启蒙意义。

三、段玉裁的"治经"方法与语言哲学的方法论追求

(一)"由字以通其词"方法的进一步细化——寻求本字

在具体的训诂方法方面，段玉裁进一步提出了"寻求本字"说。如他

---

① 《经韵楼集》卷四，634～635 页。

说："凡治经，经典多用假借字，其本字多见于《说文》，学者必于《尔雅》、传、注得经义，必于《说文》得字义，既读经注，复求之《说文》，则可知若为假借字，若为本字。此治经之法也。"①

这一"寻求本字"的方法可以从他对《大学》文本中"明明德"一词的训诂中窥测一斑。他说：

> 《大学》曰："大学之道，在明明德，在亲民，在止于至善。""明明"之故训，见于《尔雅》，释训曰："明明、斤斤，察也。"察者，宣著之谓。郑康成氏曰："明明德者，谓显明其至德也。"凡言显明者，皆谓明之至。其字古文作纍。《说文》曰："纍，察微杪也。从日中视丝，会意。"重言明者，其德自小至于大，自内至于外，自微至于著，自近至于远，自尔室屋漏至于家国天下。下文云"明明德于天下"，谓大明极于天下，即《书》之"光被四表""格于上下""周公德明光于上下""勤施于四方"也，非重言明不足，形容其积累之盛。其文见《诗》者曰："明明上天，照临下土。"曰："明明在下，赫赫在上。"《传》云："明明，察也。"②

段氏对"明明德"的辨析的确体现了哲学思想之不同。其意为彰显君王的最高德惠，由近及远，由室家而至于天下，而不是把先验具有的内在光明峻德彰显出来。唐宋诸儒的解释是从修养论的理论背景出发来解

---

① 《聘礼辞曰非礼也，敢对曰非礼也？敢》，见《经韵楼集》卷二，593 页。
② 《"在明明德，在亲民"说》，见《经韵楼集》卷二，616 页。

"明明德"的，而段氏是从社会政治学的角度解释"明明德"的。段氏的解释有文本与训诂的根据，而唐宋诸儒的解释在语言的句法上也说得通。然不管如何，由此例可以看出，段氏的文字训诂学中包含着隐晦的哲学思考，这一点是毫无疑问的。

段玉裁还进一步考察了这种训诂谬误的根源。他认为，自孔颖达之后，"释《大学》明明德曰：谓身有明德而更章显之，析为明其明德，与郑注绝不合，为后儒读经错缪之始。古经言'明明'，皆'煌煌''赫赫'之类"①。段氏所论既有学术意义，也有思想史意义。

如果说"一字之义，当贯群经"，是戴震语言解释学的基本纲领，那么，这一纲领在段玉裁训释《大学》"在明明德"一句中，则得到非常典型的运用。他引《诗经》《尚书》《尔雅》《礼记》《左传》等经典，以证明"明明"为"察"之意，非如唐人、宋人将"明明"二字拆开，释为明"明德"，他说：

> 定本、集注本皆作但议明德也，无上明字，已为不古。至孔本但作明义、明德，妄增义字，令下引《大学》不相贯，由浅人不解"明明"之语，妄为增窜耳。……朱子云："明，明之也。明德者，人之所得乎天而虚灵不昧，以具众理而应万事者也。"虚灵不昧，语近佛氏本来面目之云，特以理字易心字，谓吾儒本天，释氏本心耳。复初之云，始见于《庄子》。《大学》言充积，非言复初也。失古经句度。故训以私定之句度。故训释经，非《大学》之旨也。至于程

---

① 《"在明明德，在亲民"说》，见《经韵楼集》卷二，616 页。

子之读"亲民"为"新民"，则又失其音读者也。汉儒有改读经字者，而"大学之道在亲民"不得援此例。人与人，患隔而不亲。亲民之事，必兼富之、教之，未有不使民菽粟如水火而责以仁者，即《大学》一篇言之曰："小人乐其乐而利其利"，曰："为人君止于仁，与国人交止于信。"曰："民之所好好之，民之所恶恶之，不以利为利，以义为利。"是岂偏言教化耶？失其音读，而为政之次第失矣，尚何至善之可求耶？近儒如王文成亦言不当读新矣。往者东原师作《大学补注》，为予言开宗二句之义，而其书未得见，因述以诒后之人。①

段玉裁辨"明明德"与"亲民"问题，虽是考据学的问题，但却是关涉儒家政治哲学、心性哲学的大问题。他对宋明诸儒的批判，对戴震哲学思想的继承，贯注于字里行间。他以"寻求本字"的考据方式曲折地阐发了其与戴震相同的哲学思想。

(二)总结汉人的注经原则与读注的方法

段玉裁通过总结汉人注经原则，为经典的正确阅读提供训诂学的技术与方法，从而为正确地把握经典原义提供人文学的方法论的支持。他说：

汉人作注于字，发疑正读，其例有三：一曰读如、读若；二曰

---

① 《"在明明德，在亲民"说》，见《经韵楼集》卷二，616～617 页。

读为、读曰；三曰当为读如、读若者，拟其音也。古无反语，故为
比方之词。读为、读曰者，易其字也。易之以音相近之字。故为变
化之词，比方主乎同，音同而义可推也。变化主乎异，字异而义憭
然。比方主乎音，变化主乎义，比方不易字，故下文仍举经之本
字。变化字已易，故下文辄举所易之字。注经必兼兹二者。故有读
如，有读为。字书不言变化，故有读如，无读为。有言读如某，读
为某，而某仍本字者，如以别其音为以别其义。当为者，定为字之
误、声之误而改其字也，为救正之词。形近而讹，谓之字之误，声
近而讹谓之声之误。字误、声误而正之，皆谓之"当为"。凡言读为
者，不以为误。凡言当为者，直斥其误。三者分而汉注可读，而经
可读。三者皆以音为用。六书之形声、假借、转注于是焉在汉之
音，非今之四声二百六韵也。非通乎虞夏商周汉之音，不能穷其
条理。①

　　上述有关汉人训诂学原则的总则，虽然属于语文学（philology）范
畴，但从古代经典阅读的角度看，仍然可以放在广义的古典语言范围之
内，因为，理解了汉人注疏的原则有助于理解经典的意义，虽不直接涉
及语言分析，但与语言分析密切相关，从而构成他的语言哲学思想的一
个有机组成部分。

---

　　① 《周礼汉读考序》，见《经韵楼集》卷二，589 页。

四、语言分析与段玉裁的政治伦理思想

段玉裁也论述了传统哲学中的"天道"与人道的问题，特别是通过对文字与古代制度的分析，对古代版本文字错讹的考订，从而阐述了传统政治、伦理思想中的君道、臣道、子道、妇道等问题，表现了乾嘉时期学者以古典语言学的方式关心传统哲学之道的一般特征。在个别地方，也对理与天理一词的意义进行阐发。他是这样论述"天道"的："天道者，凡阴阳五行日星历数吉凶祸福，以至于天人性命之理。人有通其浅者，有通其深者，有通其一隅者，有通其大全者，有绝不能通者。其间等级，如奕者之高下然。"①由此段文献可知，段氏的天道观实包含有人道心性、伦理之法则的内容。他以人对"道"的理解程度为标准，划分人的思想境界的高低。惜乎其所论过于简略，不足以充分地展现其哲学思考。

(一)杀弒之辨与"政治之道"

段玉裁对天道论述的文字并不多见，他从经典中所追求的道，主要是属于传统儒家"民本"思想的政道，和维护君主政治权威的君道，以及维护固有等级制度的子道与妇道。在辨析"春秋三传"中"杀"与"弒"二字不同含义的一系列文章中，他基本上是以维护君主政治权威的"政治之道"为己任，如他说：

---

① 《孟子"圣之于天道也"说》，见《经韵楼集》卷四，634～635页。

凡《春秋》传于弑君或云杀者，述其事也。《春秋》经必云弑者，正其名也。弑者，臣杀其君也。弑之言试也。杀于六书，从殳杀声。弑于六书，从杀省式声。杀声于音在脂部。式声于音在之部。脂之者，古音之大判，彼此不相假借者也。凡六书假借，必其音同部。是故杀与弑音殊义殊。汉《公羊》经传假试为弑，断无有假杀为弑者也。凡三经三传之用杀为弑者，皆讹字也。……凡传中记事记言曰杀某君者，时时有之，非必讹字也，惟其述经为训，则必依经曰弑，无有作杀者，如《左氏传》书曰弑其君，《书》曰弑其君之子是也。经文于杀诸侯必曰弑。二百四十二年，凡书弑二十有六。《春秋》正名之书也，周公之典，曰放弑其君则残之，正其名曰弑，定其罪曰残。残者，掌戮所谓膊焚辜肆也，惟其名正而后其罪定，书弑者，圣人所以残之也。自汉以后，经籍讹舛，杀而讹弑者且有之，弑而讹杀者尤多矣。陆德明为释文绝无裁断之识，但于隐四年卫弑其君完，发凡曰弑，本又作杀，同音试。凡弑君之例皆放此，可以意求，不重音。乌呼，此何等大事而谓圣人垂世立教之书，本无一定之字，可以蒙混书之，待读者之定其字乎？①

上述看似烦琐的杀、弑之辨，其实包含有段氏的政治伦理关怀。其思想大体可以从如下四个层次去理解：其一，"杀""弑"二字不同音，故非通假字。以此证明此二字不可混用。其二，三经、三传书杀诸侯之事皆曰"弑"，无有作"杀"，作"杀"皆为讹字。以此论定经传严判弑君为犯

① 《春秋经"杀""弑"二字辨别考》，见《经韵楼集》卷四，620～621页。

上的行为。其三，圣人对弑君行为进行正名，名之曰"弑"，定其罪曰"残"。对于残、贼之类的人物严加惩罚，就是合理的。其四，段玉裁认为，汉以后的经籍中，"杀""弑"常混淆，此不能不加辨别。段氏此点所论是否完全准确为另外一回事，然其通过考据的实证方式维护君道的神圣性，这一思想倾向是十分鲜明的。

针对晋里克弑君之事，段玉裁反复阐明君道、臣道、子道问题，表明段氏的语言学研究其实是关系到传统儒家的政治、人伦之道的，尽管其所追求的人伦之道的思想内容属于旧的东西。他说：

> 左氏、穀梁氏皆作"杀"，惟公羊作"弑"。孰（原文为执，讹错。引者注）是乎？曰：公羊是也。曷为公羊是？曰：《春秋》以是为弑。未逾年之君，发凡也。缘孝子之心不敢称君，故称子；缘臣民之心不可一日无君，子即君也。公羊子曰弑其君之子。何其君之子者？未逾年君之号也。不书弑，是在丧之君，可弗君之也，故《春秋》书弑，以立万世臣道之防也。然则何不言弑其君也，不没其实也，不以臣道灭子道也。古者必逾年而后即位，未有逾年而遽即位者，则书弑其君齐公子。商人弑其君，舍是也。书弑以正商人之罪，书君以见舍之子道未尽也。然则据宋子之例，何不言晋里克弑晋子奚齐也？曰：宋子者，以世子在丧者也，其君之子者，非世子而其君杀世子立者也，又以见父道之不正也。《坊记》云：鲁《春秋》记晋丧，曰弑其君之子奚齐及其君卓。云及其卓者，隐括之辞，以一弑

领二事，则所据经之两书弒明矣。①

　　段玉裁此处所辨，就是要在重视血缘亲情与重视君臣政治伦理之间保持平衡。就君主的家庭内部关系而言，不要因为政治权力的关系而伤害父子之间的血缘亲情；就社会政治生活而言，人民当以君臣之间的上下关系为重。因此，段玉裁本人同意《公羊传》对晋国国君之子奚齐被杀之事，以被"弒"的方式加以定性。这一结论，体现了段玉裁绝对尊重君臣之大伦的政治思想倾向。就此点而言，段氏的思想反而从孟子"闻诛一夫纣，未闻弒君也"的进步思想上倒退了。我们通过历史知道，奚齐其实是一暴君，段玉裁却从维护君主专制思想的立场出发为其辩护。就此点而言，其政治思想严重违背了其师戴震的立场。

　　不仅如此，段玉裁还通过对《春秋》及"三传"中君母弒君之例的分析，表达了他要维护"父道"的男权主义思想。

　　"或问于余曰：三代以下史书所载母后弒君者有矣，求之《春秋》之例，其将以弒书之乎？抑否乎？应之曰：是当书弒其君也。"②他以宋襄夫人王姬以及鲁哀姜两人弒君为例，表明《春秋》一书之所以据实书之，名之曰弒，主要是因为"以立万古之防，闲其不主"。对鲁哀姜在齐参与了弒其君于齐国之事，段玉裁借何休评《公羊传》的话为引子，表明了他本人重视男权中心的孝道思想，"何休说《公羊》曰：'念母则忘父，背本之道也。故庄公绝文姜，乃为孝。'乌呼，唐中宗知此，可

---

① 《晋里克弒其君之子奚齐》，见《经韵楼集》卷四，623 页。
② 《君母弒君当书弒论》，见《经韵楼集》卷四，624 页。

以处武照矣"①。

由上述所引的诸文献可知，段玉裁的"杀""弑"之辨，表面上看是以考据学方式对"弑""杀"二字的异同进行辨析，实际上是关乎政治伦理的重大问题。从他一味维护君主的绝对地位和男权的思想倾向来看，其政治伦理思想与其师戴震相较有较大的后退。然而，透过对这些考据学的分析可以看出，其考据学绝非饾饤之学，而是与"求道"目标有关，这一点是毫无疑义的。

(二)段玉裁的伦理思想

在《与严厚民杰论〈左传〉一则》一文中，段玉裁通过文本考订，认为《左传》中"人尽夫也，父一而已，胡可比也"是由讹错导致的。他说：

> 祭仲之婿雍纠将杀祭仲，雍姬谓其母曰："父与夫孰亲?"其母曰："人尽夫也，父一而已，胡可比也?"人即禽兽其心，未有肯云"人尽夫者"。此乃开成石经一误而莫之正，是以名儒不窥也。唐律疏义音义两引，皆作"天"字。考杜注云："妇人在室则天父，出则天夫。"是知传文作"人尽天也。"祭仲之妻意谓："人尽天之所覆也。"妇人未有不天父、天夫者，但父为生我之天，至亲者一人而已。夫则为所适之天，其亲不比生我者也。此盖祭妻知雍纠有变，故以父重于夫诱其女，正以成己重夫之志，以保全

---

① 《君母弑君当书弑论》，见《经韵楼集》卷四，624 页。

祭仲。①

段氏对"人尽夫也"一句做了版本考订，的确富有学术意义。然其中所包含的伦理思想尤为值得注意，即段氏绝对维护传统男权中心主义的伦理观，他认为女人在家以父为天，出嫁后以夫为天。在"所生之天"与"所适之天"的比较、选择当中当以"所生之天"为重。然而这种雄辩未必切合春秋时代的伦理观。"人尽夫也"是指一种可能性，即女人在找丈夫的过程有多种选择，并不是像段玉裁所想象的那样，任何一个男人都可以成为丈夫。相对于择偶的多种可能性而言，生身父亲只有一个。不过，段氏对此句非常有名的重视血缘亲情伦理的思想命题提供了新的表述版本，还是具有学术价值。

段玉裁很少讨论哲学问题，然而，在其最为重要的语言学著作《说文解字注》中，偶尔也阐发一些哲学思想。如释"理"字时，他就借释"理"字的字义，宣传了其师戴震的新"天理"观，进而也表达了他自己对"天理"的看法。他说：

> 郑人谓玉之未理者为璞。是理为剖析也。玉虽至坚，而治之得其鳃理以成器不难，谓之理。凡天下一事一物，必推其情至于无憾而后即安，是之谓天理，是之谓善治。此引伸之义也。戴先生《孟子字义疏证》曰：'理者，察之而几微必区以别之名也。是故谓之分理。……天理云者，言乎自然之分理也。自然之分理，以我之情絜

人之情而无不得其平是也。①

由上所论可以看出，像段玉裁这样的乾嘉时期的一流考据学者，在他看似纯客观性的语言学研究中，其实也包含着深厚的现实关怀与一定的政治哲学、伦理学的理论思考。至于他的理论思考成果是否具有思想史的价值，那又是另一回事。不可否认，清代的政治高压对于段玉裁等考据学者的思想还是有相当大的影响的，但我们并不能像有些学者所认为的那样，认为清代的考据学都是清廷的御用学术。更公正一点说，清代的很多学者恰恰是通过考据学的治学方式来逃避政治高压，将他们称之为"学隐"，也许更恰当些。

第二节　焦循的"性灵"经学与哲学思想

焦循(1763—1820 年)，字理堂，江都人。他是"后戴震时代"著名的哲学家、数学家，而且是清代著名的《周易》学专家。他的哲学思想虽然深受乾嘉考据学的影响，但又并不局限于考据学，具有较高的哲学思辨性。

学术界有关焦循的研究已经发表了很多有价值的成果②，然而，对

—————————

① 《说文解字注》一篇上，15～16 页。
② 比较代表性的专门研究成果有：陈居渊的《焦循阮元评传》，赖贵三的《台海两岸焦循文献考察与学术研究》，刘建臻的《焦循著述新证》等。其他的思想通史，明清思想史、哲学史和学术史等均有专门章节涉及焦循的思想与学术成就。

于焦循"性灵"经学思想，以及通过对这一种新经学思想的阐发而揭示"后戴震时代"乾嘉学术的微妙变化，即更加重视经学研究者个体主体性因素的增长，似乎关注得不够。① 此处，笔者欲略学者已有研究之详，详他人研究之略，尝试以"性灵"经学为题，对焦循思想中所体现出的对经学研究者个体主体性关注的新倾向，以及这一新倾向与焦循思想中重视经典意义还原的"人文实证主义"方法之间的内在紧张关系做一简要论述，以推进学术界有关焦循的思想研究。

笔者在研究戴震与乾嘉学术的过程中，曾发表过系列文章论述以戴震为代表的乾嘉学人，他们在从事哲学思考时，依托音韵训诂等广义语言学的方法，和相关的典章制度知识、古代科学史知识以及版本校勘、文献考订等人文考古的手段，开创了一种新的"人文实证主义"的经学与子学研究方法，从而使得该时代的哲学思考表现出明显的"人文实证主义"的色彩。② 这种人文实证主义的方法，在阮元的经学研究中，段玉裁、王念孙、王引之的语言学研究中，任大椿、孔广森等人的制度学研究中表现得最为突出。我们通过对焦循的初步研究发现，作为乾嘉学派后期重要代表人物之一的焦循，其哲学思考与经学研究，虽然基本上沿

---

① 　最近，日本学者山口久和在其所著的《章学诚的知识论——以考证学批判为中心》（王标译，上海古籍出版社 2006 年版）一书中，对章学诚思想中重视研究者主体性的思想有比较充分的阐发，值得重视。

② 　参见吴根友：《言、心、道——戴震语言哲学的形上学追求及其理论的开放性》，载《哲学研究》，2004（11）；《乾嘉时代的"道论"思想及其哲学的形上学追求》，《儒教文化研究》第九辑，首尔，韩国成均馆大学，2008；《试论阮元哲学思考的语言学路径及其得失》，载《哲学研究》，2008（9）；《试论戴震的语言哲学思想》，载《中国哲学史》，2009（1）；《段玉裁的"求是"精神与其语言哲学思想》，载《华东师范大学学报（哲学社会科学版）》，2009（2）。

着戴震所开创的"人文实证主义"的路径，但在具体的研究过程表现出了鲜明的个人特色，那就是在追求经典原意与表达学者个人"性灵"的二者之间，焦循的思想稍稍有偏向于学者个人"性灵"的倾向，从而与戴震等人努力通过实证方式发掘蕴含于经典之中的"道"的客观化倾向了有非常微妙的偏差，使得"后戴震时代"的乾嘉经学研究与哲学思考，表现出了为研究者的个体主体性张目的新倾向。而且，这一潜滋暗长的、重视知识精英的个体主体性的思想，在章学诚的史学研究种袁枚的诗歌创作理论那里也得到了某种历史性的回应。章学诚在史学研究过程中，经常强调研究者的"别识心裁"和"神解精识"的重要性，而针对学问中的功力与性灵的关系，也有明确的论说。他曾说："仆尝谓功力可假；性灵必不可假；性灵苟可以假，则古今无愚智之分矣。"①

在诗歌创作理论方面，袁枚继承了中国传统诗歌理论中"主情派"以及晚明以来文学领域里重视作者个性的文艺思想，如李贽的"童心说"与公安三袁的"性灵说"等，再一次高举"性灵"的理论大旗，反对当时诗歌理论界以王渔洋、沈德潜为代表的"神韵说""格调说"，以及翁方纲为代表的"肌理"说，认定"自《三百篇》至今日，凡诗之传者，都是性灵，不关堆垛。惟李义山诗，稍多典故；然皆用才情驱使，不专砌填也"②。

---

① 章学诚：《与周永清论文》，见《文史通义新编新注》，726 页。有关此一问题的论述，可以参见[日]山口久和：《章学诚的知识论——以考证学批判为中心》，王标译，169～268 页，上海，上海古籍出版社，2006。

② 《随园诗话》卷五，见《袁枚全集》第三册，141 页，南京，江苏古籍出版社，1993。

　　虽然，在他们三人的思想体系里，"性灵"一词的内涵不尽一致，但都包含着对知识精英个体主体性之尊重的思想内核，这一点大体上是可以说得通的。因此，焦循的"性灵"经学思想其实是在经学研究的领域反映了"后戴震时代"哲学思想中知识精英个体主体性增长的另一种倾向。这一思想倾向与稍后成长起来的诗人、思想家龚自珍的"唯我论"思想的出现，[①] 在思想史上恰恰表现为一种非常巧妙的历史过渡。这种思想史的历史细节再一次生动地表明，中国哲学的现代性过程并不因为清政权的建立而中断，他以自己固有的客观历史进程在悄悄地向前迈进。

　　侯外庐先生曾在分析焦循"易学"中的形式主义的"均衡"理论时指出："焦氏在哲学上的有关同一、相对的理论，是一种商业世界的观念的预觉，是谭嗣同的商业式的'仁学'的先行者。……他是在抽象的理论上，反映了世界商业的交换关系的。"[②]这一说法不一定十分准确，但却启迪我们要努力发掘焦循思想中包裹在传统"经学"坚硬外壳之下的新哲学思想内容。在我们看来，这一新思想内容之一即对经学研究者个体主体性的关注与肯定。而且，与历史学领域里的章学诚、诗歌理论领域里的袁枚等人关注文人个体主体性的思想相应和，汇聚成为"后戴震时代"中国传统社会里继续壮大的新思想潮流。

---

　　① 龚自珍的典型论述有："众人之宰，非道非极，自名曰我。我光造日月，我力造山川，我变造羽毛肖翘，我理造文字语言，我气造天地，我天地又造人，我分别造伦纪。"(《壬癸之际胎观第一》，见《龚自珍全集》，12～13 页，上海，上海古籍出版社，1975。)

　　② 侯外庐：《中国思想通史》第五卷，558 页，北京，人民出版社，1956。

一、焦循经学研究与哲学思想中的个体主体性

在讨论训诂与经典的关系时，焦循一方面遵循乾嘉学者的共识——"训诂明而经义明"的广义语言学的思想路线；另一方面，他又非常强调经学研究过程中研究者的个体"性灵"的重要性，而且对于"立言之人"的独特价值有非常独到的见解，如他在《说矜》中说：

> 夫人各有其性灵，各有其才智。我之所知，不必胜乎人；人之所知，不必同乎己。惟罄我之才智，以发我之枢机，不轨乎孔子，可也。存其言于天下后世，以俟后之人参考而论定焉。①

这一肯定个人"性灵"与才智的独特性的思想，既肯定了个体的内在价值，又强调了立言之人应当具有广阔的胸襟，一方面承认自己所知的有限性，另一方面又不轻视自己有限之知的价值，表现出一种温和的认识论上的个体主义思想倾向。更为可贵的是，他的这一重视文人个体主体性的思想还包含有温和的反权威主义的思想，认为只要是自己个体独特性的真实表达，哪怕不遵守孔子的思想，也是可以的。但也不自大狂妄，而是期待后人的考订，也不怕后人批评，因为在知识方面，我们总有可能是出错的。因此，在真理观方面，焦循表现出开放而又灵活的特征。

不过，最能体现焦循经学研究的独特性，从而也展示了他的哲学思

---

① 《雕菰集》卷十，见《续修四库全书》第 1489 册，204～205 页，上海，上海古籍出版社，2002。（案：下所引《雕菰集》皆出于此版本，不再具体注出）。

想的新颖之处的，乃是在于他将研究者的"性灵"引入经学研究活动之中。他认为："经学者，以经文为主，以百家子史、天文、术算、阴阳、五行、六书、七音等为之辅，汇而通之，析而辨之，求其训故，核其制度，明其道义，得圣贤立言之指，以正立身经世之法，以己之性灵，合诸古圣贤之性灵，并贯通于千百家著书立言者之性灵。以精汲精，非天下之至精，孰克以与此?"①

上述一段文字，焦循其实从三个大的方面阐述了如何从事经学研究的问题。第一个方面，从研究的对象看，要以经文为主要对象，旁及诸子百家及相关的知识。第二个方面，在研究的方法上，既要运用综合的方法，又要运用分析的方法，而且还要运用训诂的方法、制度史的知识等。上述两个方面偏重于客观性的一面，力求阐明经学中的道义。第三个方面要调动研究者的主体"性灵"，这可以看作一种独具匠心的研究。其成果可能并不完全符合经文的原意，但又契合经学的精神。这一点非常重要，体现了"后戴震时代"的乾嘉学者在追求经学原初的、客观性意义的目标下，重视一种保证客观性、原义的训诂学与制度史的考证方法的同时，还在追求另一种新的精神，即强调研究者主体性的方法。这种方法，在戴震那里就是通过"大其心"的方法以契合古圣贤之伟大的心灵。而在焦循这里，则是通过张扬研究者"性灵"的方法，以求得对经学真精神的理解。在戴震的语言哲学那里，为了解决古今悬隔，徒用语言方法不足以理解古圣贤之精神的时候，引进了"大其心"的方法。然其主要手段与方法是"由词以通其道"的客观性方法。在焦循这里，则首先强

---

① 《与孙渊如观察论考据著作书》，见《雕菰集》卷十三，246页。

调经学研究者要有"性灵"，并且通过自己的性灵来契合古圣贤之性灵，从而"贯通于千百家著书立言者之性灵"，在贯通的过程中实现经学的研究创新。而实现经学研究者的"性灵"与古圣贤"性灵"契合的主要方法与工具，是他所着重强调的"假借"方法，以及"述意"类的文章。

在焦循看来，经学绝对不是死记硬背的学问，而是一种充满着"性灵"的学问。他甚至认为："盖惟经学，可言性灵。无性灵不可以言经学。故以经学为词章者，董贾崔蔡之流，其词章有根柢无枝叶。而相如作《凡将》，终军言《尔雅》，刘珍著《释名》，即专以词章显者，亦非不考究于训故、名物之际。晋宋以来，骈四俪六，间有不本于经者。于是，萧统所选，专取词采之悦目。历至于唐，皆从而仿之，习为类书，不求根柢、性情之正，或为之泪。是又词章之有性灵者，必由于经学，而徒取词章者，不足语此也。赵宋以下，经学一出臆断，古学几亡。于是为词章者，亦徒以空衍为事，并经之皮毛，亦渐至于尽，殊可闵也。"①

焦循在此处所说的"性灵"，用今天的话来说，即研究者个人的独立思考精神与切实的人生体验，凭借这一"性灵"，然后再从经典中寻找出与时俱进的、普遍的人文精神或曰人文价值。从这一点看，其"无性灵不可以言经学"的说法与同时代的大诗人袁枚在诗歌创作方面提出的"性灵说"，历史学家章学诚重视历史学研究中的"性灵"问题，具有时代精神的共鸣之处，即都从不同的领域出发提出了重视知识精英的个体主体性的问题。

---

① 《与孙渊如观察论考据著作书》，见《雕菰集》卷十三，246 页。

二、焦循的"假借"方法与经学研究中"性灵"的阐扬

焦循通过对"六书"中"假借"方法在《周易》中运用情况的论述，揭示了"六书"中"假借"方法在"易哲学"中的普遍意义，以哲学的思维提升了"六书"中"假借"方法的普遍意义，从而深化了人们对"假借"方法的认识，并通过此方法又深化了对"易哲学"的认识。他说：

> 六书有假借，本无此字，假借同声之字以充之，则不复更造此字，如许氏所举"令""长"二字。"令"之本训为发号，"长"之本训为久远，借为官吏之称，而官吏之称但为令为长，别无本字。推之而为面毛，借为而乃之，而"为"为母猴，借为"作为"之为，无可疑者也。……近者学《易》十余年，悟得比例、引申之妙，乃知彼此相借，全为易辞而设，假此以就彼处之辞，亦假彼以就此处之辞，如"豹""礿"为同声，与"虎"连类而言，则借"礿"为"豹"，与"祭"连类而言，则借"豹"为"礿"。"沛""绂"为同声，以其刚掩于困下，则借"沛"为"绂"；以其成兑于丰上，则借"绂"为"沛"，各随其文以贯，而声近则以借而通。窃谓本无此字而假借者，作六书之法也；本有此字而假借者，用六书之法也。古者命名、辨物，近其声即通其义，如天之为颠，日之为实，春之为蠢，秋之为愁……无不以声义之通而字形之借。故闻其名即知其实，用其物即思其义。欲其夷也，则以雉名官；欲其聚也，则以鸠名官；欲其户止也，则以扈名官。以曲文其直，以隐蕴其显，其用至精。施诸易辞之比例、引

申，尤为神妙矣。①

有关"六书"中的"假借"方法，在语言、文字学中有很多讨论，学者们的观点并不尽相同。② 焦循从"作六书之法"与"用六书之法"的两个层面讨论六书中的"假借"方法，实为创见。而他又特别从"易学"的语言运用法则出发，进一步从"比例、引申"的角度来丰富"六书"中"假借"的方法，更是把"六书"中的"假借"方法泛化为一种语用学方法。这一方法是否符合《周易》一书作者的当初的意图，暂且不去讨论。但有一点我们认为是相当明确的，即焦循在"易学"的语用学意义上讨论"假借"问题，已经远远超出了"六书"中"假借"方法的原意了，在一定意义上已经将"假借"方法上升到一种"易哲学"的思维与表达方法了。而这种哲学方法意义上的"假借"，其实为他的"性灵"经学提供了一种貌似具有客观性的文字、语言学的工具与手段。究其实，是要为他的"以己之性灵，合诸古圣贤之性灵，并贯通于千百家著书立言者之性灵"的"性灵"经学主张提供一种表面上的可实证的文字、语言学方法。

更进一步，焦循还将这种"假借"用法加以扩大到诗歌领域，并仔细辨析了经学的假借方法与诗歌艺术中的假借方法之间的异同。③ 他认为

① 《周易用假借论》，见《雕菰集》卷八，188 页。
② 参见张其昀：《"说文学"源流略》一书第三编第七章第二节——"转注、假借之论考"，229~251 页，贵阳，贵州人民出版社，1998。
③ 此一做法，颇类似章学诚将"易学"中"象"概念进一步哲学化，形成了他特有的"象"论。章氏提出了"天地自然之象"和"人心营构之象"的两种类型的"象"，并揭示了二者之间的辩证关系。章氏认为，哲学意义上的"象"与诗歌艺术中的审美之"象"互为表里："《易》象虽包《六艺》，与《诗》之比兴，尤为表里。"章学诚还进一步从"象"论出发，来沟通儒佛道三教的在实施社会教化方面的可沟通性。见《文史通义新编新注》，16~19 页。

诗歌创作中的同声假借亦通于《周易》中的“假借”法。他说：

> 是故柏人之过，警于迫人；秭归之地，原于姊归……温飞卿诗：“井底点灯深烛伊，共郎长行莫围棋。玲珑投子安红豆，入骨相思知不知?”借“烛”为“属”，借“围棋”为“违期”，即“借蚌”为“邦”，借“鲋”为“附”之遗也。……樽酒为尊卑之尊，蒺藜为迟疾之疾，即子夜之双关也。文周系《易》之例晦于经师，尚扬其波，存其迹于文人、诗客之口，其辞借其义则质，知其借而通之，瞭乎明，确乎实也。或以比庄列之寓言，则彼幻而此诚也，或以比说士之引喻，则彼诡而此直也。即以比风诗之起兴，亦彼会于言辞之外而此按字句之中也。易辞之用假借也，似俳也而妙也，似凿也而神也，非好学深思、心知其意者，不足与言之也。①

在上述一段引文的结尾处，焦循对《易经》语言运用中“假借”方法的神妙之处的赞美，其实可以看作“性灵”经学的一种方法论的注脚。所谓“非好学深思、心知其意者，不足与言之也”，完全可以替换为“无性灵不可以言经学”。大家知道，大历史学家司马迁在《五帝本纪》赞语中曾有一段感慨之辞：“书缺有间矣，其轶乃时时见于他说。非好学深思，心知其意，固难为浅见寡闻道也。”②司马迁要求真正的历史学家或者对历史有深刻洞见的人，应当超越细枝末节的文献证据，以一种具有历史

① 《周易用假借论》，《雕菰集》卷八，189页。

② ［汉］司马迁：《史记》，46页，北京，中华书局，1959。

穿透力的哲学洞见把握远古世系以来中华民族文明的起源、发展及其大致梗概。这大约是司马迁所说的"好学深思，心知其意"一语的基本意思。焦循将司马迁的话借过来，要求易学研究者、阅读者也能够运用自己的"性灵"，对《周易》这部经典中的语言运用中"假借"方法之妙心领神会，从而理解《周易》一书中蕴藏着的人类文明的真正精神。

为了更进一步论证"假借"方法的普遍性，焦循还通过做易学学术史的翻案工作，来证明"假借"方法在易学史上具有一贯性。一般而言，在焦循之前与同时的易学界，都认为魏晋之际的易学，特别是王弼的易学，以扫除汉代象数易为己任，着重从易理的角度来阐发《周易》一书的哲学思想，因而没有"汉易"的经学方法论的痕迹。焦循不同意这种见解。他认为，王弼的解易方法中，其实也包含"六书通借"的方法。他说："读'彭'为'旁'，借'雍'为'甕'，通'孚'为'浮'，而训为务躁。解'斯'为'厮'，而释为贱役。诸若此，非明乎声音训诂，何足以明之？……故弼之易，以六书为通借解经之法，尚未远于马郑诸儒，特貌为高简，故疏者辄视为空论耳。"①由此而进一步证实，"假借"之法其实非汉学家所独有，而是一种在"易学史"具有普遍意义的方法。

焦循从三个方面入手，将"六书"中的"假借"方法加以泛化，使之从单纯的文字学的方法变成了一种哲学意义的方法。这三个方面如下。第一，从《周易》经典的语言运用法则角度将"假借"方法从文字学中的方法提升到一种语用学方法，从而使"假借"方法与经学的思维方法结合起来。第二，将《周易》中的"假借"方法与《诗经》、诸子中的"假借"方法异

---

① 《周易王氏注》，见《雕菰集》卷十六，281～282 页。

同之处揭示出来，使之在先秦诸经与诸子之书中获得一种普遍性的性格。这种哲学论证方法正是对戴震提倡的"一字之义，当贯群经"的经学训释方法的灵活运用。不同的是，焦循在这里不是从群经中"求一字之义"，而是在群经与诸子典籍中证明一种经学的语用学法则与思维法则的普遍性。第三，他从经学史的角度进一步证明，即使是在只重义理，不重考据的魏晋之际，"假借"的方法也在实际的经学训释过程中被广泛运用，不只是新老汉学家的狭隘的家法。通过对《周易》的中"假借"方法的研究，焦循完成了对文字学"假借"方法的哲学提升之后，在他实际的经学训释活动中就大胆运用这种新方法，从而表达他自己的"性灵"。下面仅举三例，看焦循如何通过"音近而义近"的"声训法"（这是乾嘉考据学在语言学方面对该时代哲学思考提供的一个重要的训诂原则）——"假借"方法中重要的语言学原理，来实现他的"性灵"经学的主张。

其一，在释"隅"一字的字义时，焦循说道："形之有隅角者称方，何也？'隅'犹言'遇'；'角'犹言'较'。有两则遇，亦有两乃较。物折则一为二，故折而有隅角者为方。方者，并也。有两乃可言并也。……如母配于考则称妣。妣者，比也，比亦方也。"①此则还仅仅是语言、文字层面的"假借"法。

其二，在释"阜"的过程中，焦循通过非常曲折的声训方法，对原始儒家的"仁爱"思想做出了非常新颖的解释，深化了人们对原始儒家仁爱与恻隐之心的伦理思想的理解。他说：

---

① 《说方下》，见《雕菰集》卷八，199 页。

《说文》："隅，从阜，禺声，陬也。"《文选魏都赋》刘逵注："聚居为陬。"陬之为聚，犹诹之为聚。凡物由分而合为聚，两线相引其合处，或角以其聚则为陬，以其遇则为隅。遇者，会也。会者，合也。《广雅》陬、隅同训隈。《说文》："隈，水曲隩也。"《释名》："曲，局也。"《尔雅·释言》："局，分也。"有两则分，亦有两乃聚。隅、陬、隈，皆以两得名。廉，从兼得声。兼，并也。故隅亦名廉。廉，棱也。棱，威也。威，畏也。……畏，读如秦师入隈之隈，是隈即畏也。畏也者，必挠。挠，曲也。故隈为曲。凡心一则直，贰则曲。两而合则爱，两而分则畏。畏爱异而同。故偎从畏而训爱。记曰："畏而爱之。"则兼其义也。爱通偎，而义为隐。隐之义又通于曲。爱者，仁也。于是仁为恻隐。而隐曲之隐与畏爱之爱，遂相转注可通而通矣。[1]

很显然，焦循在此处所做的并不是一种简单的文字、语言层面的"假借"方法的分析，而恰恰是通过文字、语言学的"假借"方法运来阐发他自己的伦理学思想。这一哲学论证方法，与阮元通过文字训诂与经学史的方法，将先秦儒家的"仁爱"思想解释"相人偶"之意，在方法论上有异曲同工之妙，即以"人文实证主义"的方法来曲折地表达自己的哲学思想。

通过这一具有哲学意味的"假借"的方法，焦循还对"经学"一词做出了别开生面的训释，从"用"与"变"的双重视角阐述了经学的精神，充分

---

① 《说隅》，见《雕菰集》卷八，200 页。

体现了焦循哲学"尚变"、求通的基本精神。他说：

> 经者何？常也。常者何，久也。《易》："穷则变，变则通，通
> 者久。"未有不变通而能久者也。……常本衣裳之裳，其训久者，通
> 于长。长，从兀从匕，匕即化。《说文》言："久则变化。"非变化不
> 可以久，亦未有久而不变化者也。常亦庸也。《说文》："庸，用也。
> 从用从庚。""庚，更事也。"更犹变也。……故变而后不失常，权而
> 后经正。①

焦循反复强调："非明六书之假借、转注，不足以知象辞、爻辞、
十翼之义；不明卦画之行，不明象辞、爻辞、十翼之义，不足以知伏
羲、文王、周公、孔子之道；不知伏羲、文王、周公、孔子之道，不足
以知格致诚正、修齐治平之学。"②此处所说的"六书之假借、转注"，实
即训诂的代名词，而且联系上文三个层面的分析，此处所讲的"假借"其
实已经不仅仅局限于文字、语言学中的"假借"意涵了，而是带有焦循独
特规定的哲学方法意义上的"假借"了。他说他对戴震的《孟子字义疏证》
一书最为心服，说道：

> 循读东原戴氏之书，最心服其《孟子字义疏证》。说者分别汉
> 学、宋学，以义理归之宋，宋之义理诚详于汉。然训故明，乃能识

---

① 《说权四》，见《雕菰集》卷十，201～202 页。
② 《与朱叔堂兵部书》，见《雕菰集》卷十三，238～239 页。

羲文周孔之义理。宋之义理，仍当以孔子之义理衡之，未容以宋之义理，即定为孔子之义理也。①

然而大家都知道，戴震的《孟子字义疏证》一书，只是借当时人们认可的考据学形式进行哲学论述而已，并非传统的注疏。而焦循心服《孟子字义疏证》一书的原因乃在于该书能"还宋归宋""还孔子归孔子"的历史还原主义的方法，在区分了宋儒义理与孔子义理之后，再以孔子义理来衡量宋儒义理，而能不以宋儒义理来衡量孔子义理。这样一来，焦循所提倡的"性灵"经学，在形式与内容的两个方面都表现为一种复古主义的特征。不过，这种复古主义并不是真的要回到古典时代，其精神实质当如梁启超所言："以复古为解放"②。在我们看来，这种历史还原主义还表现为一种"求真""求实""求是"的科学精神，从而使其哲学思考打上了该时期"人文实证主义"的方法论的烙印。

三、焦循的历史还原主义倾向与人文实证主义的烙印

从"性灵"经学的角度看，焦循的经学研究及其所体现出的哲学思想倾向，表现出较鲜明的重视知识精英个体主体性的思想特征。但从思想的继承的方面看，焦循基本上还是接受了戴震提出的"由字以通其词，

---

① 《寄朱休承学士书》，见《雕菰集》卷十三，239～240 页。
② 梁启超：《清代学术概论》，见《梁启超论清学史二种》，6 页。

由词以通其道"的语言学方法，只是在具体的说法上有所不同。如他在论文字训诂学对于理解古人思想的重要性时说："刘氏徽之注《九章算术》，犹许氏慎之撰《说文解字》。士生千百年后，欲知古人仰观俯察之旨，舍许氏之书不可，欲知古人参天两地之原，舍刘氏之书亦不可。"① 这一段话表明，焦循的经学研究与哲学思考深深地打上了乾嘉时代广义的语言学方法论的烙印。而这种语言学方法与他的历史还原主义思想倾向之间有着密切的内在关联性。

与戴震、阮元等其他学者一样，焦循也认定，不通过训诂的方法，隐藏在经典中的真正意思就无法彰显出来。在对《诗经》的研究过程中，他虽然强调诗歌"不言理言情，不务胜人而务感人"和"思则情得，情得则两相感"的以情动人的特质，但他最终还是认为，要了解诗歌，必须首先通过训诂的语言学方法，才能达致对诗的真正理解。"虽然，训诂之不明，则诗辞不可解。必通其辞而诗人之旨可释而思也。《毛传》精简得诗意为多，郑生东汉，是时士大夫重气节而温柔敦厚之教疏，故其笺多迁拙，不如毛氏。则传、笺之异不可不分也。"②

焦循这一"训诂之不明，则诗辞不可解""必通其辞而诗人之旨可释而思"的说法，其实还是强调要通过恰当的训诂方法以了解诗歌的语言，进而通过对诗歌语言的了解而了解诗歌的意旨。与戴震的"由词以通其道"的思想在思维方式上是一致的。

在具体运用训诂学方法解释经义，从而表达自己的哲学见解时，

---

① 《加减乘除释自序》，见《雕菰集》卷十六，287 页。
② 《毛诗郑氏笺》，见《雕菰集》卷十六，284 页。

《易通释》一书中时有体现。仅举二例，以证明之。其一，他在解释《周易》的重要哲学概念"太极"时，首先就是运用训诂的方法来表达自己对"太极"概念的理解。他说："余谓欲明大极，必先求'大极'二字之义。大或读泰，其义则同。极，中也。大极，犹云大中。"①其二，在"训厉为危"一条，焦循将戴震"一字之义，当贯群经"这一以整体来解释局部的经学解释学思想加以活用，从《周易》一书的全部经文来训释"厉"字一义。他说："厉之训危……总全《易》而通之，厉与无咎相表里，未悔吝则厉，既悔吝则无咎。"②

不过，焦循已经没有戴震那样激烈的反对宋儒的思想主张了，他只是要求通过训诂的方式将宋人的义理与原始儒家的义理分开，努力以原作者之言、参原作者之意，追求经典解释的客观性。同时再旁参其他相关的思想家及经典，从而达到对原始儒家思想的准确理解。这一追求经典训诂与解释中的客观原义的思想倾向，基本上是以戴震开创的"人文实证主义"经学训释精神的继续。稍有不同的是，焦循在追求儒家经典原义的过程中，还进一步提出了分别经、注、疏三者文本的方法，而且相信通过文字训诂的方式，触类旁通，可以把握经、注、疏之"本意"，从而为自己的经学训释提供比较可靠的经学史的证据。他说："学经之法，不可以注为经，不可以疏为注。孔颖达、贾公彦之流所释毛、郑、孔安国、王弼、杜预之注，未必即其本意。执疏以说注，岂遂得乎？必细推注者之本意，不啻入其肺腑，而探其神液。……要之，既求得

---

① 《易有大极》，见《易通释》卷二十。转引自侯外庐：《中国思想通史》第五卷，554页。
② 《厉》，见《易通释》卷二。转引自侯外庐：《中国思想通史》第五卷，555页。

注者之本意，又求得经文之本意，则注之是非可否，了然呈出；而后吾之从注非漫从，吾之驳注非漫驳。不知注之本意，驳之非也，从之非也。"①

焦循这种在追求"本意"的历史理性的前提下来研究经学的历史，显然是乾嘉时期考据学中所透射出的历史理性的一种反映，体现了乾嘉学术内在精神的一贯性。不过，即使如此，焦循在这一方面也有所发展，那就是：他不再局限于戴震时代的经学范围了，而是将这种人文实证的材料范围扩大到"子学"领域，开创一种"思想旁证法"。②他曾经这样说道："孔子之道所以不著者，以未尝以孔子之言参孔子之言也。循尝善东原戴氏《孟子字义考证》（戴氏书名作《孟子字义疏证》，引者案），于理、道、天命、性情之名，揭而明之如天日，而惜其于孔子一贯仁恕之说未及畅发。十数年来，每以孔子之言参孔子之言，且私淑孔子而得其旨者，莫如孟子。复以孟子之言参之，既佐以《易》《诗》《春秋》《礼记》之书，或旁及荀卿、董仲舒、扬雄、班固之说，而知圣人之道惟在仁恕。仁恕则为圣人，不仁不恕则为异端小道。"③

在这段文献里，焦循在戴震所开创的"字义还原"的基础上，进一步提出了"语言的还原"的思想，从而深化了开创期乾嘉学者在经学训

---

① 转引自赖贵山：《台海两岸焦循文献考察与学术研究》，263页，台北，文津出版社，2008。

② 此为笔者借用明人陈第的"旁证"说而新创的一种说法。梁启超在《清代学术概论》（见《梁启超清学史二种》，10页）论顾炎武治学方法时说，顾氏在治音韵学时，先列出本证，继列出旁证。经后人考证，此为梁氏所误记，治音韵学时，首先提出运用本证、旁证法的作者是明代学者陈第。

③ 《论语通释自序》，见《雕菰集》卷十六，281页。

释中表现出来的历史还原主义思想。不仅如此，他在"以孔子之言参孔子之言"的前提下，继而以"孟子之言参之"，并"佐以《易》《诗》《春秋》《礼记》之书，或旁及荀卿、董仲舒、扬雄、班固之说"，把戴震所发明的"一字之义，当贯群经"的以整体解释局部的经学训释学思想，推进到以同一学派的后来者思想来解释前贤的"思想旁证法"，从而深化了戴震所未加注意的先秦儒家的一些伦理与政治思想，通过文字训诂、经学体例的发明与创造，诸子思想与儒家经典的相互发明的"思想旁证法"等多种方式，丰富并深化了乾嘉时期经学研究的方法，从而也丰富了中国哲学思想的内容。因此，焦循在经学研究中所表现出的历史还原主义思想倾向，虽然与其"性灵"经学在精神上有不相协调的一面，保留了较多的受戴震影响的痕迹，但是，他用来实现历史还原的方法本身蕴含了较多的弹性空间，并不能真正地实现历史还原的意图。这样一来，其"性灵"经学与人文实证主义方法之间就蕴含着一种内在的张力。

四、焦循经学思想中的内在张力

由以上分析可知，焦循"性灵"经学的理论主张与其"人文实证主义"方法所表现出的历史还原主义的思想倾向，这二者之间其实存在着一种内在的张力。一方面，"性灵"经学要求研究者在经学研究过程中表达出尊重研究者个体主体性的思想倾向，另一方面，在乾嘉时期普遍重视学术研究客观性的历史潮流下，焦循又不能不受这个时代潮流的影响。他还不敢，也不可能将研究者的个体主体性强调到后来龚自珍"唯我论"所强调的那样高度。而最为集中而又鲜明地体现焦循思想体系中重视经学研究者主体的个性与尊重经典的客观原义这二者之间的内在张力，在于他的学术分类与文章分类的广义知识分类学的思想之中。

(一)学术分类与传统经学研究中的学问分类雏形

就学术分类问题而言，乾嘉学者多持三分法，如戴震分为辞章、义理、考据。焦循则将学术分成五种类型，并进一步认定，这五种学问当以人的性情特质来加以选择，以发挥研究者的长处，而且，他还告诫学者们要清醒地认识到各自学问之所长与所短。他说：

> 今学经者众矣，而著书之派有五：一曰通核，二曰据守，三曰校雠，四曰摭拾，五曰丛缀。此五者，各以其所近而为之。通核者，主以全经，贯以百氏，协其文辞，揆以道理，人之所蔽，独得其间。可以别是非，化拘滞，相授以意，各慊其衷。其弊也，自师成见，亡其所宗，故迟钝苦其不及，高明苦其太过焉。据守者，信古最深，谓传注之言坚确不易，不求于心，固守其说，一字句不敢议，绝浮游之空论，卫古学之遗传。其弊也，跼蹐狭隘，曲为之原，守古人之言而失古人之心。……丛缀者，博览广稽，随有心获，或考订一字，或辨证一言，略所共知，得未曾有溥博渊深，不名一物。其弊也，不顾全义，信此屈彼，故集义所生，非由义袭，道听涂说，所宜戒也。五者兼之则相济，学者或具其一而外其余，

余患其见之不广也，于是乎辨。①

从上述所引文献可以看到，焦循对不同类型学问的长处与内在局限进行了分析，要求学者努力做到"五者兼之而相济"，体现了焦循在"求是""求真"过程中所具有的广博学术胸襟，也是其"性灵"经学精神的具体体现。然而，在下面要提及的"述意"方法中，焦循经学思想中的内在张力更为鲜明。

(二)"述"类文章与"求是"精神

在焦循广义的知识分类学思想中，他提出了一种在笔者看来更为简洁，也更具哲学意味的分类方法，即从文章学的角度看，根据文章的性质，将文章分成"述意""叙事"的两大类方法。他说：

> 意之所不能明，赖文以明之。或直断，或婉述，或详引证，或设譬喻，或假藻缋，明其意而止。事之所在，或天象算数，或山川郡县，或人之功业、道德，国之兴衰、隆替，以及一物之情状，一事之本末，亦明其事而止。明其事，患于不实；明其意，患于不精。学者知明事难于明意矣。以事不可虚，意可以纵也。然说经之文，主于意。而意必依于经，犹叙事之不可假也。孔子之十翼，即训故之文，反复以明象变、辞气，与《论语》遂别。后世注疏之学，实起于此。依经文而用己之意以体会其细微，则精而兼实。故文莫

---

① 《辨学》，见《雕菰集》卷八，177～178 页。

重于注经，叙事则就事以运其事，必令千载而下，览其文而事之，豪末毕著。①

上述文献中，焦循将解释经文的"述意"文章看作超越单纯的叙事与一般性的"述意"文章，具有"精而兼实"的特征。他认为，孔子作"十翼"，通过训诂的方法，反复推敲阐明易之象变、辞气，与《论语》直接"述意"颇为不同。这种带有实证方法特征的注经述意之文，实际上高于一般的"述意"文章，也高于一般的"叙事"文章。因此，从表面的文章类型学来看，焦循将文章分成了"述意"与"叙事"两大种类，但就焦循个人的思想倾向性而言，他更强调"述意"一类文章的重要性。他进一步说道：

> 学者诩于人辄曰："吾述乎尔。"问其何为乎述，则曰学孔子也。孔子所谓"克己复礼为仁""善人为邦百年"，皆古语。……"己所不欲，勿施于人"，则《周书》《管子》所已言也。吾述乎尔吾学孔子乎尔，然则所述奈何？则曰："汉学也。"呜乎，汉之去孔子几何岁矣？汉之去今又几何岁矣？学者学孔子者也，学汉人之学者，以汉人能述孔子也，乃舍孔子而述汉儒。汉儒之学果即孔子否邪？穆姜妇人也，胥臣管仲，齐桓晋文之臣也，而孔子述之，则孔子而生近世，必不屏绝唐宋元明而专取汉人也，明矣。……学者述孔子而持汉人之言，惟汉是求而不求其是，于是拘于传注，往往扞格于经文，是

---

① 《与王钦莱论文书》，见《雕菰集》卷十四，258～259 页。

所述者，汉儒也，非孔子也。而究之汉人之言，亦晦而不能明，则亦第持其言而未通其义也，则亦未足为述也。且夫唐宋以后之人，亦述孔子者也。持汉学者，或屏之不使犯诸目，则唐宋人之述孔子，诓无一足征者乎？学者或知其言之足征而取之，又必深讳其姓名，以其为唐宋以后之人，一若称其名遂有碍乎？其为汉学者也，噫，吾惑矣！①

在上述这段话里，焦循反对从狭隘的"汉学"立场出发，对唐宋以来的儒家思想采取贬抑的态度。他认为，若要真正把握古人的思想精神，只有突破语言的限制而上达"求是"的境界，才能做到"善述"前人的思想。如果仅仅局限于历史性的时间观念，以为汉人距孔子的时代近，故而他们所述的孔子思想可能更真实，这恰恰是一种靠不住的想法。太拘泥于传注的字面意思，不从经典的整体精神来体会经典中的意义，只会导致"第持其言而未通其义"的结果。因此，在如何"述"的问题上，焦循的思想与传统语言哲学中"言不尽意""得意而忘言"的观点更为接近，虽然他并未就此有明确的论述。如果从下面一段论"述"的文字看，焦循在"言意"观方面更倾向于"得意"，大致是没错的。只是他在强调"得意""得实"的理论目标时，并不轻视语言的作用，而只是强调"述"的活动，即言语活动要以得其"实质"为目标，并要摒弃个人的主观偏好，使"述"更具有客观性。他说：

---

① 《述难四》，见《雕菰集》卷七，175 页。

善述人者，如善医，各审其人之阴阳、表里、虚实，研究而洞悉之，然后用攻用补，用凉用热，各如其人之病而无我之心也。……学者述人，必先究悉乎万物之性，通乎天下之志，一事一物，其条理缕析，分别不窒不泥，然后各如其所得，乃能道其所长，且亦不敢苟也。其人著撰虽千卷之多，必句诵字索，不厌其烦，虽一言之少，必推求远思，不忽其略，得其要，挹其精，举而扬之，聚而华之，隐者标之，奥者易之，繁者囊之，缩者修之，郁者矢之。善医者存人之身，善述者存人之心，故重乎述也。不善述者，拂人之长，引而归于己之所知，好恶本歧，去取寡当。绘人者嫌眇而著瞭，恶偻而形直，美则美矣，而非其人矣。①

焦循以医学科学为例，强调以综合的判断为基础，正确地把握患者的病情的重要性，进而论证在经学研究过程中，善述者正解地把握所述对象的重要性。从思想原则上讲，这种类比可以成立，即通过综合的理性判断可以把握经典的基本意思。但是对经学研究的对象——经典意义与医生所把握的病人病症来说，还是有相当大的不同。病症的客观性要大于经典意义的客观性——尽管这种具有很强客观性的病症也不是很容易把握的，此点焦循似乎没有注意到。不过，我们能够理解，焦循之所以强调"述意"一类文章正确把握作者原意的重要性，与乾嘉学者（包括焦循本人在内）在学术方面所具有"求真"精神密切相关。乾嘉学者非常强调"实事求是"，如果学者在"实事"的层面都不能保证客观性，其所追

—————————

① 《述难五》，见《雕菰集》卷七，175～176页。

求的"是"——真理就缺乏根基。这正是焦循强调"述意"一类文章所体现的深层次的语言哲学的思考。

由上所论，我们可以看到，焦循强调的"述意"已经超越了简单地建立在对文字的训诂和语言的表面理解之上训诂主义主张，而是强调对于孔子整体精神的准确叙述。在精神上与戴震的思想更为接近，然而，这样的"述意"就不可避免地加入了经学研究者的个人理解，因而其客观性是极容易引起第三者的怀疑与质疑的。作为乾嘉时期哲学思想的代表人物戴震，他的"由字以通其词，由词以通其道"的思想也仅仅说是"通道"，在思想的理解方面并没有过分地强调客观性。而焦循的"述意"说法，特别强调了经学研究者对经典意义理解的客观性，这虽然有其理论上的合理性，然而在实际的研究过程中是无法完全做到的。就焦循个人强调经学研究中的"性灵"这一面来说，焦氏其实想要强调的是研究者的个体主体性。然而，在那样一个普遍重视经典研究中的客观本义的历史潮流下，焦循无法摆脱时代所加于他的思想上的压力。透过他所提出的"述意"概念，恰恰可以看到焦循经学思想中的内在紧张性。而这种紧张性在龚自珍那里是以一种更加明显的方式表现出来的。龚自珍一方面极力强调"尊我"——"众人之我"，另一方面又极力地表现出"尊史"的观点，把章学诚的"六经皆史说"进一步地深化与细化，提出了"周之世官大者史。史之外无有语言焉；史之外无有文字焉；史之外无人伦品目焉"的激进主张，而且将中国的所有文化现象都纳入了史学的范畴，提出了"夫六经者，周史之宗子也""五经者，周史之大宗也""诸子也者，周史之小宗也"①等新的主张。乾嘉学术追求客观性与强调学者的个性二者之间的紧张关系，学者只有在摆脱了经学束缚之后，将学术的目标彻底地转向"求真"，依据自己的个人价值偏好、才性而选择自己独特的问题意识，才能使学术研究中的个性问题与学术研究中的"求真"目标实现内在的统一，并能相得益彰。

由上所论我们似乎可以看出，乾嘉时期后期以及嘉庆道光时期里，中国学术内部正在酝酿着一种新的变化。这种新的变化可以从不同的角度加以论证，而就其原因而言，也是由多种因素而促成的。然而，从乾嘉学术自身的内在理念——实证方法，以及其所面对的对象——经典文本及其意义之间的关系角度去加以考察，可以看出其内在矛盾运动及其变化。而焦循的"性灵"经学主张，以及这一主张所彰显出的对研究者个体主体性张扬的哲学思想，在一定程度上预示了乾嘉考据学在嘉道以后的变化趋势，即以戴震为代表的乾嘉时期的"人文实证主义"方法论，以及由此方法论所体现的历史还原主义思想倾向，逐渐向着一种带有较强个体主体性的"性灵"经学方向滑转。而在"后戴震时代"出现的章学诚的新史学，以庄存与、刘逢禄等人为代表经今文学的逐渐兴起，直到龚自珍这一身兼经古文与经今文经学两种学统的特殊历史人物的出现，都在不同的学术领域里预示着一种新的、重视经学研究者个体主体性时代的到来。

在乾嘉考据学大的时代背景之下，焦循学术的自身个性特征不太容易彰显出来。他在经学研究中所透射出的哲学新思往往被其玄妙、高深

①　《古史钩沈论二》，见《龚自珍全集》，21 页，上海，上海古籍出版社，1999。

难懂的易哲学体系与数学符号体系所掩盖。然而，其提出的"无性灵不可以言经学"的"性灵"经学思想，其实以非常理论化与学术化的语言表达了乾嘉后期学者对知识精英阶层个体主体性关注的新倾向。这一新倾向与同时代其他领域里一流学者与思想家追求个体主体性的思想倾向交相呼应，从而在一个政治文化处于高度一统的时代里非常含蓄地表达了中国传统社会走向近现代的内在历史要求。

第三节　王念孙、王引之的语言学研究与古典人文知识的增长

19 世纪末 20 世纪初以降，对于高邮王氏父子学术成果的研究逐渐升温。特别是引进西方的语言学科之后，从语言的角度研究王氏父子的论文、著作也逐渐增多。薛正兴的《王念孙　王引之评传》、张先坦的《读杂志句法观念研究》、王章涛的《王念孙　王引之年谱》等著作，都是近二十年来研究高邮王氏父子学术与生平的精专之作。然而，从泛化的哲学思想史角度，特别是从人文知识的角度来研究王氏父子学术成果的论文还是十分稀少的，而论著则可以说暂付阙如。当然，一些训诂学专著，汉语史、中国语法史之类的著作，还有评传之类的著作也从各自学科或特殊的写作角度肯定了王氏父子的学术贡献，有助于我们从人文知识增长的角度把握王氏父子的特殊贡献。本节则着重从泛化的哲学史观出发，以人文知识的增长观念为核心，来考察王氏父子的学术贡献。在

材料的使用上，以及一些具体的说法上与语言学研究诸成果或有重复之处，然而，我们的着眼点是不相同的。笔者希望借助此独特的视角，对王氏父子的语言学研究成果在思想史上的意义做出新的阐发。

如众所知，现代哲学认识论非常重视事实与价值之分别，从而在事实描述与规范判断之间确立了一道明确的分界线，[①] 也间接地在科学与人文学之间确立了一道明确的分界线。一般而言，科学，尤其是自然科学，是以研究事实为其主要任务的。科学的任务在于"求真"，应当是现代人的基本共识。然而，科学的"求真"活动也服从于人类向善、致美的要求。在政治对人类生活有绝对影响的时代，科学的"求真"活动与政治家们的政治理想追求有密切的关联。

事实与价值之分，虽然主要起源于现代哲学认识论的发展，得益于自然科学与社会科学研究的突飞猛进，然而也不是在现代社会突然出现的人类精神现象。至少，就中国古代哲学而言，《易传》中天文与人文的区别，庄子哲学中的知天与知人的区别，乾嘉时期戴震的哲学思想体系里实体实事与纯粹美好两种概念的区别，都可以看作事实与价值区分的中国式的表达。明末清初方以智的哲学体系里对于知识的分类，即质测之知、通几之知与宰理之知，均体现了中国哲学人对于知识类型的思考。17 世纪以来现代西方哲学的显著特征之一是知识论的发达，对于知识的分类理论更是不胜枚举，仅以当代哲学家卡尔·波普尔、迈克尔·波兰尼和马克斯·舍勒三人的知识分类观点来看，当代西方哲人对

---

① 参见孙伟平：《事实与价值：休谟问题及其解决尝试》，1～24 页，北京，中国社会科学出版社，2000。

于"何谓知识"的问题，就是意见纷呈的。波普尔在"三个世界"理论的基础上，将知识分成两类，主观的知识与客观的知识。所谓主观的知识，"即某些认识主体所具有的知识"，是"依赖于世界 3"的知识，"即依赖于语言表述的理论"。而所谓客观知识，即"由我们的理论、推测、猜想的逻辑内容（我们如果愿意的话，还可以加上我们遗传密码的逻辑内容）构成"。①

迈克尔·波兰尼则站在后批判主义的立场，对于所谓普遍的、客观的科学知识进行批判，提出了"个人的知识"新观念，将知识看作与个人的信仰、寄托有关的一种意识与认知活动，其中还包括那些无法言传的"默会的知识"（或意会的知识），从而提出了一种广义的知识论。② 他认为："个人知识是一种求知寄托，也正因为如此，它具有内在的冒险性。只有那些有可能是虚假的肯定才能被说成是传达了这种客观知识。"③波兰尼坚持认为："在每一项识知行为中，都融进了一个知道什么正在被识知的人之热情洋溢的贡献；而这一系数绝不是单纯的美中之不足，而是他的知识的有机组成部分。"④

马克斯·舍勒认为："所有人为的知识和更加高级的实证知识—历

---

① ［英］卡尔·波普尔：《客观知识——一个进化论的研究》，舒炜光等译，78 页，上海，上海译文出版社，1987。

② 张一兵：《科学、个人知识与意会认知——波兰尼哲学评述》，见［英］迈克尔·波兰尼：《科学、信仰与社会·代译序》，王靖华译，1～30 页，南京，南京大学出版社，2004。

③ ［英］迈克尔·波兰尼：《个人的知识·前言》，许泽民译，2 页，贵阳，贵州人民出版社，2000。

④ 同上书，3 页。

史知识——无论它是关于拯救的知识、关于教养的知识、还是实证方面的造诣，无论它是宗教知识还是形而上学知识，无论它是理论知识还是关于'价值观'的知识——都是'关于这个世界的自然的观点'。"①舍勒根据知识的人为性程度的高低将知识分成七种类型："1. 作为宗教知识、形而上学知识、自然知识、还有历史知识的未曾分化的初步形式的神话和传说；2. 隐含在（与习得的、富有诗意的、或者技术性的语言形成对照的）日常自然语言之中的知识——威廉·冯·洪堡通过其对语言和世界观之诸"内在"形式的研究，已经勾勒出了这种知识的轮廓[芬克和沃斯勒(Finck und Vossler)近来也做到了这一点]；3. 以其各种各样的固定层次——从虔敬的、充满感情的、含糊不清的直观，一直到神职人员的教会之诸固定不变的教义——表现出来的宗教知识；4. 神秘知识的各种基本形式；5. 哲学——形而上学的知识；6. 数学和自然科学的实证知识以及人文学科；还有 7. 技术方面的知识。"②

　　本节并不想对古今中外有关知识的理论做一系统研究，而仅是以此为引子，导出我们的知识观，并试图从知识谱系的认识论视角出发，来讨论乾嘉学术中语文学研究成果如何作为一种古典人文知识来看待，从而在新视角下来考察乾嘉学术的当代社会价值。而我们所提出的"古典人文知识"的概念，在学术史上也具有自己的理论合理性与正当性。

---

　　①　［德]马克斯·舍勒：《知识社会学问题》，艾彦译，67 页，北京，华夏出版社，2000。
　　②　《知识社会学问题》，71 页。

一、王念孙的语言学成就与古典人文知识的增长

王念孙（1744—1832 年），字怀祖，自号石臞，江苏高邮人。自幼聪慧，八岁时读完十三经。乾隆四十年（1775 年）进士，历任翰林院庶吉士、工部主事、工部郎中、陕西道御史、吏科给事中、山东运河道、直隶永定河道。王念孙平生笃守经训，个性正直，好古精审，剖析入微，在音韵、训诂、版本校勘等古典语言学领域里取了巨大的学术成就。其子王引之也是该领域里的著名专家。

（一）王念孙等人的古典语言学研究成果的思想史意义

古人论学，十分重视"知人论世"。对于高邮王氏父子的思想与学术成就，也当从此古训出发。首先，王氏父子均为清朝的高级官员，他们能不受官场习气影响，潜心学术，已经十分难能可贵。在乾嘉时期，学术研究崇尚对经典原义、原貌的考察，以"求真"为主要学术志向，其共同认可的思想旗帜是"实事求是"。由戴震确立的思想与学术范式是通过字（词）、语言等古代语文学的途径，以求了解先秦儒家及其他诸子思想之原义。戴震之后，这一学术"范式"从大的学术脉络来看，主要从两个方面分头发展：一是以汪中、焦循、凌廷堪为代表的学者，他们继续在思想、古代制度与现实人伦的关系等方面，利用古代语文学的工具，做出新的阐述；二是以段玉裁、王念孙、王引之父子为代表的学者，主要通过古代语文学的新工具，对儒家经典和先秦诸子、历史著作中的字、句之讹错进行细部的研究。而在这领域里，王氏父子尤其重视古代典籍的校勘工作，发展出一种新的校勘学方法；其校勘学的代表著作是《读

书杂志》与《经义述闻》两书。这是王氏父子突出的学术贡献之一。①

其次，他们在古代典籍的研读过程中，掘发了一些古代字（词）的古老意义，揭示了古代语言运用的某些规律，从而将中古以来被湮没的古代汉语字（词）的意义考古发掘出来，从人文学的角度说提供了一种新的意义（也可以说是新的"知识"），丰富了时代的意义（知识）内涵。

再次，他们在词典学、音韵学方面也做出了特别的贡献。如王引之的《经传释词》一书，揭示了古代汉语虚词的特征，丰富了人们对古代汉语规律的认识。

最后，在"因声求义"的时代共识前提下，王氏父子做出了别样的经典范本，《释大》一文将音同义同、音近义近的原则发挥得较为充分，生动而又饶有意趣地展示了古代汉语在描述"宏大"意义方面的丰富性。

在经学研究中，存在着"求是"与"求古"的不同路向，惠学后劲之一王鸣盛曾经对此不同路径有一种折中的说法。他说："方今学者，断推两先生，惠君之治经求其古，戴君求其是，究之，舍古亦无以为是。"②这一说法如果仅就惠栋与戴震的学术精神的不同而言，并不一定完全适用。但对于"后戴震时代"的段玉裁、王念孙、王引之的学术而言，未尝

---

① 有关王念孙、王引之在清代训诂学、校勘学方面的突出贡献，可以参看薛正兴先生的《王念孙 王引之评传》（南京大学出版社，2008 年）一书。本节不再重复该著作中列举出的各种贡献清单，而是从思想史的角度，尤其是古典人文知识增长的角度来考察王氏父子在清代语文学中的新贡献，并从现代语言学与知识谱系的角度分析其研究成果的不足之处。而有关王念孙在古汉语语法方面做出的贡献，可以参看张先坦博士的《读书杂志名法观念研究》（巴蜀书社，2010 年）一书。该书将语法学与语法观念区分开来，认定王念孙在《读书杂志》一书中已经具备了语法观念，从而在疏通经典广义方面能度越前贤，使很多古代经典中的疑难问题经过他的解释涣然冰释。

② 《戴震全书》第七册，8 页。

没有一定的道理。由于段氏与高邮王氏父子均致力于古代经典原义的考索，无论他们是以"因音求义"的语文学（Philology）方法进行研究，还是以古代典章制度、天文历法为参考进行研究，都是致力于对经典原义的追求。因此，他们的"求是"，其实就是求得与古代经典原义、原貌的吻合。因此，求是与求古就表现为一种重叠现象。不过，即使如此，吴、皖两派在求古与求是的问题上还是有细微分别的。吴派较倾向于认同古人训诂，而皖派则从求是原则出发，求古代字、音之原貌，或者经中之至者——道，并不以古训为依傍。因此，王鸣盛的调和论仍然是一种似是而非的说法。王念孙在给同时代的著作作序时，反复赞扬同时代著作者发掘"古义"的学术贡献。他在《刘端临遗书序》中说："盖端临邃于古学，自天文、律吕至于声音、文字，靡不该贯。其于汉、宋诸儒之说，不专一家，而唯是之求。精思所到，如与古作者晤言一室而知其意指所在。"①在《陈观楼先生文集序》中，称赞陈观楼道："公事之暇，屡以古义相告语。其学旁推交通之中，加以正讹纠谬。每发一论，皆得古人之意义而动合自然。"②其他序文亦多有类似的称赞。这些称赞，绝非漫汗、应酬之语，而是充分表达了王念孙及其同时代学人在"求是"与恢复古义二者的内在关系。他们的复古绝对不是简单地回到汉代经师的训诂解释上面，而是要恢复先秦经典的原义与原貌。至于把握了先秦经典的原义与原貌后是否真的能达到经世的效果，则似乎不在他们思想的质疑范围。

---

① 《王石臞先生遗文卷二》，见［清］王念孙等：《高邮王氏遗书》，130 页，南京，江苏古籍出版社，2000。

② 同上书，130 页。

因此，"后戴震时代"的人文知识考古运动基本上是一种古代经典的语义考古运动。这种语义考古运动的实绩就是发掘了因中古的时间淤泥覆盖而逐渐丧失的词义，从而恢复了古代汉语词汇的原来应当有的多义性特征。正是从古代汉语词汇语义的发现角度看，他们的语义考古运动增加了古典的人文知识，扩大了该时代及后来学人的知识视野。当然，这一知识视野的扩大并没有带来直接的现实生产力的提高，但从纯学术的角度看，还是拓展了人们的思维空间，丰富了人们的意义世界，对于提高民族的智慧还是有长久的意义的。

研究思想史的人们常常为"后戴震时代"的乾嘉学者缺乏思想而惋惜，并且有学者因此而批评乾嘉学术的堕落。其实这只是研究思想史、哲学史的学者们的一种偏好所致。并不是每个人都能从事哲学与思想思考的，也不必要用哲学与思想的标准来要求某个时代的所有学者。在追求经典原义、原貌的"历史还原主义"的整体要求下，学者可以从自己的天性与生活境遇出发，做自己能够做的事情。具有哲学天分与爱好的戴震及其他一些思想者，可以通过字、词，古代典章制度，历史地理，科学史的研究而上达一种新的哲学思考，没有这种哲学天分与爱好的人也可以通过典籍校勘工作，为古代经典版本与某些句子的还原做一些补苴的工作。这些细部工作的意义也许不够宏大，然而作为一种人文知识的积累，通过这个时代知识群体的分工协作，是能够做出一些大的事情来的，而这正是现代专家之学的必备条件。

乾嘉时期的学术研究之所以能在古典语文学方面取得度越前代的实绩，主要得力于他们的自觉分工。从整体上看，乾嘉时期的人文学者没有摆脱经学思维的影响，也还不可能摆脱经学思维的影响。然而，在他们的经学研究过程中，逐渐发展的带有现代学术分科的新知识系统的萌芽人文学，如音韵学、训诂学、词义学、字典与词典学、文字学、版本目录学、校勘学、历史地理学、方志学等已经蔚为大观，表现出一种摆脱经学而自行独立的态势。

然而，由于乾嘉学者在官方古籍整理的政治号召下，没有将自己的研究对象放在自然与社会上面，仅仅是放在古代典籍的整理与研究方面，因此，也没有为近代中国的新知识体系的产生奠定基础。清朝贵族袭取了汉民族农民起义的政治成果之后，致力于满族社会的"封建化"①过程，延缓了中国历史由农业社会向近现代工商业社会迈进的步伐。不过，从地域史的角度看，汉民族的先进文化通过这种方式加以传播，还是对周边少数民族的文明化进程起到了积极作用。

(二)"因声求义"的理论成就及其在训诂学中的运用

与段玉裁同时而在古典语言学与经典学研究方面取得突出成绩的王念孙、王引之父子二人，他们的政治身份虽然都是官僚，但他们的语言学研究的动机，或者说语言学研究的目的主要是在于探求古代典籍自身的本义。正是从这一角度说，他们在研究的过程中也体现了一种"求是"的哲学精神。而这种"求是"精神是通过对古代语词声或音的研究来实现的。

1. 王念孙在"因音求义"理论方面的贡献

段玉裁对王念孙在"因音求义"方面所取得的成就曾给予了高度的评

---

① 此处权借"封建化"概念，以说明当时满族社会由游牧生产、生活方式转向以农业生产、生活方式的过程。由于目前还找不到更加简明、恰当的说法，故暂用此旧概念。

价。在段玉裁看来，小学不仅有形有音有意，而且还有古形有今形，有古音有今音，有古意有今意等不同的形态。"怀祖氏能以三者互求，以六者互求，尤能以古音得经义，盖天下一人而已矣。"①从段氏的评价中，我们可以得知，王念孙在古代语言学方面所取得的杰出成就在于他能通过复杂的音义关系的分析，求得经典的本义。

作为王念孙之子的王引之，对其父亲在因音求义方面所取得的成就认识得更加具体，他在《经义述闻序》中其父王念孙之语说道：

> 大人曰："诂训之指存乎声音，字之声同声近者，经传往往假借，学者以声求义，破其假借之字而读以本字，则涣然冰释。如其假借之字而强为解，则诂籀为病矣。"……大人又曰："说经者期于得经意而已。前人传注不皆合于经，则择其合经者从之。其皆不合，则以己意逆经意，而参之他经，证以成训，虽别为之说，亦无不可，必欲专守一家，无少出入，则何邵公之墨守，见伐于康成者矣。"故大人之治经也，诸说并列，则求其是；字有假借，则改其读，盖孰于汉学之门户，而不囿于汉学之藩篱者也。②

王引之的意思是说，其父王念孙通过因音求意的方法去训释经典，不墨守前人的旧训，而且通过因音求意的方法破解经传中的假借方法，以求得真正的经意。不守一家，诸说并存，以求是为目标，因而不受汉

---

① 《广雅疏证序》，见［清］王念孙：《广雅疏证》，2 页，南京，江苏古籍出版社，2000。

② ［清］王引之：《经义述闻》，2 页，南京，江苏古籍出版社，2000。

学的条条框框的影响。

今人王力先生也高度评价了王念孙利用"因声求义"的方法在训诂学方面所做出的突出贡献。他说："王念孙提出了'就古音以求古义，引申触类，不限形体'的合理主张。这样就不再为字形所束缚，实际上是纠正了文字直接表示概念的错误观点。这是清代训诂学的精华所在，对后代产生很大影响。"①

在《广雅疏证序》中，王念孙本人对训诂学与音韵学的关系有明确的认识。他说：

> 窃以训诂之旨，本于声音。故有声同字异、声近义同，虽或类聚群分，实亦同条共贯，譬如振裘必提其领，举网必挈其纲。故曰"本立而道生""知天下之至啧而不可乱也"。此之不寤，则有字别为音，音别为义，或望文虚造而违古义，或墨守成训而鲜会通，易简之理既失，而大道多岐矣。今则就古音以求古义，引伸触类，不限形体，苟可以发明前训，斯凌杂之讥，亦所不辞。②

在这里，王念孙将因声音求得经典之训的训诂方法看作把握经典古义的不二法门，试图通过对古音的发掘而发掘经典的古义。这是王念孙深化戴震"由字以通其词，由词以通其道"方法的具体表现。

学术界目前对王念孙在音韵学理论方面取得的成就已经有明确的认

---

① 王力：《龙虫并雕斋文集》第三册，356～357 页，北京，中华书局，1982。
② 《广雅疏证序》，见《广雅疏证》，1 页。

识，此处仅引薛正兴的《王念孙 王引之评传》一书中的相关学术总结为例证。在古音学方面，王念孙的最大贡献就是"至部、祭部、盍部、缉部四部的独立，这也正是王念孙二十一部比段玉裁十七部所多出的四部"①。"王念孙晚年从孔广森之说，从东部分出冬部，共成二十二部。"②这体现了王念孙的严谨而又服从语言学科学的精神。在声纽研究方面，王念孙虽然没有专著，但根据王国维先生所论③，他已经认识到了上古声纽为二十三纽的道理。王念孙继承了其师戴震，将上古声纽分为二十部的学术成果："将上古声母二十三纽作为《释大》二十三篇的编排次序，也就等于间接公布了他分上古声母为二十三纽的研究结论。"④其子王引之的《经传释词》一书"依上古声母列字的编次法，是王念孙分上古声母为二十三纽的再一次具体体现"⑤。正如薛正兴所论："作为乾嘉学者，王念孙未见《韵镜》，而他分上古声母为二十三纽，与同时代的古音学家钱大昕的古无舌上轻唇的结论互相一致，并与《韵镜》分古声类为二十三类完全吻合。这就可见王念孙深察音理之精微，呈现智慧之广大。"⑥

集中体现王念孙的"因音求义"理论在训诂学实践中运用的，是其所著的《释大》《读淮南子杂志书后》两篇。《尔雅》《方言》中皆有释"大"的词

---

① 薛正兴：《王念孙 王引之评传》，174 页，南京，南京大学出版社，2008。
② 同上书，175 页。
③ 参见王国维：《高邮王怀祖先生训诂音韵书稿叙录》，见《观堂集林》卷八，397～399 页，北京，中华书局，1959。
④ 《王念孙 王引之评传》，178 页。
⑤ 同上书，178 页。
⑥ 同上书，178 页。

条，王念孙在前人研究成果的基础上，广泛搜罗语言学史与语汇史的知识，分别从形、音多方面解释了汉语中"大"字的广泛意义，在古典词汇的语义研究方面提供了宝贵的语义学知识。这种语义学研究虽然与哲学思考的距离很远，但却有助于哲学的思考。下文专门分析《释大》一文"因音求义"的具体内容，此处仅分析《读淮南子杂志书后》一文利用音韵学的知识校勘《淮南子》的具体成就。

在该文中，王念孙列举了失韵之误十八条："因字误而失其韵；因字脱而失其韵；字倒而失其韵；句倒而失其韵；句倒而又移注文；错简而失其韵；改字而失其韵；改字以合其韵而实非韵；改字以合其韵而反失其韵；改字失其韵又改注文；改字失其韵又删注文；加字而失其韵；句读误而加字以失其韵；既误且脱而失其韵；既误且倒而失其韵；既误且改而失其韵；既误而又加字以失其韵；既脱而又加字以失其韵。"①由王念孙归纳出的这十八条失韵之误，充分体现了王念孙运用"因音求义"方法在校勘古代典籍方面所取得的成就，为后人正确阅读《淮南子》一书提供了很好的古典人文学知识。

2.《释大》——"因声求义"理论的典型运用及其局限性

在前人训诂学的基础上，王念孙依据"因声求义"的语言学理论，进一步地解释了古代汉语与"大"意义相关的字，深化了人们对于古代汉语中"大"字意义的理解。

字有"大"义者，《尔雅》收录 39 字，《小尔雅》收录 6 字，《广雅》收

---

① 赵振铎：《读书杂志·弁言》，见［清］王念孙：《读书杂志》，11 页，南京，江苏古籍出版社，2000。

录 58 字,《毛诗传义类》收录 50 字,《拾雅》收录 90 字,共 243 个字。[①]
在此基础上,王念孙的《释大》搜辑了 176 字,进一步探索汉语"大"字意
义的丰富性。

《释大》现存八篇,其体例是"以义类为经,声类为纬,在因声求义
而贯穿证发时,先把属于同一字母的字根排列在一起,但主要是着眼于
语根的,即从发音上,取其相同的为一类,旁通互证,不但可以求得声
同义近的证据,而且声与义之间递转的关系和演化的脉络也就十分清楚
了"[②]。现成八篇仅是"见、溪、群、疑、影、喻、晓、匣"八个声母与
"大"义相同的字。

相对于前人的研究成果而言,王念孙的《释大》八篇的学术意义在
于:他不仅将"大"义之字依据声母简单地列举出来,而且能够依据声同
义同、声近义近的所以然道理说出来,从而非常清楚明白地揭示了古代
汉语的声义之间的内在关系。以第一篇见母字为例,王念孙分别从形、
色、声、职位不同的角度解释"大"的意义。

从形的角度看:

> 冈,山脊也;亢,人颈也。二者皆有大义。故山脊谓之冈,亦
> 谓之岭。人颈谓之领,亦谓之亢。强谓之刚,大绳谓之纲,特牛谓
> 之犅,大贝谓之魧,大瓮谓之瓨,其义一也。冈、颈、劲,声之
> 转,故强谓之刚,亦谓之劲。领谓之颈,亦谓之亢。[③]

---

① 薛正兴:《高邮王氏遗书·弁言》,见《高邮王氏遗书》,2 页。
② 同上书,3 页。
③ 《高邮王氏遗书》,67 页。

从光色的角度看：

> 景，大也。故光谓之景，明谓之景。……明谓之杲，亦谓之
> 景。景、光声之转；京、广亦声之转。故明谓之景，亦谓之光。大
> 谓之京，亦谓之广。①

从声的角度看：

> 大呼谓之叫，大埙谓之叫，臬、叫、籈声相近。号谓之臬，大
> 呼谓之叫，大埙谓之叫，大管谓之籈，皆言其声之高大也。②

从社会职位的角度看：

> 公，大也。故无私谓之公，官所谓之公，五爵之首谓之公，太
> 师、太傅、太保谓之三公。子谓父曰公，妇谓舅曰公。公、官、
> 贯，声之转，故官所谓之公，亦谓之官，吏谓之官，亦谓之工。事
> 谓之公，亦谓之官，亦谓之贯。③

通过上述字例的分析可以看出，王念孙根据声音相同、相近而意义

---

① 《高邮王氏遗书》，67 页。
② 同上书，67～68 页。
③ 同上书，68 页。

相同、相近的原则，将汉语中表示"大"的意义的字类排列在一起，对于后人认识古代汉语的规律提供了有科学价值的语言学基础。

在《释大》第一篇里，王念孙还进一步解释了"大"与人的价值判断的"佳""善"等意义之间的内在联系。"佳，大也。故四通道谓之街。价，大也。故善谓之价。大圭谓之玠。大与善义相近，故大谓之介，亦谓之佳。善谓之佳，亦谓之价。《诗·板》七章：'价人维藩。'《毛传》：'价，善也。'价有善义，即有大义。故诗人以价人、大师、大邦、大宗类言之矣。"①

他在引申《说文》"契，大约也"的意思时说道：

> 契有合义，亦有开义。《周礼·小宰》郑注："凡簿书之最目，狱讼之要辞，皆曰契。《左传》襄十年，使王叔氏与伯舆合，要王叔氏，不能举其契。"是契有合义。契，开声之转。《礼记·曲礼》："献粟者，执右契。"孔疏："契，谓两书一札，同而别之。"《诗·绵》三章："爰契我龟。"《毛传》："契，开也。"是契又有开义。契字从大。凡物之开者，合之则大。物之合者，开之则大。故契有开合二义，而同归于大。②

由以上所举两个例证可知，王念孙通过音训与义训的方式，将汉语内部意义相近的字词汇聚在一起，为人们更深入地理解古典文献中不同

---

① 《高邮王氏遗书》，67 页。
② 《释大》第二，见《高邮王氏遗书》，69 页。

字词内部存在的关联性意义提供了词典式的帮助。从而为训诂学提供了很好的字义分析基础。

如果从语言学、词典学的角度看，王念孙解释出"大"有"佳""善"等抽象的价值意义，已经完全足够了。但是，如果从哲学语义学，或者语言现象的人类学、文化学角度去进一步追问，"大"为何与"佳""善"等正面价值判断有关呢？王念孙对此还没有来得及做进一步研究。因此，王念孙的"因音求义"的语言学研究还仅仅局限于词义学范围，没有深入语言与文化的关系层次。在现代社会里，人们从资源节约的角度看，也许"小的就是好的"。中国古典社会将"大"与"佳""善"联系起来，必有其内在的社会、历史文化原因。对此，王念孙还没有来得及做进一步的思考。从这一角度看，王念孙的《释大》的一篇的语义学研究还只是提供了"大"与"佳""善"的内在训诂学材料，而进一步从哲学的、文化学、人类学的角度进一步追问其所以然，则是我们今天要做的事情。在这里，我们不是苛求前贤，而是要求我们能够继承前贤的已有研究成果，将词义学的研究推进到与文化学、人类学、社会学相关的新境界，以体现学术研究的前后相续和不断深化的特征。

(三)《广雅疏证》一书的思想史意义

王念孙的《广雅疏证》一书，主要对《广雅》一书的词义训释给出经典的例证与证明，通过乾嘉学者发展并完善的"因音求义"方法，对古代训诂学中的词义训释给出"所以然"的说明。从这一角度看，宋明理学追求"所以然"的哲学思考方式，在清代的经典学研究中落实为一具体的人文学的科学方法论，进而为古代经典的训诂向具有科学特征的语言学的方向发展提供了合理的思维方式。

西方近代社会的新工具锻造，主要服务于人改造自然，改造社会的现实功用目标。18世纪乾嘉学者的经典训诂工具的锻造主要是服务于儒家经典的训释目标，与现实社会的经济发展与政治改革毫无关系。从这一角度看，乾嘉学者的精神努力没有发挥现实作用；其所锻造的工具还很难说是新工具，而只是将传统的训诂学工具锻造得更加精良而已。

1. 从训诂实践到训诂学的诞生

如果说汉、唐之儒在经典解释的过程中有训诂的实践的话，我们似乎可以说，清儒已然将传统经典训诂的实践发展成为一种训诂学，使训诂成为一种具有一定内在逻辑结构的古典人文知识体系。而且，在此训诂学的基础上，清儒还将训诂学上升为一种"训诂主义"，即如阮元所说的那样，"经非训诂不明"。不仅是艰深的字义需要训诂，即使是浅显的字义亦需训诂。显然，在清儒看来，训诂是读懂经典、准确把握经典意义的不二法门。除却训诂不足以谈经学，这就有把训诂的方法上升到一种经典解读的信仰的意味了。因此，从古典知识谱系的变化、发展与哲学精神变化这两个方面来看，清儒在训诂方面的突出贡献如下。

其一，将传统经典训诂实践初步上升为一种训诂学——一种训释古代经典的知识体系。

其二，由这套知识体系出发而进一步将这种系统的训释经典方式上升为一种解读古代经典的精神信仰，认为非通过训诂方法不足以明白古代经典的真义。

清儒发展出来的训诂学在中国经学研究过程中有何思想史的意义呢？我们认为，其训诂学的思想史意义在于经学研究的知识论转向，即他们不再像宋儒那样，通过对儒家经典的研究重新建构一个上达宇宙、下关人伦的宏大意义体系，而是将经典看作一堆可供实证的经验材料：以证明一些词义的原初、确切的意义；以显示某种古代汉语的句法规律、构词法则；以揭示某些虚词的意义。要而言之，经典文本的研究不在于把握经典的整体意义，从而依此整体意义来为现实人伦世界的生活提供一套新的意义系统，而是通过对经典文本中字、词、句子的研究，揭示字义、词义与词性、句法规则等古代语文学的道理。因此，"后戴震时代"的经典学研究在知识论（指古典人文知识）方面的确比戴震本人的研究有所深化与细化。然而，从哲学思想的发展角度看，"后戴震时代"的哲学思考深度与系统性，的确又比戴震本人的哲学成就有所退化。钱大昕、焦循、阮元、段玉裁还有一定的哲学思考，而王氏父子基本上就是语言学家，没有什么哲学思想。因此，从哲学思想的高度而言，戴震无疑是乾嘉考据学的精神旗帜。而在该时代中，唯有史学家章学诚能在思想上与戴震比肩，且在某些具体方面有胜过戴震之处。虽然章学诚生活在乾嘉时期，但是其学术却不能纳入考据学范畴。他的历史学既不同于钱大昕和吴派的考据史学，也不同于崔述的疑古、辨伪史学，而是一种广义的文化历史学与文化历史哲学，是一种章学诚意义上而非司马迁意义上的"通史家风"。

不过，王念孙在具体的词义训释过程中，也有某些有启发意义的哲学思想。如在《广雅疏证》卷一《释诂》的第一组同义词解释中，为了从道理上讲清"方"与"始"意义相通的道理，王念孙解释道："凡事之始，即为事之法。故始谓之方，亦谓之律。法谓之律，亦谓之方矣"①，王氏的这一解释，对于理解中国传统哲学，特别是道家哲学"道"概念的精神，十分有帮助。老子、庄子之"道论"，特别强调"道"在万物之先，先天先地的时间与逻辑的在先性特征，而这一在时间上、逻辑上为万物之始的"道"恰恰成为万物之法则。王氏本人虽然未必有这样的哲学思考，但他的这一解释对于理解中国传统哲学以宇宙论的演化论方式来构建一种哲学形上学，的确有思想的启迪意义。不过，《广雅疏证》中像这种具有哲学启迪意义的释义内容很少。

2.《广雅疏证》的语义疏通方法及其意义

对于《广雅》一书中列出的大量同义词，王念孙通过运用经典上的典型材料，再辅以因音求义方法，句法分析，将同义词的历史语义、内在音义关系，清楚地揭示出来了。对于后人进一步理解汉语与词汇的发展历史，具有重要的认识意义。以《广雅疏证》卷一《释诂》"古、昔、先、创、方、作、造……始也"条中"作"与"始"的意义训释为例，可以看到王念孙在该书中训释古义的基本方法。他说：

　　作者，《鲁颂·駉篇》："思马斯作。"《毛传》云："作，始也。"作之言乍也。乍亦始也。《皋陶谟》："烝民乃粒，万邦作乂。"作与乃相对成文，言"烝民乃粒，万邦始乂也"。《禹贡》："莱夷作牧"，言"莱夷水退始放牧也"。"沱潜既道，云梦土作乂。""作"与"既"相对

成文，言"沱潜之水既道，云梦土始乂也"。①

通过上述引文我们可以看到，为了疏通"作"字具有"始"义，首先，王念孙以《毛传》的训诂为证，以典型的训诂文献证明"作"有"始"义。其次，他通过音训的方法，将"作"与"乍"字联系起来。以"乍"字具有"始"义来训释"作"具有"始"义。再次，他引用经典文献，通过句法的"对文"分析，以揭示"作"具有"始"义。而在此层论述中，王念孙不以孤证的方式来证明，而是举出两个例句，以之说明"作"具有"始"义。

通过王念孙的疏证，《广雅》一书中的大量同义词，让人明白了其历史语义与音理上、句法上的"所以然"。从人文知识的总量来说，虽然没有增加新的知识内容，但却明白了"作"有"始"义的道理。从这一角度来说，还是提供了新的人文信息。

(四)"求真、求是"与《读书杂志》一书的哲学精神

《读书杂志》是王念孙晚年的一部著作，是他在广泛校读古代子、史类著作，包括少量集部著作的过程中，对古代典籍中的字、词的讹谬进行校正的一部札记类著作。其表层意蕴表现为对古代典籍局部字、词、句的原貌的还原，其所体现出的则是一种求真、求是的精神，与乾嘉学者"实事求是"共同精神纲领相吻合。《读书杂志》在纠谬的过程中，不拘成见，不惧汉代注经大家的固有说法，以充分的事实和可靠的古代版本为根据，以古代汉语的文字学、词汇学、语言学和少量语法规律分析为

---

① 《广雅疏证》，4 页。

依据，并依据制度史、文化史、历史地理等广博的证据与知识形成自身的学术见解，从而在古典人文学的研究过程中既发展了传统的训诂学、语音学、校勘学，增进了古典人文知识，同时也体现了该时代有良知的知识分子的理性精神。

依照今人的研究成果来看，《读书杂志》的主要学术成就表现在校勘与古代典籍词句的解释、句读及其相关问题两个大的方面，努力在局部上还原古代典籍的原貌。但要实现这一求是、求真的学术目标，需要非常系统的语文学知识。王念孙凭借他丰富的古代汉语语感，再征之以广博的典籍文献，辅之以古代音韵学知识，运用清人擅长的发明义例的方法，从而在古代典籍的局部还原工作方面取得了度越前人的成就。

1.《读书杂志》"求真""求是"精神举要

第一，发现不习见、近乎失传的汉字。《汉书·高五王传》有"或白昼使赢伏"一句，王念孙认为，"赢"当作"蠃"。①《说文》曰："'蠃，祖也，从衣……或从果声。"

《管子·白心》中有"夫不能自摇者，夫或撽之"，王念孙认为"撽"当作"搑"，而"搑"为古"摇"字。②

《淮南子·说山》篇曰："视日者眩，听雷者聭。"王念孙认为："聭，女江反，耳中声也。后人不识'聭'字而改'聭'为'聋'，其失甚矣。"③

第二，依据汉语文义，结合其他版本，校正不可通的句子。《管

---

①　［清］王念孙：《读淮南子杂志书后》，见《读书杂志》，288 页。

②　同上书，471 页。

③　同上书，967 页。

子·小匡》"徐开封处卫"一语，依《管子·大匡》"游公子开方于卫"一句，当作"卫开方处卫"。理由是"开封"为"开方"声之误所致，而开方是卫人，故当说是"卫开方"。①

《墨子·杂守》篇有"吏各举其步界中财物，可以左守备者"两句，王念孙认为此句中"步界"一词于文义不通，当作"部界"。理由是吏各有部，部各有界，故曰部界。《墨子·号令》篇有"因城中里为八部，部一吏"一句。又云："诸吏卒民，非其部界而擅入。"②

《史记·鲁周公世家》有"不干所问，不犯所知"两句，王念孙认为"所知"与"所问"相对，当作"所咨"，且《国语·周语》即作"所咨"。③

《史记·秦始皇本纪》有一段文字："收天下兵，聚之咸阳，销以为钟镰，金人十二，重各千石，置廷宫中。"王念孙认为"置廷宫中"一句当作"置宫廷中"。因为《文选·过秦论》李善注、《太平御览·皇王部》引这段话时，"置廷宫中"均作"置宫廷中"，且《资治通鉴·秦纪》也作"置宫廷中"。④

《汉书·卫青霍去病传》曰："浑邪禆王将，见汉军而多欲不降者"，王念孙认为，"浑邪禆王将"依《史记》当作"浑邪王禆将"。⑤

第三，利用不同版本、专书、古注，比较文字异同，补足古代典籍中缺损文字。王念孙认为，《荀子·劝学》篇"蓬生麻中，不扶而直"二句

---

① 《读书杂志》，446 页。
② 同上书，627 页。
③ 同上书，100 页。
④ 同上书，76 页。
⑤ 同上书，317 页。

后，当有"白沙在涅，与之俱黑"二句。证据有以下三重。其一是《尚书·洪范》正义引《荀子》云："蓬生麻中，不扶自直；白沙在泥（今本泥下有中字，涉上文而衍——原注），与之兼黑者，土地教化使之然也。"其二是《索隐》曰："'蓬生麻中'以下，并见《荀卿子》。"可见汉唐人所见《荀子》皆有后面二句。其三是考《荀子》一书与《曾子》一书多同，《曾子·制言》篇："故蓬生麻中，不扶乃直（《燕礼》注：乃犹而也——原注），白沙在泥，与之皆黑。"

　　除此三重证据之外，王念孙还从语义的完整与押韵的角度提出旁证，以证明加上后二句的合理性。他认为"白沙在涅"与"蓬生麻中"义正相反，而"黑"与"直"音正押韵，无此二句，则既失其义，而又失其韵矣。①

　　第四，利用语言规律、其他版本校正古籍中的误字、衍文。《逸周书·武称》篇有"美男破老，美女破舌"两句，王念孙认为"美女破舌"一句于文义不可通。他根据隶书"舌"与"后"二字字形相近的字形分析，断定"舌"当是"后"字。而"美男破老，美女破后"即《左传》闵公二年"内宠并后，外宠二政"的意思。②

　　《史记·外戚世家》中有"视其身貌形状"一句，王念孙根据《艺文类聚·人部》《初学记·中宫部》《太平御览·皇亲部》《太平御览人事部》所引这段文字的"身貌"均"体貌"众多证据，断定《史记·外戚世家》中的"身"字当作"体"字。其理由之一是：古书中没有"身貌"连文的。理由之

————————

① 《读书杂志》，631页。

② 同上书，2页。

二是可能由于"体（體）"字的俗体作"軆"，因书写时少掉右半故讹为"身"字。①

今日所说的衍文，王念孙称为"累于词"。如《晏子春秋·内篇杂上》有"君何年之少而弃国之蚤，奚道至于此乎"一句，王念孙根据《艺文类聚》《太平御览》，认定《晏子春秋》中的原文当作"子之年甚少，奚道至于此乎"②。

又《史记·商君列传》曰"孝公既用卫鞅，鞅欲变法，恐天下议己"，王念孙认为，"鞅欲变法"一句中"鞅"字，因为上文衍字。他说："此言孝公欲从鞅之言而变法，恐天下议己，非谓鞅恐天下议己也。孝公恐天下议己，故鞅有疑事无功之谏。若谓鞅恐天下议己，则与下文相反矣。"③

应当说，王念孙通过上下文意义的连贯关系发现了古书中的衍文现象。上述所举的例证皆确当而不可疑。

第五，利用汉语的对称规律纠正古书中的讹错语词。《荀子·修身》曰："安燕而血气不惰柬理也，劳倦而容貌不枯好交也。"杨倞对后面一句解释道："以和好交接于物，志意常泰也。"王念孙认为，"好交"二字与"容貌不枯"四字意思不相连贯，"交"当为"文"字之误。理由之一是："交"与"文"二字隶书形体相近。理由之二是："好文"与"柬理"相对。而且，《荀子》一书中凡言"文理"者，"皆谓理也"。如《礼论》篇云："孰知夫礼义文理之所以养情也。"《性恶》篇云："出于辞让，合于文理。"《赋

---

① 《读书杂志》，111 页。
② 同上书，545 页。
③ 同上书，119 页。

篇·礼赋》云："非丝非帛,文理成章。"①

《晏子春秋·内篇问上》曰:"尽智导民而不伐焉,劳力岁事而不责焉。"《群书治要》对后一句引作"劳力事民而不责"。后人不解"事民"二字的本义,改作"岁事"。王念孙认为《群书治要》作"事民"是正确的。理由是:"事,治也。谓尽智以导民,而不自矜伐,劳力以治民,而不加督责也。"如果作"岁事",与上句"导民"不相对。②

《管子·法法》曰:"号令必著明,赏罚必信密。"王念孙认为,"信密"当作"信必"。意思为信赏必罚。他举出了《管子》一书中其他地方用"信必"的句子。《八观》篇曰:"赏庆信必,则有功者劝。"《九守》篇曰:"刑赏信必于耳目之所见。"《版法解》曰:"无遗善,无隐奸,则刑赏信必。"③皆其证。

第六,利用古代制度、称谓、文化史等知识纠正古书中讹谬,增加了新的古典人文知识。

根据古人名、字称谓的规律,王念孙校正古代文献中的称谓之讹,从而揭示古代典籍中的一些讹错之处。如《史记·老子韩非列传》中有关老子的一段文字:"姓李氏,名耳,字伯阳,谥曰聃。"王念孙认为这是后人将《列仙传》的文字窜入《史记》的结果。《史记》的原义当作"名耳,字聃,姓李氏。"为此,他提供了众多证据。"《索隐》本出'名耳,字聃,姓李氏'七字。"《经典释文序录》曰:"老子者姓李,名耳,字伯阳。"《后

---

① 《读书杂志》,640 页。
② 同上书,535 页。
③ 同上书,435 页。

汉书·桓帝纪》注引《史记》曰："老子名耳，字聃，姓李氏。"①由上三条证据可以表明通行本《史记》中关于老子名、字称谓是错误的。

又《史记·仲尼弟子列传》中有"冉季字子产"一句。王念孙认为原本当作"冉季产"，"字子"二字为衍文。其他文本证据有二。《索隐》本出"冉季产"三字注"《家语》云：'冉季，字产。'"《唐书·礼乐志》作"冉季产"。在举出这两条其他文本证据后，王念孙又根据春秋时的名、字的惯例证明"冉季产"三字当为《史记》的原文。他说："冉季产者，冉其氏，季其字，产其名也。《左氏春秋》僖十六年，'公子季友卒'。《正义》曰：'季是其字，友是其名。'犹如仲遂叔肸之类，皆名字双举，是其例也。"可见，《史记索隐》《史记正文》所引《家语》"冉季，字产""冉季，字子产'"两种说法都是错误的。"古人无以伯仲叔季为名者，惟杜预注《左传》，谓祭仲，足名仲，字仲足，他人无此谬。"②

根据历史发展的常识，王念孙认为，《荀子·君道》篇"古有万国，今有数十焉"中的"数十"当为"十数"。③ 因为荀子处于战国末期，诸侯国已经没有那么多了，而《荀子·富国》篇就有"古有万国，今无十数焉"的句子。由此可见《君道》篇的"数十"当为"十数"。

一般人只知道古代的鼎有三足，很少有人知道鼎有四足的。王念孙根据《博古图》所载商周鼎有四足的知识，校正《墨子·耕柱》篇"鼎三足而方"一句当为"鼎四足而方"。证据是《艺文类聚》《广川书跋》《玉海》引《墨子》此篇此句均作"四足"。由此断定《墨子》"鼎三足而方"一句当为

---

① 《读书杂志》，115 页。
② 同上书，118 页。
③ 同上书，691 页。

"鼎四足而方"。①

　　根据春秋时代君上称臣下没有称将军的制度史通例，王念孙断定《晏子春秋·内篇杂上》"愿与将军乐之"一句中"将军"一词当作"夫子"。他说道："此文本作'愿与夫子乐之'，与上文答晏子之言，文同一例。后人以此所称是司马穰苴，故改'夫子'为'将军'耳。不知春秋之时，君称其臣，无曰'将军'者。《说苑》作'夫子'，即用《晏子》之文。《群书治要》所引正作'夫子'。"②在校读古书时，往往是说"有某某"容易，说"无某某"困难。王念孙谙熟春秋时代君称臣下的制度史知识，敢于断言"春秋之时，君称其臣，无曰'将军'者"，这是需要十分广博的上古制度史的知识方能下如此断言的。

　　第七，通过阐发古代汉语语法规律、具体作品行文义例，纠正古代典籍中的错误。王念孙通过对古代汉语某些句式规律的总结，从而纠正古代典籍中的某些句子的错误。他认为："凡经传中言坐于某处者，'于'字皆不可省。"以此语言规律为准绳，他认为《晏子春秋·内篇谏上》中"公被狐白之裘，坐堂侧陛"的后句当为"坐于堂侧陛"。而且，他还引《群书治要》《北堂书钞·衣冠部三》中的文献为例证，证明此句为"坐于堂侧陛"③。

　　《墨子·尚同中》曰："即此语也，古者国君诸侯之闻见善与不善也，皆驰驱以告天子。"王念孙根据《墨子》一书"即此语"一句无"也"的通例，认定此句中"也"为衍文。他说："'即'与'则'同，语犹言也。'则此语'

① 《读书杂志》，603 页。
② 同上书，543 页。
③ 同上书，524 页。

三字，文义直贯至'以告天子'而止。则语下不当有'也'字。凡《墨子》书用'则此语'三字者，语下皆无'也'字。此盖后人不晓文义而妄加之。"①

又，王念孙通过对《史记·扁鹊仓公列传》一文的研究，提出了该篇行文的义例："凡篇内称病得之于某事者，皆不言其病名，以病名已见于上文也。"以此义例为准，他认为该传中"临淄泛里女子薄吾病甚，臣意诊其脉，曰：蛲瘕。病蛲得之于寒湿"这段文字中"病蛲"之"蛲"为衍文。② 该衍文是因上句中的"蛲瘕"之"蛲"而生成的。更进一步，他还提出了另一个义例，即"凡篇内称所以知某之病者，皆不言其致病之由，亦以致病之由已见上文也"③。由此义例出发，他断定"病蛲得之于寒湿，寒湿气宛笃不发化为虫。臣意所以知寒薄吾病者"一段中"臣意所以知寒薄吾病者"一句中"寒"字为衍文。

另外，他发现，《淮南子》一书"通谓士为武"，则该书中"战武"即"战士"。后人不解此例，多有错误。如"越王句践一决狱不辜，援龙渊而切其股，血流至足，以自罚也，而战武必死"一段文献中，"后人不达，又于'武'下加'士'字，'必'下加'其'字矣"。④

王念孙的老师戴震在作《水经注》时，也通过发明义例，将注文与经文分开。凌廷堪在《仪礼释例》一书中，通过发明义例，将《仪礼》一书中很多复杂的问题一一加以澄清。相比较而言，王念孙的细致之处在于：他能对某部著作中某篇文章的义例加以总结归纳，体现了他读书研究的

---

① 《读书杂志》，569 页。
② 同上书，150 页。
③ 同上书，150 页。
④ 同上书，967 页。

深入与细心。也展示了"发明义例"之法在乾嘉学术研究运用中的广度与
深度。

　　第八，通过历史地理及其他综合性知识，解决古代典籍中的讹错问
题。《史记·曹相国世家》有"北救东阿"一句。王念孙根据历史地理的知
识，认为"阿"上本无"东"字，此是后人依照《汉书》加上去的，依据如
下。"东阿故城，在今阳谷县东北，本战国时阿邑。《田完世家》所谓'齐
威王烹阿大夫'者也。汉始置东阿县。故《史记》中或谓之阿，或谓之东
阿。《索隐》本出'弟救阿'三字，注云：'阿即东阿也。'《正义》曰：'今济
州东阿也。'则正文内无'东'字，甚明。"①因为《曹相国世家》记载的事迹
是汉朝以前的事情，只能称之为"阿"，而不能称之为"东阿"。王念孙凭
借熟悉的历史地理知识校出了《史记》中的地名错误。

　　《墨子·耕柱篇》中有"驾骥与羊"一句，王念孙从常识出发，认为羊
不可能与马并驾，认为此句中的"羊"字当作"牛"字。他根据《艺文类聚·
地部》及《白帖》五，并引作"驾骥与牛"，断定此句当为"驾骥与牛"。并
断定《太平御览》引此句已经误作"羊"。②

　　《荀子·不苟》篇有"君子审后王之道，而论于百王之前，若端拜而
议"一段文字。王念孙认为"端拜而议"不合古代议事之礼，而且"端、
拜"二字义不相属，"拜"即今天的"拱"字。因为字形与"拜"相似而讹
错。③ 在这段简短的辨讹过程中，既运用了文字学的知识，也运用了古
代礼制的知识。

---

　　① 《读书杂志》，111 页。
　　② 同上书，601～602 页。
　　③ 同上书，642 页。

2. "求真""求是"的学术目标与"后戴震时代"哲学精神的转向

王念孙是戴震的亲炙弟子之一。从思想的角度看，王念孙并未继承戴震的哲学思想。然而，王念孙继承并发展了戴震的古典语言学，并运用古典语言知识来广泛地校勘古代典籍，取得了巨大的学术成就。如果说，在戴震那里古典语言学的研究还只是服务于对经书之道的把握，语言学的研究还只是工具；在王念孙那里，古典语言学的研究虽然还没有独立成为一门专门的知识系统，然而已经初步具备了独立性。特别是其子王引之的《经传释词》一书的出版，标志着王氏父子的语言学研究已经让古代汉语的研究具备了相对独立性的学科基础了。

与戴震在经中求道的哲学追求不同，王念孙及其子王引之基本上放弃了对抽象的哲学之道的追求，而是以经典中某些句子、字、词原貌的还原为目的。用他们自己的话来说，即"实事求是"。"实事"，在王念孙的学术体系里是古代经典文本；"求是"，即对古代经典文本中某些字、词、句子本来面貌的还原。通过对古代经典中某些字、词、句子原貌的还原，进而对古代经典中局部意义进行还原。如他在研究《淮南子》过程中订正出《淮南子》一书九百余条错误，而"推其致误之由，则传写讹脱者半，凭意妄改者亦半。有因字不习见而误者"①。特别是在"有因误而致误者"条，王念孙将《淮南子》一书中连环性的错误发掘出来。此非有大学问，对传统的小学有一种通盘性的了解，不足以发现这种类型的错误。引文如下：

---

① 《读书杂志》，962 页。

　　《俶真》篇："昧昧棽棽，皆欲离其童蒙之心而觉视于天地之间。"棽读若燊。高注云："棽棽，欲所知之貌也。"昧昧棽棽，一声之转，各本"棽棽"误作"啉啉"，字书所无也。而杨氏古音余乃于侵韵收入"啉"字，引《淮南子》"昧昧棽棽"矣。①

　　类似的连环性错误还有：如《主术》篇"穟穟生于日"的'穟'字，《齐俗》篇"夫虾蟇为鹑，水虿为蟌"的"蟌"字，都是这样连环性的错误。王念孙都一一给掘发出来了。然而，王念孙并没有写出有关《淮南子》一书的哲学思想研究的义理性文章。因此，王念孙在《读书杂志》一书中所表现出的哲学精神，基本上是在训诂学活动中体现出一种"求真""求是"的精神。作为后戴震时代的学术重镇，他已然将戴震的"求道"哲学追求转向了对知识确定性的追求，体现出一种新的哲学精神，即求真、求是的哲学精神。

　　相对于其师戴震而言，晚年的王念孙在文献阅读方面已经大大地突破了戴震的范围，他把自己的阅读范围延伸到史部、子部与集部，不再像戴震那样，主要把自己的研究范围局限在经部。《读书杂志》一书涉猎的著作主要是秦汉的史部著作与秦汉诸子作品，如《逸周书》《战国策》《史记》《汉书》《管子》《晏子春秋》《墨子》《荀子》《淮南子》。也有一少部分内容涉及对汉隶的研究。由于王念孙的学术精神在于"求真""求是"而不是"求道"，他也完全可以不受经部著作范围的限制。因此，以惠栋、戴震为代表的乾嘉早期的古文经学研究的路径，因着自己内在学术理路的

———————————

① 《读书杂志》，965～966 页。

发展而导向了一种广义的古代语言学的研究，促使古文经学研究的自我解放而导向了一种广泛的古代典籍研究运动。其古代典籍研究运动的精神就是求真、求是。这种新哲学精神被梁启超、胡适认定为是一种"科学精神"。乾嘉学术由戴震的"求道"到王氏父子，阮元、段玉裁等人的"求是"的转向，恰恰是中国经学从自身内部合规律的运动、演绎出的新转向。此点与现代西方的解释学由《圣经》的经学解释逐步导向现代经典解释学运动，有某种相类似的思想史形式。其不同之处在于：两者之间的外面社会政治与经济环境的不同。西方现代解释学的产生，是由于外部资本主义生产方式的发生、发展而出现了一种新的文明形式。为了应对这一新的文明形式，传统《圣经》的思想必须适应时代的要求而需要加以新的解释。中国的古典经学研究恰恰是因为外部政治上的大一统，道统与政统的合一形成了巨大的政治专制力量，大批文人知识分子无法在道统建设方面有所作为，只好转向一种相对具有客观性的古典人文知识的研究，在不得已处发展出了一种新的古典语言学知识体系。当然，那个时代的知识分子也许真诚地相信他们所处时代的皇上已经把天下治理得很好了，不需要他们再去讨论什么"道"的问题了，故而转向了一种新的知识领域。

王孙念学术思想体系中的"是"，其具体内涵不外乎以下三个方面的内容：其一是文本之原貌；其二是一字之本形与本义；其三是史实之真相。这一点，在王引之的《经义述闻》中也有大致相同的表现。

王念孙等学者的求真、求是的学术研究活动，不迷信前人在经典注疏方面的权威结论，因而在学术研究活动中培养了部分士人尊重知识理性，反对学术权威的精神，因而间接地具有思想解放的意义。尤其是他们在经典研究中所开出的追求真确的古典人文知识的新精神方向，使得乾嘉以后的经学研究，进而扩展到子、史、集部等古代经典研究，都表现出一种明显的知识论倾向，从而在一定的意义上淡化了经学的思想控制力。不管是他们有意与无意的作为，这种知识论化倾向的经学与经典学研究运动都与统治者有意提倡的意识形态化的经学思想势力之间保持着一定的距离，从而为社会释放出了一定的知识理性空间，为学者们自由的学术活动提供了一处精神的避难所。嘉庆、道光以后的中国学术一方面继续沿着这种知识论化倾向的经学与经典学研究道路发展，另一方面今文经学又在悄然兴起。而伴随着海禁的渐开，传统中国社会向近现代社会的转型步伐也在加快。随着传统经学的解体，近、现代诸子百家学（包括史学、文学）的出现，新的知识体系呼之欲出。

3. 通过古代典籍研究表现出的求真、求是精神及其内在局限性

从纯粹的学术价值来看，王念孙的这种求真、求是的学术研究活动具有很高的学术价值。然而，从传统儒家"经世致用"的实践精神来看，这种求真、求是的学术研究活动又缺乏应有的思想解放与推动经济、社会发展的现实作用。

在这种求真、求是的学术研究过程中，他们也总结、发现了一些古代汉语语言学、语用学的基本规律，得出了一些具有较高真理性的认识结论。然而，这样一些非常零星的、分散的研究结论并没有来得及汇聚成系统的研究成果，使得他们各个人的具体研究成就通过一种整体性的整合，从而将中国古代典籍做一番全面的学术整理，为后来者提供一个相对可靠的学术文本。《四库全书》的编辑者完全秉承皇帝的政治意图，不可能完全尊重学者的真知灼见。而且由于编辑时间过于仓促，也来不

及吸收这些学者的精神劳动成果。即使到了现代，王念孙，以及其子王引之等人的研究成果也未能为我们时代的词典编辑者、古代典籍的校对、注释者所充分吸收①。这其中的原因很复杂。但有一点是应当值得注意的，即王念孙的一些研究成果，包括其子王引之的一些研究成果缺乏必要的使用方便性。这些研究成果还需要后人下大力气重新加以整理，有些地方也还要加以辨证，方能成为方便使用的人文学研究成果。

除了这些外部环境的因素之外，王念孙及其子王引之的古典语言学研究方法本身也存在一定的内在局限性，使得他们不可能完成古代典籍的全面校订工作。这一点，诗人学者、思想家龚自珍的说法非常值得重视。他在《古史钩沉论三》一文中，回答他的同时代友人要求其写订六经定本的问题时，非常悲观地表示，处于后世的人们因为无法全面了解《易》《书》《诗》《春秋》的文字流变真相，所以要了解真正的经文本字、本义，是不可能的。他说："姬周之衰，七十子之三四传，或口称《易》《书》《诗》《春秋》，不皆著竹帛，故《易》《书》《诗》《春秋》之文多异。汉定天下，立群师，置群弟子，利禄之门，争以异文起其家，故《易》《书》《诗》《春秋》之文多异。然而文、武之文，非史籀之挚也。史籀之挚，孔子之雅言，又非汉廷之竹帛。汉之徒隶写官，译形借声，皆起而与圣者并有权。然而竹帛废，契木起，斠纰者不作，凡契令工匠胥史学徒，又皆起而与圣者并有权，圣人所雅言益微。"②

不仅因为文字字形的变化导致不可能对儒家经典的真正面貌有全面

---

① 薛正兴在《王念孙 王引之评传》一书中多次所指出现代词典的编辑者与古籍校注者沿袭旧错误，而对王氏父子的研究成果未加吸收的现象。

② ［清］龚自珍：《龚自珍全集》，25～26 页，上海，上海人民出版社，1975。

了解，而且还因为儒家经典本身在流传的过程中经常运用假借的方法，所以也无法了解经典的真相。他又说："今夫《易》《书》《诗》《春秋》之文，十五用假借焉，其本字盖罕矣。我将尽求其本字，然而所肄者孤，汉师之泛见雅记者阙；孤则不乐从，阙则不具，以不乐从之心，采不具之储，聚而察之，能灼然知孰为正字、孰为假借……"①

龚氏对于汉字与经典流变过程的论述，着重从历史的断裂、不连续的角度立论，不无夸张之处，然在原则上道出了王氏父子、包括以戴震为代表的皖派乾嘉学者，通过古典语言学方法研究古代典籍的内在局限性。龚氏的说法虽然并不完全能成立，但对于生活在当代的我们认识乾嘉学者学术贡献及其内在局限性，提供了一个有益的思想角度。让我们思考并追问：他们所追求的历史还原的目标是否有问题？

再者，对于中国古代丰富的典籍研究，不能仅仅靠少数个人的力量，这其中需要分工合作。王氏父子之间虽然有分工，王念孙主要研究秦汉的重要史籍与诸子作品，而王引之主要研究经部作品，但是他们以《读书杂志》的方式加以叙述，在研究成果的分类处理方面也有不当之处。整体感觉是：他们的研究成果是一堆珍珠，但还未能成串。

在今天新的科技与学术环境之下，如果能经过合理的组织、分工，充分吸收王氏父子，包括整个清人的研究成果，全面系统地展开古代典籍整理工作，对于重要的经学、史学、子学的典籍先做研究，为后人提供一个比较可靠的经典文本，应当是一项可以做，而且也非常值得去做的文化事业。

---

① 《龚自珍全集》，26 页，上海，上海人民出版社，1975。

二、王引之的语言学研究与古典人文知识的增长

王引之(1766—1834 年)清代汉学家，字伯申，号曼卿，江苏高邮人。其祖安国、父念孙，皆以治名物训诂称著。王引之承其家学，究心《尔雅》《说文》《音学五书》等，以求文字、音韵、训诂之学。嘉庆四年(1799 年)为进士，以优异成绩径授翰林院编修，后擢升至礼部左侍郎，参与纂修《词林典故》，任实录馆、国史馆副总裁。道光七年(1827 年)晋工部尚书。曾奉旨勘订《康熙字典》讹误，辑为《考证》十二册。逝世后，谥号文简。其学以文字训诂最为专精，与其父王念孙齐名，并称"高邮二王"。

(一)新语义的发掘与古典人文知识的增长

王引之的学术特点及其贡献，可以通过龚自珍的《工部尚书高邮王文简公墓表铭》一文略窥一斑。他以平日所闻于王引之自我评价的口气说道：

> 吾之学，于百家未暇治，独治经。吾治经，于大道不敢承，独好小学。夫三代之语言，与今之语言，如燕、赵之相语也；吾治小学，吾为之舌人焉。其大归曰：用小学说经，用小学校经而已矣。又闻之公曰：吾用小学校经，有所改，有所不改。①

———————

① 《龚自珍全集》，147～148 页。

王引之敢于改正古人错误的是这样三类情况："周以降，书体六七变，写官主之，写官误，吾则勇改；孟蜀以降，椠工主之，椠工误，吾则勇改；唐、宋、明之士，或不知声音文字而改经，以不误为误，是妄改也，吾则勇改其所改。"①王引之不敢乱改的一类错误是："周之没，汉之初，经师无竹帛，异字博矣，吾不能择一以定，吾不改；假借之法，由来旧矣，其本字十八可求，十二不可求，必求本字以改假借字，则考文之圣之任也，吾不改；写官椠工误矣，吾疑之，且思而得之矣，但群书无佐证，吾惧来者滋口也，吾又不改。"②

由上所引文献可知，王引之的学术研究内容及其方法是通过小学的途径来研究儒家经典，改正其中存在的各种文字错误。而改正经典中的错误有敢改与不敢改的原则，因而其改正经典中错字的行为是非常小心谨慎的。以下将通过其《经义述闻》一书的语言学研究的成就，揭示其在经学研究活动中掘发出的一些古典人文知识，从而考察其对清代人文知识增长的意义。

1. 发掘古代语词被淹没的语义

王引之是古代语言学家，他的经学研究不是从整体上阐发经学的微言大义，而是通过经学中个别语词中被湮没的古义发掘，从局部上为经学的新解释提供新的语言学材料。在《经义述闻》卷三十一《通说》上部分，他通过语义训诂的方法，揭示了古代汉语中一些词汇长期被湮没的语义。这些被湮没的语义的重新发掘，从一定的意义上说促进了古典人

---

① 《龚自珍全集》，148 页。
② 同上书，148 页。

文知识的增长。从下面列举的 7 个语词的训诂，可以看出其语言研究对于增长古典人文知识的意义。

①"有"与"友"通，均可训为"亲"。① 通过对"有""友"二字在《诗经》《左传》中的多项例证的分析，王引之纠正了古代的注释错误，实有助于后人正确阅读古籍文献。

②"时"训为"善"。王念孙认为只有《毛传》一见，而王引之则举出了多个例子，并提出了新的理由，即"'善''时'一声之转"，故可以训"时"为"善"。② 不过，从语义的角度看，"时"训为"善"，其"善"并非"善恶"之"善"，乃是"好"的意思。王引之训"善"为"嘉"，颇为恰当。然而这两个字之间的意义相关性可能不是声音相同或相近的原则，应当是意义的引申。做事能合时宜当然可以称为"好"。故"时"可以训为"善"、训为"嘉"。王引之仅从声音与意义相关联的原则出发训时为善，仍有未尽其意之处，应当注意到词汇的意义引申原则。

③"赵注释'为'为'有'，足补经训之阙，而字书、韵书皆不载其义。"③此条通过对经训的历史研究，发掘出了"为"可以训释为"有"的新意。为此，王引之又做了系统的材料补充。

④"'从容'有二义，一训为'舒缓'，一训为'举动'。其训为'举动'者，字书、韵书皆不载其义，今略引书以证之。"④在此条，王引之先列举《楚辞》中的例子，以《楚辞》证《楚辞》，此为内证法；次引《中庸注》中

---

① 《经义述闻》，726 页。
② 同上书，727 页。
③ 同上书，272 页。
④ 同上书，728 页。

的错误例子，以见训诂于经义正确解释的重要性，"训诂明而经义明"。顺便又批评了郑笺的错误。在此条词义的训释过程中，王引之还拓展了戴震"一字之义，当贯群经"的训诂原则，将一词之意的训释，发展成贯通经、史、子的训释原则。这应当是王引之对戴震学术思想的发展。最后，他又对该词之变形做了引申性的论述，将"从容"与"竦踊""伀愬"联系起来，从而将"因声求意"的原则在词义训释方面加以拓展，即由字义拓展为词义，并从自动与使动的词语使用方法的角度进一步解释了"从容"与"伀愬"的意义相通与词法相异之处。这是王引之对古代汉语动词用法研究的一项贡献。

⑤"家大人曰：'葿'可训为'立'。而字书、韵书皆无此训。""家大人曰：《吕氏春秋》顺说、求人二篇注并曰：'归，终也。'而字书、韵书皆不载此训。"①王引之在继承其父王念孙的研究成果的基础上，反复言说某字、某词之义于字书、韵书皆无，而通过经、史、子等典籍或传、注类著作，详细证明自己研究的新发现。这是在经、史、子的研究过程中积累新的人文知识的做法。这些人文知识虽然客观地存在于古代的典籍之中，然由于语言的变化、发展，某些字、词的意义被长期湮没了。王念孙、王引之父子俩通过古典人文学的"知识考古"形式，以人文实证的方法掘发沉沦于古代典籍之中的某些字、词的原初意义或另一面意义，对于拓展人文学的知识视野具有积极意义。相较于宋明理学的义理创新而言，清代乾嘉学术中的知识考古运动更偏重于人文知识，即字、词意义的发掘，以此来拓展人文学者的知识视野，从而间接地达到或实现对

① 《经义述闻》，730～731 页。

经典意义的新解释。因此，我们可以说乾嘉学者是通过知识视野的扩展来实现意义的再创新。对于学者个人而言，这些零星的创新并不成某一创新的系统。然从一个时代而言，则在整体上实现了思维方式的革命，造成了思想"范式"的转移——即通过人文实证的方法实现思想的创新。

⑥释"贯"为"行"。① 王引之引其父之言，将"贯"释为"行"，并旁征博引以证明此词为"行"之意。阮元、焦循释《论语》"一以贯之"句皆释"贯"为"行"。因此，以"行"释"贯"在清代学术中有相当高程度的共识。然语言学的训诂并不能完全代替哲学思想的意义解释。"贯"释为"连贯"，"贯穿"也不能说是错误的。这里涉及训诂学与哲学解释学的复杂关系，此处不再详论。

⑦"物"有"类"义。王引之认为，"物之为事，常训也。又训为类。《系辞传》：'爻有等，故曰物。'韩注曰：'等，类也。'桓二年《左传》：'五色比象，昭其物也。'谓昭其比类也。……《方言》曰：'类，法也。''物'训为'类'，故又有法则之义。《大雅·烝民》篇：'天生烝民，有物有则。'"王引之对"有物有则"一句又有所引申，"《孟子·告子》篇引此而释之曰：'有物必有则。'言其性有所象类，则其情必有所法效。性有象类，秉夷之谓也。情有法效，好是懿德之谓也。故下文遂曰：'民之秉彝也，故好是懿德。'"②

上述"训物为类"的词义考古，孤立地看起来仅是对词义的再发掘。然而，联系《大雅·生民》"天生烝民，有物有则"一句中"物"字的训释历

---

① 《经义述闻》，733 页。
② 同上书，738 页。

史，我们就会发现此训释所包含的深刻的哲学意义的颠覆。宋儒二程皆训"物"为"事"，戴震对此句中的"物"字亦训为"事"。并从"实事求是"的经验主义思维出发，将这一句话解释成从具体的万民生活中寻求人伦之理。王引之应当读过戴震的《孟子字义疏证》一书，然而并不同意他的老师戴震对此句话中"物"字的训释，而是将"物"字训为"类"。就"类"之义而言，则此句的意思是：民有其类则当各效法其所好之法则。他还进一步引《孟子》一书对物训为类的解释，以证明自己的训释为的训。虽然还不能说是旁征博引，然而也是言之有据的。如果像王引之所言，将"物"训为"类"，则《大雅·生民》一诗中这句话可以释为"有类有则"，《孟子》一书中"有物必有则"一句可以训释为"有类必有则"。这是可以说得通的一种新解。不过，将"物"训为"事"也并不能算是错误的训释。这里涉及字、词意义的训诂与经典整体思想的系统解释之间的复杂问题了，在此是非三言两语所能说清的事情。从经验论的哲学立场来看，"万民"的表象让人感觉到无从去把握他们、管理他们。然而诗人告诉我们，这一由上天生出的"万民"，其实是有内在的规则可循的。因为所有的事物表相背后都有其一定的法则。故孟子才说：有物必有则。当然，如果说是"有类则必有则"，也可通。然而，戴震在对此字的解释上没有与二程、朱子立异，在其"气化流行即道"的形上学框架里，将"物"训为"事"，努力寻求事相背后的法则。戴氏的这一词义训释与其哲学思想体系具有内在的一致性。

王引之发掘"物"在常义"事"之外的另一层意思——类、法则，这本身并没有错，扩大了人们对"物"一词的多义性的认识，从而扩大了人们对古代汉语意义的认识范围，由此，我们可以进一步地说，他也拓展了经典的意义世界与古典人文知识的视野。如果依照王引之训"物"为"类"的意义方向，对传统经学中"物与则"的关系做一更深入、系统的研究，或许能开辟出另一个经学的解释系统。可惜戴震之后的乾嘉考据学没有在思想系统的解释与建构方面做出更多的努力。

(二)揭示古代汉语在实际运用中的复杂现象

王引之在《经义述闻》卷三十一《通说上》部分，还发现并总结出了古代汉语中双声、叠韵，复语，双字词汇，古代汉语中的特称、泛称、通称等多种复杂的语言现象与语用学现象，对于后人进一步深入、准确地解读古代经典的意义提供了语言学的新成果。

①双声、叠韵现象的发现。王引之说"夫双声之字，本因声以见义。不求诸声而求诸字，固宜其说之多凿也。"通过对双声词"犹豫"一词的分析研究，王引之批评了训诂史上依字形字义训释词义的缺陷。这里涉及以下两个问题。其一，字与词的关系。古代汉语（包括现代汉语）中，有时字与词的界线并不是很清楚的。此为字与词重合现象。其二，字义小与词义大，词脱离字而别有意义，特别是双声词、叠韵词之类，像"犹豫"，以及与"犹豫"意义相同的一些双声词。词不脱离字而有更加丰富的意义，如"自由"一词，此为双音节词，而此类双音节词经过语言与思想的发展而演变为一个特殊概念的时候，其意义更加丰富。然其根本意义仍然与字义相关。"六书"原理表明，汉字有依形起义，有依声起义。然"词"在语言中比字的意义更为丰富。字为词素，词为句素。依声起义的词，若依字形训义，的确有穿凿之处。然亦不能一概而论，夸大依声起义原则的适用范围。

王引之发现，双声词有一个发展过程，从单声词发展而来。"犹豫"一词，可以分开来解。"犹"与"豫"均可作"犹豫"解。《管子·君臣》篇有"贰豫之心"，《老子》有"犹兮若畏四邻"。

与"犹豫"意义相同而词形不同的词有："犹犹、与与、夷犹、容与、狐疑、嫌疑、踟蹰"等。

对于双声、叠韵一类词语的训释，王引之接受了同时代人"因音求义"的正确方法，提出了因声求义的方法论原则。他说："大氐双声叠韵之字，其义即存乎声。求诸其声则得，求诸其文则惑矣。"①训诂学的词学原则的确立可以视为清代训诂学超越汉代训诂学的地方。在一定意义上已经使训诂学超越了搜集材料、整理材料的阶段。在此原则指导下，王引之引其父王念孙之言，以为唐初之人，已经不了解古汉语中"无虑"一词的真正意思了。这应当是中国语言学史上的一个重要的词义研究成果。他通过对唐以前中古汉语史的疏通，将"无虑"一词的本来意思阐明了。"无虑"即"大凡"也，概指之词，非精确计算之词，非不考虑之意也。又，"无虑"一词还有变形的，有时"虑"亦即"无虑"之意，见《荀子·议兵》《汉书·贾谊传》，有时"无虑"作"勿虑"。有时先秦文献作"摹略""孟浪""莫络"。

王引之认为，上述词汇在语用过程中的这些变形都是一声之转的结果。通过因声求义的词学研究方法，王引之为后人正确阅读古代经典文本，更加逼近古代经典的原义，提供了语言学研究的成果与训诂学的经验。

---

① 《经义述闻》，730 页。

②复语现象的发现。王引之说："殆，亦疑也。古人自有复语耳。"王引之认为，古汉语有少量的双音节的词汇，即他说的"复语"：

> 何休注襄四年《公羊传》曰：殆，疑也。……《史记·仓公传》："良工取之，拙者疑殆。"殆，亦疑也。古人自有复语耳，字亦作"怠"。《庄子·山木》篇："侗乎其无识，傥乎其怠疑。""怠疑"即"疑殆"也。文十二年《公羊传》："惟诶诶善诤言，俾君子易怠。"怠，疑惑也。言使君子易为其所惑也。后人但知"殆"训为"危"、为"近"，而不知又训为"疑"。盖古义之失传久矣。①

王引之通过对古代训诂成果的吸收，结合经典训诂的实际，首先对"殆""怠"二字具有疑惑之义进行训释，扩大了人们对"殆""怠"二字的意义认识。而尤为重要的是，他以此为基础提出了古代有"复语"现象，这既是当时古汉语研究的一项新认识，一种新的古典人文知识的新发现，同时也为正确理解古代汉语的复杂现象提供了新的语言学成果。

③对古代汉语中"义同字异"的双字词的发现。王引之认为，古代汉语中有一些双字词。这些双字词中的上下两字的意义相同，不可拆开解释，颇类似现代汉语中的双音节的词不可分拆一样，如王引之说：

> 古人训诂，不避重复，往往有平列二字。上下同义者，解者分为二义，反失其指。如《泰·象传》："后以裁成天地之道，辅相天

---

① 《经义述闻》，740 页。

地之宜。"解者训"裁"为"节"。或以为坤富称财。不知"裁"之言"载"
也,"成"也。"裁"与"成"同义而曰"裁成",犹"辅"与"相"同义而曰
"辅相"也。《随·象传》:"君子以嚮晦入宴息。"解者以为退入宴寝
而休息,不知"宴"之言"安","安"与"息"同义也。①

　　此处所谓"经传平列二字上下同义",从现代汉语的角度看可以理解
为一个由双字构成的词汇的双字词或双音节词。在《经义述闻·通说
下》,王引之一共列出了 64 个双字词的材料,列表如下(见表 6-1)②。

表 6-1　"经传平列二字上下同义"

序号	双字词	经典出处	释义
1	裁成	《易·泰卦·象传》	完成
2	辅相		辅助、襄助
3	宴息	《易·随卦·象传》	休息
4	威侮	《尚书·甘誓》	轻慢
5	弱孤	《尚书·盘庚》	弱寡、轻忽
6	暂遇		险诈
7	昏弃	《尚书·牧誓》	蔑弃
8	应保	《尚书·康诰》	应受
9	泯乱		混乱
10	猷裕		道
11	陈修	《尚书·梓材》	治
12	肆矜	《尚书·多士》	缓

---

① 《经义述闻》,772 页。
② 同上书,772～774 页。

续表

序号	双字词	经典出处	释义
13	违怨	《尚书·无逸》	怨
14	咸刘	《尚书·君奭》	遏刘、虔刘
15	鸥义	《尚书·吕刑》	鸥，轻；义，邪
16	元黄	《诗经·周南·卷耳》	病
17	宣骄	《诗经·小雅·鸿雁》	骄奢
18	戏谈	《诗经·小雅·节南山》	戏调
19	齐圣	《诗经·小雅·小宛》	聪明、睿智
20	宣昭	《诗经·大雅·文王》	明
21	罪悔	《诗经·大雅·生民》	咎
22	诡随	《诗经·大雅·民劳》	谲诈
23	强御	《诗经·大雅·荡》	强
24	溥将	《诗经·商颂·烈祖》	溥，大；将，长
25	祸适	《诗经·商颂·殷武》	谪过
26	秩叙	《周礼·天官》	宿卫之次第
27	岁年	《周礼·春官》	年
28	勿虑	《大戴礼记·曾子立事》	无虑
29	信惮	《大戴礼记·文王官人》	信
30	工故		工巧
31	此若	《礼记·曾子问》	此
32	齐遬	《礼记·玉藻》	速
33	道艺	《礼记·少仪》	艺
34	佔毕		"佔"为"笘"借字，"笘""毕"皆竹简也
35	讯言		"讯"与"谇"通，犹告语也

续表

序号	双字词	经典出处	释义
36	志微		志亦微也
37	狄成		疾貌，快速
38	德厚	《礼记·乐记》	仁厚
39	燱糅		杂糅
40	建橐		即鞬橐，盛弓矢的器具
41	饕餮	《左传》文公十八年	贪得无厌者
42	施舍	《左传》宣公十二年	赐予
43	冯陵	《左传》襄公八年	侵犯
44	亿逞	《左传》襄公二十四年	满盈
45	疆潦		即"礓砾"，小石
46	闬闳	《左传》襄公三十一年	门
47	完缮		修其墙垣
48	董振	《左传》昭公三年	"动震"，敬谨
49	宠灵	《左传》昭公七年	赐福
50	陟恪		登，升天
51	昭庸		即昭融，明
52	散越		越，扬也，与"散"义近；散越，消散
53	夭昏	《国语·周语》	昏，没也，死也，与夭同义；夭昏，死，早亡
54	汨越		治理
55	过慝	《国语·周语》	"慝"即"忒"之借字，"过慝"犹"过差"也
56	殄病	《国语·鲁语》	病
57	选具	《国语·齐语》	"选"亦"具"，全
58	惑蛊		蛊惑
59	覆露	《国语·晋语》	"露"亦"覆"也，荫庇、养育
60	肃给		敏捷

序号	双字词	经典出处	释义
61	淳燿	《国语·郑语》	"淳"为"焞"之借字，"焞燿"，明也
62	民烦	《国语·楚语》	昏乱之人
63	齐肃		疾速
64	朋势	《国语·吴语》	盛怒

上述所列 64 例，在今天看来，并不一定都可被看作一个古代的双字词，但王引之揭示出古代经传中上下平列二字意义相近或相同的语言现象，绝大部分是真实可信的。这一语言现象为认识汉语由单字词向双字词过渡提供了古典语言学的统计学资料，值得重视。

④揭示了古代汉语词汇的特称、泛称、通称之复杂现象。以"孝、南面、身"为例，王引之揭示了古代汉语词汇在使用过程中的复杂性，有的是特称，有的是泛称，有的是通称。以"孝"字为例，王引之说：

> 《尔雅》善父母为孝。推而言之，则为善德之通称。《逸周书·谥法》篇曰："五宗安之曰孝。慈惠爱亲曰孝。秉德不回曰孝。"则所包者广矣。《文侯之命》曰："追孝于前文人。"言追善德于前文人也。《大雅·文王有声》篇："遹追来孝。"遹，辞也。来，往也。言追前世之善德也。前世之善德，故曰往孝。即所谓追孝于前文人也。①

这是从词汇使用的方法角度揭示了"孝"在通称的用法上具有"善"的

---

① 《经义述闻》，737 页。

意义项。这种词义训释已经超出了汉儒的训诂传统，而是带有从词汇运用规律的语用学角度来归纳古代字、词的意义了。

又，"南面"一词后来专指帝王，但在古代汉语的不同语境中也可泛指诸侯、卿大夫。如王引之说："书、传凡言南面，有谓天子、诸侯者……有谓卿大夫者……盖卿大夫有临民之权……故曰可使南面也。"① 这里揭示了"南面"一词的泛称用法。又，"身"一词具有多义性，有时指人的全身，有时特指人的身体的部分。如王引之说："人自顶以下，踵以上，总谓之身。……颈以下，股以上，亦谓之身。"② 这里，"身"有特称、有通称等不同用法。

王引之从语用学的角度揭示古汉语具有特称、通称、泛称的三种用法，对于后人在古代汉语的语境中正确把握语词的意义，进而更好地理解古代典籍文本的意义，提供了词汇学的帮助。

⑤对"假借"说的发展。对于训诂学中的"假借"说，王引之有新的发展。他区分了造字之"假借"与语言运用过程中依声近原则而"假借"的用字法的不同，进而进一步揭示了汉代经师的注经义例，"有读为之例，有当作之例"。即使如此，古书仍然有改之不尽的用字类"假借"现象存在。在《经文假借》一文中，王引之不惮烦琐，列举了 256 例"假借"现象，对于正确理解经文提供了很好的语文学的研究成果。

在王引之研究的基础上，我们将这 258 例依王氏列举的次序，以表格形式列出，以方便查阅。列表如下（见表 6-2）③。

---

① 《经义述闻》，741 页。
② 同上书，741 页。
③ 同上书，756～761 页。

表 6-2 "经文假借"

序号	本字	借字
1	广	光
2	又	有
3	摺	簪
4	故	蛊
5	蹁	辨
6	彶、疧	祇
7	场	易
8	裔	繘
9	阱	井
10	鬻	悚
11	待	时
12	襦	缥
13	搏	尊
14	乇	坼
15	载	财
16	营	荣
17	问	闻
18	论	纶
19	功	贡
20	先	洗
21	遍	辨
22	帀	杂
23	抑	噫
24	成	盛
25	辨	平

续表

序号	本字	借字
26	旁	方
27	謐	卹
28	育	胄（此条与 35 条重出）
29	立	粒
30	滑	忽
31	暨	玑
32	由	犹
33	孟	明
34	渐愚	暂遇
35	胄	育（此条与 28 条重出）
36	淫	沈
37	底	指
38	泯	昏
39	敏	谋
40	正	政（此条与 53 条重出）
41	丰	逢
42	巧	考
43	亡	忘（此条与 91 条重出）
44	亟	极
45	懋	冒
46	依	衣
47	辨	别
48	率	乱
49	敶	陈
50	勔	面

续表

序号	本字	借字
51	紊	文
52	隐	依
53	政	正（此条与 40 条重出）
54	说	阅
55	俄	咸
56	俄	义（義）
57	福	富
58	敤	择
59	碬	格
60	渝	输
61	折	哲
62	惎	忌
63	哑	恶
64	放	方
65	忔	墅
66	憬	景
67	终	众
68	而	能
69	嗅	濕
70	嫲	还
71	耆	儇
72	沫	寐
73	职	直
74	嗞	子
75	苦	盬

续表

序号	本字	借字
76	讹（譌）	为
77	慎	辰
78	杞	纪
79	棠	堂
80	谇	讯
81	皆	偕
82	豫	誉
83	檡	择
84	宇	芋
85	阿	猗
86	亿（億）	意
87	猝	卒
88	嬥嬥	佻佻
89	姣	交
90	逑	求
91	忘	亡（此条与43条重出）
92	杜	土
93	跱	时
94	柞	作
95	烈	栵
96	莘莘	嘽嘽
97	概	溉
98	䜋	随
99	诟	垢
100	功	公
101	烝	承

续表

序号	本字	借字
102	福	幅
103	云	陨
104	捄	球
105	发	旆
106	过	祸
107	敝	币
108	宾	嫔
109	宣	和
110	羞	修
111	施	弛
112	旟	襜
113	与	举
114	魨	纯
115	譮	会
116	教	学
117	拨	发
118	託	宅
119	蹙	缩
120	历	栗
121	即	柫
122	胖	辩
123	忽忽	勿勿
124	欺	蹙
125	稼	家
126	敷	傅
127	协	汁

续表

序号	本字	借字
128	偝	倍
129	质	致
130	采	宰
131	侥	饶
132	緆	杨
133	征	政
134	焕	奂
135	驔	龙
136	郊	高
137	径	刑
138	散	鲜
139	阽	痁
140	焷	捭
141	瓠	华
142	醮	齐
143	馨	遭
144	阿	可
145	旛	蕃
146	谤	旁
147	笘	佔
148	情	静
149	誂越	狄成
150	涤荡	条畅
151	器	气
152	糅	扰

续表

序号	本字	借字
153	虽	唯
154	毽	建
155	齐	侪
156	仪	义（与 179 条重出）
157	众	终
158	植	置
159	蓼	缪
160	际	察
161	人	仁
162	诡	危
163	悖	费
164	裯	敝
165	戁	难
166	者	诸
167	经	径
168	吁	呼
169	减	咸
170	免	勉
171	道	首
172	祇	多
173	楸	萩
174	疗	药
175	昧昧	没没
176	盈	逞
177	究	鸠

续表

序号	本字	借字
178	礓礤	疆潦
179	仪	义（与 156 条重出）
180	訰訰	谆谆
181	旌	靖
182	动	董
183	震	振
184	舆	举
185	仪	议
186	格	恪
187	惭	斩
188	刑	形（与 213 条重出）
189	聚	取
190	干	间
191	佰	宿
192	啟	坻
193	服	備
194	小白	少帛
195	基	慁
196	咎	皋
197	生	性
198	输	渝
199	融	庸
200	讦	迁
201	昭	招
202	遍	辩
203	忒	慝

续表

序号	本字	借字
204	屈	黜
205	慈	滋
206	焞	淳
207	泯	民
208	躬	宫
209	率	类
210	纵	从
211	冯	朋
212	呴	鉤
213	形	刑（与188条重出）
214	辟	臂
215	只（隻）	易
216	旄	茅
217	穷（窮）	躬
218	治	殆
219	睋	俄
220	殄	填
221	俘	苞
222	奇	倚
223	群	君
224	疛	逐
225	鼠	写
226	愮	繇
227	熏	伦
228	诡	危

续表

序号	本字	借字
229	厕	哉
230	珍	畛
231	腆	殄
232	馗	述
233	唐	堂
234	岸	瓹
235	芜	杬
236	樊	蔽
237	殪	翳
238	幡	繁
239	慈	子
240	慧	惠
241	险	俭
242	纱	沙
243	涅	泥
244	怢	佚
245	怠	殆
246	愿	贷
247	哲	制
248	遍	变
249	亶	惮
250	横	皇
251	播	波
252	陌	百
253	释	赦

续表

序号	本字	借字
254	悁	廷
255	惟	虽（雖）
256	惮	战
257	叩	口
258	歑	色

从今人的角度看，王引之对语言运用过程中如此复杂的"假借"现象做一材料的收集、整理工作，目的是希望后人阅读经学文献时能够切合于经文之原义。他的语言学研究背后暗含量着一种追求经典"原义"的深层动机，否则很难以如此深细的功夫列举如此众多的假借现象。在列举了这么多被前人遗漏的"假借"现象之后，王引之这样说道："若是者，由借字之古音，以考同音之本字，惟求合于经文，不敢株守旧说。"①

不过，通过进一步的研究，我们发现，王引之在上述所列的借字条目里，有些字是否属于借字，也还有可以商榷的余地。例如，上表中所列的第 7 条、第 194 条、第 195 条、第 197 条、第 200 条、第 201 条，第 214 条、第 228 条、第 242 条、第 252 条、第 255 条，极有可能是形讹，并不一定就是音近、音同而假借的。另外，有些个别字在一般的典籍中很少出现，如第 112 条的两个字等，或许只具有学术史的意义。虽然如此，王引之从汉语语用学的角度阐发"六书"中的"假借"法，在原则上还是能够成立的。

---

① 《经义述闻》，761 页。

(三)批评训诂学中的"缘词生训"，追求古代政教制度之本义——释"养、射"二字之本义

《孟子·滕文公》曰："庠者，养也；校者，教也。序者，射也。"赵岐注曰："养者，养耆老。射者，三耦四矢以达物导气。"《礼记·王制》曰："有虞氏养国老于上庠。"郑玄注曰："庠之言养也。"王引之举以上两例说："此皆缘辞生训，非经文本意也。"①

"缘词生训"②是戴震在《古经解钩沉序》批评学者在注释古代经文时所说，即未达古代典章制度，只根据经文的语境、脉络而望文生义的注释方法，这种注释方法当然无法将经文中的真实意义揭示出来。此处，王引之批评赵岐、郑玄的经注为"缘词生训"，主要也是从整体上考察了周王朝的贵族子弟的教育制度，认定"序训为射"，亦是教导之名。通观王引之所论，其训"射"为教导之名，而非射箭之意，颇为得当，不可移易。他说：

> 庠、序、学、校，皆为教学而设。养老习射，偶一行之，不得专命名之义。庠为养，序训为射，皆教导之名。其意本相近也。……射、绎古字通。《尔雅》云："绎，陈也。"《周语》云："无射，所以宣布哲人之令德，示民轨仪也。"则射者，陈列而宣示之。所谓"谨庠序之教，申之以孝弟之义也。"此序训为射之说也。养射皆教也。教之为父子，教之为君臣，教之为长幼。故曰，皆所以明

---

① 《经义述闻》，744页。
② "缘词生训者，所释之义，非其本义。"见《戴震全书》第六册，378页。

人伦也。①

由此进而引申到"徹""助"二字的训诂，王引之认为，这都是"因本事以立训"的古代汉语表达方法的体现。所谓"因本事以立训"，即通过具体事件以确立词语的意义，然而其所实际意义则不是字面所表达的具体事件，而是另有所指。语词的意义必须在古代制度的整体意义中去理解。王引之说："徹者，徹也。助者，借也。庠者，养也。校者，教也。序者，射也。皆因本事以立训。岂尝别指一事以明之哉。"②

王引之将词义训释与古代社会的教育制度、经济制度联系在一起，深得戴震学术之精神，即运用语言、古代典章制度的知识训释经典字义的实证精神。

(四)以"介"字隶变为"个"字为例，揭示汉字书写形态变化造成字义、词义的讹错的典型形态

在《经义述闻》一书中，王引之以十分详细的文字演变史材料为证，揭示了后来古籍中"个"字与"介"字的关系。他有感于唐以后学者不明白"'个'为'介'字隶书之省"的学术现象，通过音韵学知识，同时辅以大量的文献学材料证明"'个'为'介'字隶书之省"这一学术结论。他说："自唐以来，缀学之士，皆不知'个'为'介'字隶书之省。又不知'介'字之音可以转而为'箇'，而见音古拜反者，则以为当作'介'，见音古贺反者，

---

① 《经义述闻》，744 页。
② 同上书，744 页。

则以为当作'个'，始则强分'介''个'为二，既则疑《说文》之脱'个'字，而增'个'字以为'箇'之重文，于是仓史之遗文，竟乱于向壁虚造之说矣。此不可以不辩。"①

从今人的角度看，这一学术结论也许并没有多少现实的或者实际的价值，但其具有学术的价值与意义，而且对于古典人文知识的增长而言，亦有意义。

首先，他从"介"字隶变的字形学角度，揭示了"介"与"个"之间的关系。

其次，他从古音的角度揭示"介"与"个"相通之处。"'介'音古拜反。又音古贺反。犹'大'之音唐佐反，'奈'之音奴箇反，皆转音也。后人于古拜反者则作'介'，于古贺反者则作'个'，而不知'个'即'介'字隶书之省，非两字也。"②

为了证明他自己的这一结论，王引之举出了七个例子。列表如下（见表 6-3）③。

表 6-3 "'个'为'介'字隶书之省"

序号	原文	出处	经、传、注之旁证	结论
1	"如有一介臣。"	《尚书·秦誓》	①《释文》："介，音界。"马云："又作'个'。"②《大学》又作"一个臣"。《释文》："个，古贺反。一读作介。"③文十二年《公羊传》引作'介'。《释文》：'介，古拜反。'《尚书音》：'古贺反。'"	"'介'与'个'岂有两字乎？"

---

① 《经义述闻》，751 页。
② 《经义述闻》，747 页。
③ 《经义述闻》，747～751 页。

序号	原文	出处	经、传、注之旁证	结论
2	"亦不使一个行李告于寡君。"	《左传》襄八年	①杜注："一个，独使也。"②《方言》："介，特也。"《广雅》："介，特独也。"③《左传·昭公十四年》传："收介特。"注曰："介特，单身民也。"	①"是'介'字训独训'单'。"②"《吴语》亦曰：'一介嫡女，一介嫡男。'与一个无二义也。"
3	"譬如群兽然，一个负矢，将百群皆奔。"	《国语·吴语》	《方言》："介，特也。物无耦曰特，兽无耦曰介。"郭注引传曰："逢泽有介麋，一个负矢。""正所谓兽无耦曰介也。"	"介以寡言之也。"
4	"国君七个，遣车七乘。大夫五个，遣车五乘。"	《礼记·檀弓》	①郑注："个，谓遣奠牲体之数。"《释文》："个，古贺反。"②《北堂书钞·车部上》引作"国君七介，大夫五介"。③公食大夫礼注："下大夫体七个。"《释文》："'作''介'，古贺反。"④《士丧礼》下篇注："土苞三个。"《释文》："'个'作'介'，古贺反。"	①"是'个'即'介'字。"②"是音作古贺反者，字亦作'介'。音虽有二，而字则无分。"
5	"鹿皮四个。"	《国语·齐语》	①韦注："个，枚也。"明道本作'分'。"《管子·小匡》篇亦作'分'。②《广韵》："介，古拜切，俗作'分'，是'介'字俗书，与'分'相似。"	"'四个'之'个'，若非介字，何以明道本及《管子》皆误为分？"
6	"矢八分。"	《大戴礼记·投壶》	"郑注《小戴投壶》曰：'投壶者，人四矢。亦人四算。'上文司射执八算。盖一偶二人，人四算，二人则八算。八算则当有八矢。故曰：'矢八介'。"	①"'分'即俗书'介'字之讹。"②"八介者，八枚也。"
7	"天子居青阳左个。"	《礼记·月令》	①郑注曰："青阳左个，大寝东堂北偏。"②向秀注《庄子·养生主》篇曰："介，偏刖也。是'介'字训为'偏'也。"	①"是'介'字古训为'偏'也。"②"'个'亦与'介'同。"

王引之的结论是："个为介字隶书之省，见于汉碑者显然可据。故《说文》有'介'无'个'。学者不察，而强分为二字，字各为音，作'介'者必古拜反，作'个'者必古贺反。《玉篇》《广韵》以下诸书相沿不改，所谓大道以多歧亡羊也。"①

通过"个"与"介"二字的研究，王引之揭示了汉字发展史过程中形变与音变的内在关系，批评了元代文字学家戴侗乃至《说文解字》研究的大家段玉裁在此问题上的认识错误，并对《说文》一书的体例又做了新的阐发。他说："《说文》凡有重文，皆注'云某'或作'从某'。如果有'个'字为'箇'重文，则当云'箇'或作'半竹'，乃合全书之例。今戴氏所引唐本《说文》则云：'今或作个，半竹也。'细审其文，乃后人私记于'箇'字注末，自道其当时有此字，而又臆为之说耳。……通考《说文》全书，无此文义，其出后人私记无疑。"②又说："段氏若膺《说文注》，讨论精审，而于'箇'字，乃依唐本或作'个'之说，而以'个'为重文，且载半竹之解，无乃为作伪者所惑与？"③

王引之通过大量的文献材料与其精密的训诂学知识得出的结论无疑是正确的，其解决问题过程中所使用的方法，如形变与音变的关系的互用，则可以有广泛的训诂学与校勘学意义。

①　《经义述闻》，749 页。
②　同上书，749 页。
③　同上书，751 页。

(五)掘发古代典籍中的文字错误，努力恢复古代典籍版本的原貌

1. 对"衍文"现象的分析

王引之对儒家"经"部文献中的衍文产生时代分作三个时代：一是自唐代开成石经时有衍文的；二是自唐初作疏时出现衍文的；三是自汉儒作注时出现衍文的。为便于认识起见，我们将王引之指出的衍文现象列表以表之(见表 6-4)①。

表 6-4 "衍文"

序号	经名	出处	衍文	正确句子
1	《尚书·洪范》	唐开成石经	"于其无好"下衍"德"字。	"于其无好。"
2	《周礼·天官·叙官》		"腊人"下衍"府二人，史二人"六字。	"腊人，下士四人，徒二十人。"
3	《尚书·汤誓》	唐初作疏时衍文	"舍我穑事而割正"下衍"夏"字。	"舍我穑事而割正。"
4	《礼记·文王世子》		"诸父守贵室"，"贵室"上衍"贵宫"二字。	"诸父守贵室。"
5	《尚书·大诰》	汉儒作注时衍文	"厥考翼其肯曰：'予有后，弗弃基。'""翼"衍字也。	"厥考其肯曰……。"
6	《尚书·无逸》		"先知稼穑之艰难，乃逸，则知小人之依。""乃逸"二字衍字也。	"先知稼穑之艰难，则知小人之依。"
7	《周礼·天官》		"玉府"下"凡王之献金玉兵器良货贿之物，受而藏之"，"王之"二字衍。	"凡献金玉兵器良货贿之物，受而藏之。"
8	《考工记·辀人》		"轮辐三十，以象日月也。""日"，衍字也。	"轮辐三十，以象月也。"

---

① 《经义述闻》，776～777 页。

续表

序号	经名	出处	衍文	正确句子
9	《仪礼·士相见礼》	汉儒作注时衍文	"非以君命使，则不称寡大夫则曰寡君之老。""则曰"二字衍字也。	"非以君命使，则不称寡大夫寡君之老。"
10	《礼记·郊特牲》		"大夫强而君杀之，义也。由三桓始也。"下五字，衍字也。	"大夫强而君杀之，义也。"
11			"朋友虞附而退。""附"，衍字也。	"朋友虞而退。"
12	《礼记·杂记》		"诸侯使人吊，其次含襚赗临，皆同日而毕事也。其次如此。"第一个"其次"二字，衍字也。	"诸侯使人吊，含襚赗临，皆同日而毕事者也。其次如此也。"
13	《礼记·投壶》		"司射进度壶，以二矢半。"下四字，衍字也。	"司射进度壶。"
14	《论语·乡党》		"入公门，鞠躬如也。""公"，衍字也。	"入门，鞠躬如也。"
15	《礼记·祭义》		"燔燎膻芗，见以萧光，又见间以侠甒，加以郁鬯。""见以萧光"，"见"乃"间"之借字。"见间以侠甒"，当作"见以侠甒"。"间"为衍字。（案：此条以下五条属旁记误入正文，导致衍文。）	"燔燎膻芗，见以萧光，又见以侠甒，加以郁鬯。"
16	《墨子·备城门》		"令吏民皆智知之。"旁记"知"字而导致衍文。"智"，古"知"字也。	"令吏民皆智之。"
17	《战国策·赵策》		"夫董阏安于，简主之才臣也。"	"夫董阏于，简主之才臣也。"
18	《史记·历书》		"端旃蒙者，年名也。""端蒙"即"旃蒙"，后人旁记之误而写之。	"端蒙者，年名也。"
19	《史记·刺客传》		"臣欲使人刺之，众终莫能就。""众"，"终"之借字也。	"臣欲使人刺之，众莫能就。"
20	《汉书·翟方进传》		"民献仪九万。""仪"与"献"古同声，即民献也。	"民仪九万。"

表 6-4 所列 20 项衍字例句，有些可以据句子意思而发现，有些非有深厚的音韵学知识而不能发现，如第 15 条、第 17 条至第 20 条等五个典型的衍字例子。如果从整篇文章意思的理解来说，这几句话中的衍字的发现与否，并不影响大局。然而，从古典人文知识的正确性角度看，又的确具有学术价值。尤其是从发明体例的角度看，对于一些经典文献中读不通的句子，从衍文的角度去考察，或许能提供有益的启示。

2. 对字形相近而讹错的分析

对于古代经典中有些字因形讹而导致语义不通的现象的分析，是一项十分有价值的文献考订工作。正如王引之说："经典之字，往往形近而讹，仍之则义不可通，改之则怡然理顺。"① 但改字也有根据，那就是必须通晓汉字篆、隶各体的变化规律。正如王引之所说："寻文究理皆各有其本字，不通篆、隶之体不可得而更正也。"② 这是说，要发掘古代典籍中的本字，必须要有一套与之相适应的人文学工具知识。离却了这些人文学工具的知识，不足以发掘经籍中的本字。

依王引之"形讹"条举例来看，形讹的原因不外乎五种，首先是最常见的正楷字形的形近而讹，此类情况最多；其次是古文相似，后人不知而导致形讹；再次是篆书相似而导致形讹，又次是隶变后因隶书形式相似而导致形讹；最后是草书相似而导致形讹。王引之虽然列出了形讹的具体字例，但在书写的过程中并未按照字体的分类来叙说形讹，给后人阅读造成了很大的不便。尤其是对楷书体的形讹不加以明言，而是杂夹

---

① 《经义述闻》，778 页。
② 同上书，780 页。

杂在古文、隶书、草书、篆书之中叙说，容易混淆。在书写过程中，"帅""师"二字重复出现，当为王引之一时疏忽。

下面我们以列表方式将王引之所论"形讹"之字分五类加以归纳、列表。一是古文，共 8 例；二是隶书，共 14 例；三是篆书，共 1 例；四是草书，共 1 例；五是楷书，共 137 例。五者相加，共 161 例。列表叙述如下（见表 6-5）①。

表 6-5　"形讹"

字体	序号	本字	形近	出处
古文	1	觯	觚	《考工记·梓人》疏引郑驳《五经异义》
	2	四	三	《仪礼·觐礼》注
	3	神	旦	《礼记·郊特牲》注
	4	其	六	《周礼》上
	5	事	史	《周礼》下
	6	齐	命	《礼记》中
	7	其	介或莫	《左传》下、《论语·述而》
	8	自	古	《尔雅》中
隶书	1	笑	先	《周易·同人》
	2	宣	寰	《周易》下
	3	稹	漠	《周礼》下
	4	蕫	蚕	《周礼》下
	5	斗	升	《大戴礼记》上
	6	轻	诬	《大戴礼记》上
	7	出	士	《大戴礼记》中

---

① 《经义述闻》，778～780 页。

字体	序号	本字	形近	出处
隶书	8	江	泒	《大戴礼记》中
	9	介	分	《大戴礼记》下
	10	穴	内	《礼记》上
	11	颁	须	《礼记》中
	12	阴（陰）	陶或鮤	《国语》上
	13	膝	辟	《穀梁传》
	14	来	求	《孟子·离娄》
篆书	1	人	九	《周礼》上
草书	1	靳	靮	《左传》上
楷书	1	夫	矢	《春官·乐师》注
	2	雷雍	卢（盧）维	《夏官·职方氏》注
	3	瑑	琢	《礼记·礼器》"大圭不琢"注
	4	窆	更	《太平御览·礼仪部》十四引《月令》章句
	5	疏	流	《左传·昭公二十年》释文、正义
	6	鵜	鷞	《尔雅·释鸟》注
	7	行	衍	《周易》下
	8	羡	羔	《周易》下
	9	三	二	《尚书》上
	10	威	威	《尚书》上
	11	允	兀	《尚书》上
	12	刖	刵	《尚书》下
	13	戊	咸	《尚书》下
	14	贰	貳	《毛诗》上、《大戴礼记》中、《礼记》上、《左传》上、《国语》上
	15	或	咸	《毛诗》上
	16	且	旦	《毛诗》中

续表

字体	序号	本字	形近	出处
楷书	17	徂	沮	《毛诗》中
	18	㸙	孝	《毛诗》下
	19	"民"字下半	比	《周礼》上
	20	帅	师	《周礼》下、《国语》上
	21	淫	淮	《周礼》下
	22	湛	涅	《周礼》下
	23	卿	乡（鄉）	《仪礼》
	24	敦	激	《仪礼》
	25	濯	灌	《大戴礼记》上
	26	改	致	《大戴礼记》上
	27	雀	省	《大戴礼记》上
	28	頪	类（類）	《大戴礼记》上、下
	29	豆鬻	矩关	《大戴礼记》上
	30	叁	参	《大戴礼记》上
	31	官	宫	《大戴礼记》上
	32	遗	匮	《大戴礼记》上
	33	大	天	《大戴礼记》上
	34	辟	辞或体	《大戴礼记》上
	35	诡	瞻	《大戴礼记》上
	36	博	傅	《大戴礼记》上
	37	跛	跂	《大戴礼记》上
	38	立	主或玉	《大戴礼记》上
	39	尔（爾）	再	《大戴礼记》上
	40	亟	敬	《大戴礼记》上
	41	患	贵	《大戴礼记》上

续表

字体	序号	本字	形近	出处
楷书	42	闻	明	《大戴礼记》上
	43	职（職）	腻	《大戴礼记》上
	44	美	业（業）	《大戴礼记》中
	45	误	设	《大戴礼记》中
	46	属	厉（厲）	《大戴礼记》中
	47	迩（邇）	通	《大戴礼记》中
	48	敖	教	《大戴礼记》中
	49	灌	濯	《大戴礼记》中
	50	枢	楣	《大戴礼记》中
	51	徙	从（從）	《大戴礼记》中
	52	平	卒	《大戴礼记》中
	53	伤	伤（傷）	《大戴礼记》下
	54	治	裕	《大戴礼记》下
	55	交	克	《大戴礼记》下
	56	宽	寡	《大戴礼记》下
	57	愨	愍	《大戴礼记》下
	58	叟	及	《大戴礼记》下
	59	典	无（無）	《大戴礼记》下
	60	诛黎	许魏	《大戴礼记》下
	61	汁	计	《大戴礼记》下
	62	倍	倨	《大戴礼记》下
	63	德（惪）	息	《大戴礼记》下
	64	曜	嚯	《大戴礼记》下
	65	左	右	《礼记》上
	66	循	修（脩）	《礼记》上
	67	欲	故	《礼记》上

续表

字体	序号	本字	形近	出处
楷书	68	天	大	《礼记》上
	69	玺(璽)	姜(薑)或疆	《礼记》上
	70	受	爱	《礼记》中
	71	戊	成	《礼记》中
	72	省	瘠	《礼记》中
	73	共	其	《礼记》下
	74	亶	赏	《礼记》下
	75	谓	诗	《礼记》下
	76	及	反	《礼记》下
	77	荐	存	《礼记》下
	78	达(達)	建	《礼记》下
	79	遍(徧)	修(脩)	《礼记》下
	80	先	生	《礼记》下
	81	徹	微	《礼记》下
	82	愚	患	《礼记》下
	83	徒	从(從)	《左传》上
	84	不	亦	《左传》上
	85	侍	徒	《左传》上
	86	其	甚	《左传》上
	87	及	"服"字右畔	《左传》上
	88	反	及	《左传》上
	89	歡	歎	《左传》上
	90	废(廢)	杀(殺)	《左传》上
	91	而	为(爲)	《左传》中
	92	遇	过	《左传》中
	93	闳	阁	《左传》中

续表

字体	序号	本字	形近	出处
楷书	94	生	室	《左传》下
	95	视	貌	《左传》下
	96	由	曰	《左传》下
	97	尒	介	《左传》下、《穀梁传》
	98	壁	涂(塗)	《左传》下
	99	蓺	蕇	《国语》上
	100	恵	宪(憲)	《国语》上
	101	讨	计	《国语》上
	102	来	棽或漆	《国语》上
	103	惑	感或憾	《国语》上
	104	苟	荀	《国语》下
	105	故	敬	《国语》下
	106	卯	兜	《国语》下
	107	圉	围	《国语》下
	108	桩	楗	《国语》下
	109	谅	谆	《国语》下
	110	挓	寻	《国语》下
	111	臽	函	《国语》下
	112	迁	廷	《国语》下
	113	人	入	《国语》下
	114	伐	感	《国语》下
	115	师	帅	《国语》下(与楷书第20条重出)
	116	秠	稻	《国语》下
	117	冣	最	《公羊传》
	118	庑	廉	《公羊传》
	119	计	讨	《穀梁传》

续表

字体	序号	本字	形近	出处
楷书	120	叛	"知"字左畔	《穀梁传》
	121	没	汲	《穀梁传》
	122	详	注	《穀梁传》
	123	次	坎	《尔雅》中
	124	辟	辨	《尔雅》中
	125	维	雍	《尔雅》中
	126	厤	厔	《尔雅》中
	127	芨	茭	《尔雅》下
	128	䖸	䗔	《尔雅》下
	129	网(網)	纲(綱)	《论语·述而》
	130	告	吉	《吉月》下
	131	我	义(義)	《孟子·公孙丑》(案:此说可商榷。)
	132	吐	哇	《孟子·滕文公》
	133	胜	服	《管子·戒》注
	134	差	养	《孟子·告子》
	135	挡	楷或牾	《后汉书·马融传》注
	136	稟	棠	《孟子·尽心》
	137	格	招	

3. 指出抄写者或刻版者因上下文的关系而造成的"上下相因"之错

对于古代文献因为抄写或刻版的原因导致的错误,王引之引其父王念孙的话说道:"经典之字,多有因上下文而误写偏旁者,如《尧典》'在璿机玉衡。''机'字本从木,因'璿'字而从玉作'玑'。"[1]类似的例子分两

---

[1] 《经义述闻》,780 页。

类，共有 14 例，列表如下（见表 6-6）①。

表 6-6 "上下相因"

错因	序号	例句	出处	上下句之字	正确写法
本有偏旁而误易之者也	1	在璿机玉衡	《尚书·尧典》	璿	机误为玑
	2	自土徂漆	《诗经·大雅·绵》	漆	徂误为沮
	3	简、菿，大也	《尔雅·释诂》	简	菿误为箌
本无偏旁而误加之者也	1	乌呼	《尚书·盘庚》	呼	乌误为鸣
	2	展转反侧	《诗经·周南·关雎》	转	展误为辗
	3	河水清且涟猗	《诗经·魏风·伐檀》	涟	猗误为漪
	4	狎允之故	《诗经·小雅·采薇》	狎	允误为犹
	5	水潦属焉	《大戴礼记·劝学》	潦	属误为漏
	6	地气且泄	《礼记·月令》	泄	且误为沮
	7	及优朱儒	《礼记·乐记》	儒	朱误为侏
	8	阳虎将以舆璠敛	《左传·定公五年》	璠	舆误为璵
	9	昄，至大也	《尔雅·释诂》	昄	至误为陞
	10	椹谓之虔	《尔雅·释宫》	椹	虔误为榱
	11	山夹水涧，陵夹水虞	《尔雅·释山》	涧	虞误为漠

4. "后人改注疏释文"以致误者

王引之认为，经典在流传的过程中，因为版本的不同而本身有讹误。然而有些注疏、释文是正确的，后人不知，强改注疏、释文中正确的部分以迁就经典文本，导致了新的错误。如王引之说："经典讹误之文，有注疏释文已误者，亦有注疏释文未误而后人据已误之正文而改之

---

① 《经义述闻》，780～781 页。

者。学者但见已改之太(当为'文'字，引者注)以为注疏释文，所据之经已与今本同而不知其未尝同也。"①

在此条，王引之列举了 43 条例证，今选出两条例证以证明王引之所举例证之不误。第一条，"《易·系辞传》：'莫善乎蓍龟'，唐石经'善'误为'大'，而诸本因之，后人又改《正义》之'善'为'大'矣。"②王氏的这一结论是在对《汉书·艺文志》《仪礼疏》《白虎通》《孔子家语》《礼记·记运》诸文献引此句皆作"莫善乎蓍龟"的考察基础之上得出的。而且还有其父王念孙对为何作"大"的理由考辨为旁证。王念孙说："本亦作大者，涉上文五莫大而误。"③通过先于唐石经诸经典版本的校勘，确定无疑地证明了"莫善乎蓍龟"一句中的"善"字不为"大"而为"善"。

第二条例证出自《周礼》，"《天官·司书》：'凡上之用财'。唐石经'财'下衍'用'字，而诸本因之。后人又改《叙官》疏之'用财'为'用财用'矣。"④对于此条的辨析，王引之从文义顺畅与否的角度对《天官·司书》"凡上之用财用"一句提出改正的意见。他说："下'用'字盖因注而衍。贾疏曰'此经上之用财必考于司会者。'此之所考，但知多少而阙之，非是会计与王为限。云司会以九式均节邦之财用者，欲见司书用财，必考于司会之意。据此则注文作'财用'。经文则作'用财'。不得云'用财用'也。唐石经始误衍。"⑤

---

① 《经义述闻》，787 页。
② 同上书，787 页。
③ 同上书，787 页。
④ 同上书，787 页。
⑤ 同上书，195 页。

其他 41 条的错误，王引之都有理有据地指出了前人注疏及唐石经中经典文句中的错误。他掘发经典中存在的这些错误，为后代古籍整理提供了宝贵的版本校勘的研究成果。

5. "上文因下而省" ——对古代典籍的语言运用规律的总结

王引之对古代汉语在运用过程中出现的"省文"现象的总结，为后人阅读古代经典提供了很好的语言学成果。《经义述闻》中虽只列举了六个例证，但在先秦诸子的文献中有大量的省文现象。通过王引之的"省文"义例，可以很好地理解古汉语的语用规则。下仅引两例，以证明王引之所言之不虚，并引《老子》文本中的省文现象，以证明王引之所说的"省文"现象在先秦其他诸子文献中实有此事。

第一例："古人之文，有下文因上而省者，亦有上文因下而省者。《尧典》'期三百有六旬有六日。'三百者，三百日也。因下六日而省日字。"①

第二例："《卫灵公》篇'躬自厚而薄责于人。'躬自厚者，躬自厚责也。因下薄责于人而省'责'字。"②

王引之所论的"省文"现象，在古代典籍中为常例，如王弼注《老子》第二十三章有"故从事于道者，道者同于道，德者同于德，失者同于失"几句，其中"道者同于道"一句中"道者"二字为衍文，而"德者同于德，失者同于失"二句皆从上文"故从事于道者"而省"从事于德者""从事于失者"等字样。若不用省文，全文当为："故从事于道者同于道，从事于德

---

① 《经义述闻》，781 页。
② 同上书，781 页。

者德者同于德，从事于失者失者同于失。"如此一来，则《老子》一书之文就过于累赘、凝重了。

王弼注《老子》第七十二章有"无狎其所居，无厌其所生。夫唯不厌，是以不厌"四句，后面两句当蒙上文而省"其所生"和"民""其生"等字。如果全文表述之，当为："无狎其所居，无厌其所生。夫唯不厌其所生，是以民不厌其生。"

古代典籍中，很多地方因省文而使语言显得特别精练，但有时也给后人的阅读带来障碍，引起误解。王引之通过对古代汉语在语用过程中运用"省文"规则的总结，为后人正确阅读古代典籍提供了一种可信、有用的语用学知识。

(六)批评"增字解经"和将语词当实词的训诂方法

1. 批评"增字解经"的现象，以追求经典解释过程中的本义

从语言学到解释学，王引之对经典注释、解释的活动，都以服从符合经典原义的学术目标为原则，而这一学术目标所体现的乾嘉学术精神，就是"求是""求真"的精神，也是研究乾嘉学术的不同范式下的很多学者所肯定的科学精神。如果说，在语言学的层面，乾嘉学者通过"因音求义"的方法，再加上其他语义考古的方法，在一相当大的程度上可以实现恢复"古义"的学术目标。但在经典意义解释的层次上是否还能够像在语言学的层面上实现恢复"古义"的学术日标，则就存在着相当大的理论争论。

我们先看王引之对"增字解经"的界定："经典之文，自有本训。得其本训，则文义适相符合，不烦言而已解。失其本训而强为之说，则阢

陋不安，乃于文句之间增字以足之，多方迁就而后得申其说，此强经以就我，而究非经之本义也。"①

从纯理论的角度看，王引之"经典之文，自有本训"的说法是可以成立的，然而，经典之文一旦落实在具体的历史注释与解释的过程之中，断定哪一种注释、解释属于本训，则是一个不太容易的学术难题。因为，作为历史之中的"文本"本身既不能为自己辩护，也不能当裁判，说甲解释错了，乙解释是对的。而要解释"文本"，就不可能不增加新的文字。因为，如果按照原来的文字去解释经典文本，就等于没有解释。而那多出来的"文字"如何能断定是增字解经，还不是增字解经，就是一个经典注释与解释实践中必然遇到的"解释学难题"。

通过研究《经义述闻》卷三十二"通说"下"增字解经"条的文字，我们发现，王引之列举的大量"增字解经"的经典解释现象，其实大多数并不属于"增字解经"现象，而多数是因为在经典字、词训释中未能达诂的训诂学错误而导致了所谓"增字解经"的现象。在其所列举出的一百多条中，真正属于王引之批评的"增字解经"的例子，其实是屈指可数的，而大量所谓"增字解经"现象，都是因为在经典训释的过程中，因为字、词的训诂出现了问题，而出现了王引之所批评的所谓"增字解经"现象。因此，被王引之称为"增字解经"的未能"达诂"的现象，首先不是增字解经的结果，而是由字、词训诂的错误导致的，属于"文本误读"的大范畴。虽然这一"文本误读"不属于"增字解经"的结果，但同属于未达"经典原义"的大范畴之下，因而仍然属于乾嘉考据学者要批评的学术范围。只

① 《经义述闻》，781页。

是王引之对其错误的定性不甚准确罢了。

①的确属于"增字解经"之例的，如第 14 例。"《金縢》：'敷佑四方。'敷，遍也。言遍佑四方之民也。而解者曰：'布其道以佑助四方。'则于'敷'下增'道'字矣。"①此处解释多出"道"字，而原文不含有布道于四方的意思。

②有些训释意思与王氏相通而只是用语不同，王氏批评并不恰当，如第 34 例。《檀弓》中"忌日不乐"一句，王引之训为："忌日不作乐"，而解者训为："唯忌日不为乐事"。王引之认为解者之训"则于'乐'上增'为'字，'乐'下增'事'字矣"②。这一评判并不能令人信服。

③更多的是因为对经典字、词训诂不当而导致的过分诠释现象，并非属于"增字解经"现象。第 3 例、第 11 例、第 12 例、第 15 例均属于这一现象。如第 3 例，"《系辞传》：'圣人以此洗心。'洗与先通。先犹导也。言圣人以此导其心思也。而解者曰：'洗濯万物之心'。则于'心'上增'万物'字矣。"③第 11 例，《尚书·盘庚》中："暂遇奸宄"一句，《某氏传》载，"解者曰："暂遇人而劫夺之"。王引之认为，此处暂当训做渐也、诈也；遇当训做隅也、差也。而前人之训，"则于'暂遇'下增'人'字及'劫夺'字矣"④。

除上述所列例子之外，还有相当一部分内容可以归属到此条之下。如第 38 例："为人臣者无外交，不敢贰君也"一句，王引之训"贰"字为

---

① 《经义述闻》，782 页。
② 同上书，783 页。
③ 同上书，783 页。
④ 同上书，783 页。

"并"意，"言不敢比并于君也"。此训当是正确的训释。然而"解者曰：'不敢贰心于他君'"，显然是一种错误的训释，而并不是什么增字解经的现象。①

尽管如此，王引之对于传统经学（也包括少量的史学与子学内容）训诂中错误的训释现象的纠正，在相当大的程度上从局部的层面恢复了传统经典中个别语词、语句的本义，可以视之为古典人文知识的增长。

2."语词误解以实义"

王引之在古典语言学研究方面的突出贡献是集中探讨了古代汉语中的虚词现象，并将此研究成果运用到经典训诂的实践当中，将古代训诂中把本当作虚词理解的词误当作实词解释的错误现象，举出大量证据来，从而为后人进一步准确理解文本的原初之义提供了古典语言学的根据。这一学术贡献不可泯没。

古典人文知识的增长，对于现实社会的经济发展没有任何作用。因而对于民生的改善没有直接的作用。这是清代乾嘉学者学术贡献受人诟病的重要原因。西方近代社会各种知识的增长，主要得益于自然科学与社会科学的发展，这两种科学对于社会生活产生了直接的影响。清代乾嘉学者的研究范围主要局限于古代经典，属于纸上的东西。在学术领域里，我们不能贸然地说"纸上得来终觉浅"，然而的确与现实的功利需求没有直接关系。这也可以看作乾嘉学术的一种局限。但这也不能怪乾嘉学者，社会政治环境使得他们只能如此研究。从这一角度看，乾嘉时期的政治高压对该时代学术埋首于文献之中的风气的形成，有直接的作

———————————

① 《经义述闻》，783 页。

用。然而，如果暂时抛开学术经世的标准与要求，从古典人文知识的角度看，他们还是给了我们一笔宝贵的文化遗产。而如何利用好这笔文化遗产，则是我们今人的事情了。

(七)《经传释词》与王引之的虚词研究

王引之的《经传释词》一书的学术贡献，不仅仅在于所列举出的 160 多个古汉语虚词，更重要的学术贡献在于他将古代汉语中的虚词现象提升到古代汉语研究的自觉层面，使学人在注经解经的过程中，不仅要注意古代汉语的实词现象，还要注意到古代汉语中的虚词现象。虽然，王引之并不理解现代语言学中的"语法"问题①，但他从词汇学的角度提出古代汉语中的虚词现象，并对之加以研究，为清代的语言学研究提供了新的人文学视野，有助于古典人文知识的增长。

有关王引之在古代汉语虚词研究方面的开创性贡献，同时代学人阮元有非常精辟的论断。阮元说：

> 经传中实字易训，虚词难释。《颜氏家训》虽有《音辞》篇，于古训罕有发明，赖《尔雅》《说文》二书，解说古圣贤经、传之词气，最为近古。然《说文》惟解特造字（如"亏""曰"）而不及假借之字（如

---

① 有学者认为，王引之在《经传释词》一书中已经"具有一定的从语法角度训释词义的思想，而且也已经达到了一定的高度。因此可以说，《经传释词》是一部优秀的训诂书，也是一部重要的语法书。"（参见薛正兴：《王念孙 王引之评传》，331 页。）非常遗憾的是，薛氏著作对于《经传释词》一书在清代语文学方面的贡献估计不足。他从训诂学的角度来评价王引之这部书的学术贡献，并不足以发掘该书在古典人文知识方面所具有的极高价值。

"而""虽")，《尔雅》所释未全，读者多误，是以但知攸训所，而不
知同迪（"攸"与"由"同，"由""迪"古音相转，"迪"音当如"涤"，
"涤"之从攸，"笛"之从由，皆是转音，故"迪""攸"音近也，《释名》
曰："笛，涤也。"）。但见言训我，而忘其训间（《尔雅》言，闲也。
即词之闲也）。虽以毛郑之精，犹多误解，何况其余！高邮王氏乔
梓贯通经训，兼及词气，昔聆其"终风"诸说，每为解颐……恨不能
起毛、孔、郑诸儒，共证此快论也。①

阮元此处所说的"词气"，即今日现代汉语语言学所说的"虚词"。阮
氏序文虽然言简，然从古代汉语学的虚词研究的历史入手，高度肯定了
王引之在此方面所做的贡献。而王引之本人在自序中亦说："自汉以来，
说经者宗尚雅训，凡实义所在，既明箸之矣，而语词之例，则略而不
究，或即以实义释之，遂使其文扞格，而意亦不明。"②王氏所说的"语
词"，即今之所说的"虚词"。他在自序中介绍自己的研究成果时说道，
他分十卷，列举了160个虚词，以补"前人所未及者"。其所采用的材料
是"九经三传及周秦、西汉之书"③，可见取材之广泛，远远突破了他的
经学研究范围。

依清人钱熙祚的《跋》所言，王氏的《经传释词》大体从六个方面解析
了古代汉语中的虚词现象。①"常语，如与，及也；以，用也之类是

---

① ［清］阮元：《经传释词·序》，见［清］王引之：《经传释词》，1 页，南京，江苏
古籍出版社，2000。
② 同上书，1 页。
③ 同上书，2 页。

也。"②"语助，如《左传》：'其与不然乎?'《国语》：'何辞之与有?' '与'字无意义之类是也。"③"叹词，如《书》：'已予惟小子。'《诗》：'猗嗟昌兮。' '已' '猗'皆叹声之类是也。"④"发声，如《易》：'于稽其类。'《书》：'于予击石拊石。' '于'字亦无意义之类是也。"⑤"通用，如粤之通越，员之同云之类是也。"⑥"别义，如'与'为'及'，又为'以'；'为'为'为'，'为'（去声）为'谓'。为谓如'以'为'用'、为'由'，又为'谓'、为'与'、为'及'、为'而'之类是也。"①

　　虽然，王引之发现了古代汉语中的虚词现象，但他还没有现代汉语的语法观念，故其古汉语虚词研究还只是停留在古代汉语虚词现象的列举水平之上，并没有像现代汉语学将虚词进一步分成代词、介词、副词、连词、叹词、助词等门类。在具体的解释过程中，将有些实词虚词化也并不是十分恰当，如章太炎先生在《王伯申新定助词辨》一文中所举例分析的，的确是有些待商榷的。而有些虚词又未能涉及，如黄侃在《〈经传释词〉笺释》一文所列举的诸多文字；还有些虚词的解释是错误的，如裴学海在《〈经传释词〉正误》一文中所分析的个别虚词。尽管如此，王引之的《经传释词》在清代语言学的研究方面仍然为后人提供了新的人文知识，将此前的古代汉语中的虚词问题提高到一个自觉的高度，从而为后来的研究者提供了一个新的认识视角。伴随着西方语言学观念、体系被引入中国的人文学研究领域，王引之的古汉语虚词研究既提供了中国学术传统的内在土壤，又在西方语言学的新视野里获得了更加广阔的天地。正如现代语言学家徐复在《经传释词·弁言》所论："近世

---

　　① 《经传释词》，107 页。

文法之学盛行，词类区分，虚词辄居其半。代词、介词、连词、助词、叹词，所分益细，极深研几，前途正未可量。甚愿学界同人毋没王氏开创之功，平心以求之，以收相得益彰之效……"①

(八)保持经学训释传统中的异说——王引之经学训释思想中的阙疑精神与审慎态度

王引之在经学研究过程中，发现经学传统中于一事有两种不同的说法，而这种不同的说法并没有证据证明孰是孰非。对于这种"两行"(庄子语)现象，王引之持异说并存的开放态度。应当说，这是王引之经学训释思想中的可贵地方，也是清学"实事求是"精神的消极表现形式，即以存疑、阙疑、两可的态度对待异说，为后人进一步训释经义预留学术空间。在《经义述闻》卷三十二"经义不同不可强为之说"条里，王引之这样说道：

> 讲论六艺，稍合同异，名儒之盛事也。述先圣之元意，整百家之不齐。经师之隆轨也。然不齐之说，亦有终不可齐者，作者既有所闻异辞，学者亦弟两存其说，必欲牵就而泯其参差，反致涠殽而失其本指。所谓离之则两美，合之则两伤也。②

王氏对于古代经典中两存之说，举出了 26 例，以证明两说可以并

---

① 《经传释词·弁言》，2 页。
② 《经义述闻》，770 页。

存的道理。之所以两说可以并存而不可强合为一，是因为缺乏足够的证据让异说合而为一，只好存异，让人们去思考。下举第 18 例与第 25 例以证明之。

第 18 例：

《王制》大祖之庙，谓始祖庙，庙之不祧者也。《祭法》祖考庙，谓显考之父庙，庙之亲尽则祧者也。此不可强合者也。而解者欲合为一。则以祖考为始祖矣。①

王引之之所以不同意将《王制》与《祭法》中的庙制混而为一，是因为文献不足征。在《经义述闻》卷十六"曰祖考庙"条里，王引之通过详细地考辨，以说明此二说不可强合为一的理由，最后得出这样的审慎结论："祭法与王制不同。学者依文解之而阙所疑，可矣。必欲合以为一，则治丝而棼之也。"②他批评了晋代王肃的《家语·庙制》篇，沿袭郑玄之注，合《祭法》与《王制》的庙制说为一的做法。

第 25 例：

《左传》：夫差杀申胥，在哀十一年。《越语》则在句践反国之三年，时当哀七年。此不可强合者也，而解者欲合为一，则以宦吴三年而反，为哀五年，加以反后六年，为哀十一年矣。③

① 《经义述闻》，771 页。
② 同上书，378 页。
③ 同上书，772 页。

对于此条，王引之在《经义述闻》卷二十一"四年 又一年 又一年 又一年"条里有详细的论证。王氏认为《国语》与《左传》"盖记者传闻各异，不可强同"。韦昭注《国语》时强不同以为同，其实缺乏足够的证据。王引之说："越人行成，在哀元年。宦吴三年而归，哀四年而非五年。纵加反国之六年，亦财十年。其时尚未杀申胥也。况四年反国之明年，再二年，为反国之三年而非六年乎？《越语》之文，本不与《左传》相当，无事规规求合也。"①这种异说并存的审慎态度，即使在今天的历史学、文化学研究过程中，亦是学者应当具有的一种"实事求是"精神。

第四节　阮元哲学思考的语言学路径及其得失

20 世纪初西方哲学的"语言转向"（Linguistic turn）是 20 世纪西方哲学的一件大事。② 这一哲学转向对当代西方哲学的广泛影响仍然存在。然而，对于乾嘉时期（主要是 18 世纪）中国哲学的"语言学转向"，目前中国哲学史界还很少有人论述。所谓 18 世纪中国哲学的"语言学转向"，其内涵是指：借助广义语言学中的字、词，句法的训诂与分析等手段，来对此前的宋明传统的思辨哲学进行批判，力求恢复对古代经典原初意

---

① 《经义述闻》，523 页。
② 有关西方哲学"语言转向"问题，参见王路：《走进分析哲学》，北京，生活·读书·新知三联书店，1999。

义的准确解释。语言只是用来通达"道"——即类似形而上学问题的一条
道路。如果说"语言转向"与"语言学转向"这二者之间有何种相似之处的
话，那就是在寻求哲学思考的明晰性与准确性方面有类似之处，至于在
方法论及所要到达的终极目标方面，二者之间并没有可比之处。现代西
方哲学中的"语言转向"依赖的是现代西方发展起来的数理逻辑工具，而
中国 18 世纪哲学中的"语言学转向"依赖的中国传统的"小学"——只是
相对于明代以前的小学而言更加具有系统性与科学性而已。现代西方哲
学的"语言转向"旨在消除西方哲学传统中形而上学命题的有效性，宣布
传统形而上学的死亡。而中国 18 世纪哲学中的"语言学转向"则是要通
达传统经典中的抽象精神——道，并对之做出更为准确而切实的解释。
更进一步地说，现代西方哲学中的"语言转向"是要借助逻辑实证主义的
一套方法取消旧的形而上学命题，而中国 18 世纪哲学中的"语言学转
向"则是要通过"人文实证主义"的方法重新解释先秦儒家经典的形上学
问题，以此反对宋明理学对先秦儒家经典的种种解释。在这样的语言学
转向的过程中，形成了一种不同于以往的哲学精神，即以追求"真知"为
目标的知识论的转向，使得中国哲学在形式上具备了与现代科学相接近
的"求真"精神。这也是中国哲学在 18 世纪"语言学转向"的过程中所带
来的中国哲学精神的变化。不过，这一语言学转向并没有让中国哲学转
向对语言本身的关注与思考，因此其所产生的思想影响力远不及现代西
方语言哲学对整个哲学所产生的更加广泛而持久。不过，从哲学史研究
的角度来说，通过语言学的视角来考察中国哲学思考方式的转化，能对
乾嘉时期的哲学研究提供新的认识，从一定意义上改变乾嘉时期无哲学
的习惯看法。

阮元（1764—1849 年），字伯元，号芸台，江苏仪征人。他是乾嘉考据学的殿军，其学术成就是多方面的。龚自珍在《阮尚书年谱第一序》中，从十个方面概括了其学术成就，虽略嫌夸张，然大体上比较接近实际。其中，龚氏对其训诂学做了这样的概括："尝谓黄帝名物，宣尼正名，篇者句所造，句者字所积，古者有声音而有语言，有语言而有文字，自分隶之迭变，而本形晦矣，自通假之法繁，而本义晦矣。公识字之法，以经为识；解经之法，以字为程。是公训诂之学。"①由龚自珍的概述可知，阮元在语言哲学方面具有综合性特征，既认同乾嘉时期"因音求义"的基本训诂主张，又重视训诂过程中的"本字"法，在训诂与解经两方面，既重视经义，即思想的内在逻辑性，又重视从文字入手的实证方法。在一定程度上可以将他看作乾嘉学术的总结者。目前出版的一般学术通史著作与断代史著作，对阮元的经学思想、哲学思想都有论述。② 然而从哲学方法论的角度集中论述其思想特征的还不多见。下文主要从广义的语言学角度③，论述其哲学思考的方法论特征。

---

① 《龚自珍全集》，225～226 页。

② 如侯外庐在《中国思想通史》第五卷中虽然论述了阮元的研究方法与文化史观，但由于他的哲学观的影响，并没有看到阮元借助语言学工具从事哲学思考的特征，反而认为阮元并不是一个哲学家。王茂等人合著的《清代哲学》一书虽然承认阮元有哲学思想，并着重论述了其新的仁学思想，但对其哲学思考的语言学法方法几乎没有触及。陈居渊在《阮元评传》中对阮元思想与学术的地位给予了很高的评价，认为他是重塑乾嘉经学典范式的人物，但对其通过语言学方法从事哲学思考的特征也未给予关注。

③ 所谓广义的语言学，即将语文学也看作语言学的一个部分。相关论述可以参见索绪尔著《普通语言学教程》（高名凯译，商务印书馆，1980 年），洪堡特的《洪堡特语言哲学文集》（姚小平主编并译注，湖南教育出版社，2001 年）等著作。

一、"圣贤之道存于经，经非训诂不明"——阮元的哲学方法论

从求道的方法来看，阮元继承并发展了戴震"由字以通其词，由词以通其道"的训诂学方法。他坚持认为："圣贤之道存于经。经非训诂不明。……汉之相如、子云，文雄百代者，亦由《凡将》《方言》贯通经诂，然则舍经而文，其文无质，舍诂求经，其经不实。为文者尚不可以昧经诂，况圣贤之道乎！"①

阮元也重视求道，但与宋明儒者不同，他更突出训诂方法的基础作用。在阮元看来："圣贤之言，不但深远者非训诂不明，即浅近者亦非训诂不明也。就圣贤之言而训之，或有误焉，圣贤之道亦误矣。说在《论语》之一贯。"②由此可见，作为考据学殿军的阮元已经将训诂上升到一种哲学方法论的层面，认为离开了训诂手段就无法从事正确的哲学思考了。然而，作为哲学家的阮元比同时代一般的考据学者高明的地方在于：他是通过训诂方法来阐述自己的哲学思考。例如，通过训诂，阮元将孔子所说的"吾道一以贯之"这句话，解释成"孔子之道皆于行事见之，非徒以文学为教也"③，认为"贯"应当训为"行事"，不能训为"通彻"。阮元说：

---

① 《西湖诂经精舍记》，见［清］阮元：《揅经室集》(上)，547～548 页，北京，中华书局，1993。

② 《论语一贯说》，见《揅经室集》(上)，53 页。

③ 同上书，53 页。

壹以贯之，犹言壹是皆以行事为教也。弟子不知所行为何道，故曾子曰："夫子之道，忠恕而已矣。"此即《中庸》所谓"忠恕违道不远，施诸己而不愿，亦勿施于人；君子之道四，某未能一，庸德、庸言、言行相顾之道也。"……此皆圣贤极中极庸极实之道，亦即天下古今极大极难之道也。若云贤者因圣人一呼之下，即一旦豁然贯通焉，此似禅家顿宗冬寒见桶底脱大悟之旨，而非圣贤行事之道也。……故以"行事"训"贯"，则圣贤之道归于儒；以"通彻"训"贯"，则圣贤之道近于禅矣。①

很显然，阮元在此通过训诂的方法，阐释儒家哲学重视"人伦日用"的道德实践功夫的精神，反对佛教禅宗的顿悟方法及其蕴含的道德修养的虚无化、神秘化倾向，非常含蓄地表达了自己的哲学思想。

为了将《大学》"格物"解释成"至止于事物"的"实践"之学，而不是通过"心灵穷理"，阮元从经传里引证了大量的例证，并引证钟鼎文、字典来证明"格"为"止"意。其哲学的论证方式是广义的语言学方法。他说：

《礼记·大学》篇曰："致知在格物，物格而后知至。"此二句虽从身心意知而来，实为天下国家之事。……物者，事也。格者，至也。……格有至义，即有止意，履而至，止于其地，圣贤实践之道也。凡经传所云"格于上下""不格奸""格于艺祖""神之格思""孝友时格""暴风来格"及古钟鼎文"格于太庙""格于太室"之类，皆训为

---

① 《论语一贯说》，见《揅经室集》(上)，53～54 页。

"至"。……《小尔雅·广诂》曰："格，止也。"知止即知物所当格也。①

阮元还利用音训的知识，通过对"门"字做重新解释，将《论语》中"文莫吾犹人也"一句做了新的解释，并以此证明训诂明而经义乃明的道理。他说：

> 刘端临曰："'文莫吾犹人也'，犹曰'黾勉吾犹人也'，后人不解孔子语，读'文'为句，误矣。"是故训诂不明则圣贤之语必误，语尚误，遑言其理乎。②

上述所引的三例表明，作为一种方法论的训诂，在阮元的哲学思想中占有极重要的位置，但并没有成为其学术追求的本身。思想的表达还是第一位的。因此，在训诂的方法与求道的目标这二者之间，阮元的哲学思想始终保持着高度的张力，他既反对空言论道，亦反对沉溺于具体的名物研究之中而不顾"求道"的目标。他说："圣人之道，譬若宫墙，文字训诂，其门径也。门径苟误，跬步皆歧，安能升堂入室乎。学人求道太高，卑视章句，譬犹天际之翔，出于丰屋之上，高则高矣，户奥之间未实窥也。或者但求名物，不论圣道，又若终年寝馈于门庑之间，无复知有堂室矣。是故正衣尊视，恶难从易，但立宗旨，即居大名，此一

---

① 《大学格物说》，见《揅经室集》(上)，54～55 页。
② 《释门》，见《揅经室集》(上)，33 页。

蔽也。精校考博，经义确然，虽不逾闲，德便出入，此又一蔽也。"①所谓"文字训诂"为探求"圣人之道"的门径，即将训诂看作哲学思考的方法论的明证。

二、语言学的方法与经验论思维——阮元论"心"

与他自己一贯重视经验，重视道德实践的思想相一致，阮元也反对将"心"看作先验的、能知的思维器官。在阮元看来，人的认识能力只能是来自外在的经验。他通过语言学的方法来实现他的哲学论证意图。他说：

> 汉刘熙《释名》曰："心，纤也。言纤微无物不贯也。"此训最合本义。盖纤细而锐者皆可名曰心，但言心，而其钎锐、纤细之意见矣。……《易·说卦》云："坎，其于木也，为坚多心。"虞翻云："坚多心者，枣、棘之属。"案：枣、棘之属，初生未有不先见尖刺者，尖刺即心也。……《诗·凯风》："吹彼棘心，棘心夭夭。"皆言枣、棘初生有尖刺，故名曰心，非谓其木皮外裹赤心在内也。心果在内，风安得吹之？②

---

① 《拟国史儒林传序》，见《揅经室集》（上），36 页。
② 《释心》，见《揅经室集》（上），5 页。

　　阮元如此解释"心"字，其思想的针对性何在呢？依笔者的理解，他主要反对将"心"看作具有某种知识、原理在其中的一种先验的能藏能识的思维器官。他从经验主义的思想逻辑出发，只把"心"看作一种能识的器官，并不先验地具备一切。他通过训诂的方法表达了这样一种经验论的认识论思想："心"只有通过与外在事物的接触，才能具备知识。这正是戴震一再批评宋儒有关"心具万理应万事"的思想的继续。只是阮元没有戴震那么有思想的锋芒，而是在貌似客观性的训诂学下，委婉地表达了自己的新思想。

　　考察许慎的《说文解字》，我们可以看到，将"心"解释在人身之内，是汉儒以来最为传统的释义。"心，人心。土臧也。在身之中，象形。"作为乾嘉汉学殿军的阮元却别出心裁，将"心"解释成露于外的纤细之物，从而曲折地表达他的经验论哲学思想。由此，我们可以再一次地看到，乾嘉考据学的训诂方法，并非像他们所自称的那样，在学问方面仅仅是"实事求是"，追求客观真理。其实，像阮元这样的学问家，仍然是有意通过字义的选择来表达他自己的哲学思想。只是相对于宋儒直接的哲学创造而言，阮元这样的以学问表达思想的方法与策略，使得他的哲学思想从形式上看更具有历史语义学的客观性。究其实，仍然是在从事一种新的哲学思考。在《性命古训》一文里，阮元将"事"与传统哲学中的"心"对立起来，认为"商周人言性命多在事，在事故实""晋唐人言性命多在心，在心故虚"①。这种"求实""去虚"的理论追求正好反映了乾嘉汉学思想的品格。

---

　　①　《揅经室集》（上），235 页。

因此，笔者认定，乾嘉考据学的哲学思考采用了一种语言学策略。他们借阶于训诂方法，从而使该时代哲学思考具有了某种"人文实证主义"的色彩。从广义的语言学角度看，以阮元为殿军的乾嘉哲学思考，深化并丰富了戴震所开创的哲学语言学转向的内涵。

三、语词分析背后的政治思想与人生哲学——阮元释"顺""鲜""达"等字的哲学诉求

阮元通过有选择的方式，将儒家经典中并非常用的语词上升到重要的思想史高度，从而通过训诂的方式作一创造性的解释，曲折地表达了他本人爱民的政治与伦理思想。在《释顺》篇，阮元说道：

> 有古人不甚称说之字，而后人标而论之者；有古人最称说之恒言要义，而后人置之不讲者。孔子生春秋时，志在《春秋》，行在《孝经》，其称至德要道之于天下也，不曰"治天下"，不曰"平天下"，但曰"顺天下"。"顺"之时义大矣哉，何后人置之不讲也！《孝经》"顺"字凡十见。"顺"与"逆"相反，《孝经》之所以推孝弟以治天下者，顺而已矣。故曰："先王有至德要道以顺天下，民用和睦，上下无怨。"……是以卿大夫士本孝弟忠敬以立身处世，故能保其禄位，守其宗庙，反是，则犯上作乱，身亡祀绝，《春秋》之权所以制天下者，顺逆间耳，鲁臧、齐庆皆逆者也。此非但孔子之恒言也，列国贤卿大夫莫不以顺、逆二字为至德要道。是以《春秋》三传、

《国语》之称"顺"字者最多，皆孔子《孝经》之义也。①

阮元通过文献训诂，得出了这样的政治学结论：

> 圣人治天下万世，不别立法术，但以天下人情逆叙而行之而已。故孔子但曰"至德要道以顺天下"也。"顺"字为圣经最要之字，曷可不标而论之也。②

在《释鲜》篇，他认为古"鲜"字虽然从字义的角度看属于鱼，但从音的角度看，与斯相近，因而可以相互通借。此点，顾炎武、惠栋都已经从训诂学的角度揭示了这一道理。阮元在此基础上，进一步以经典为例，证明将"鲜"释为"斯"的重要性。他说：

> 元谓"鲜""斯"通籍之迹，求诸经传多有可稽释者，少误便成舛谊，今试释之。有以"斯"本语词，借声近之"鲜"为用者，则有《尚书·无佚》曰："文王怀保小民，惠鲜鳏寡。""鲜"即"斯"字，言文王惠斯鳏寡，即祖甲保惠于庶民，不敢侮鳏寡之义是也。《伪孔》训"鲜"为"少"，失之。又《立政》曰："知恤鲜哉。"《诗·蓼莪》曰：'鲜民之生，不如死之久矣。'"鲜"皆当训"斯"字。……而《伪孔传》训

---

① 《释顺》，见《揅经室集》（上），26 页。
② 同上书，29 页。

"鲜"为"少"，《毛传》训"鲜"为寡，并失之。①

上述所引的阮元分析表明，只有将"鲜"释为"斯"而不释为"少"，才能揭示出儒家经典中关爱生民的民本思想精神。一字之义的细微差别，儒家经典的精神则迥然有异。怎能说训诂方法与哲学思考无关呢？

在《释达》篇，他针对宋明以来将"达"理解成"明体达用"之"达"，提出了一种重视事功的人生观。他说："'达'之为义，圣贤道德之始，古人最重之，且恒言之，而后人略之。元按：达也者，士大夫智类通明，所行事功及于家国之谓也。"②他反复引证古代经典，以证明"达"非"达用"之"达"，而是指士大夫"学问明通，思虑不争，言色质直，循行于家国之间无险阻之处也"③。

在《释相》篇，阮元说道："自周、秦以来，凡宰辅之臣皆名曰'相'，相之取名，必是佐助之义。……其本字为何？曰"襄"字也。古人韵缓，平仄皆可同义，是以'辅相'之'相'亦可平声，'赞襄'之'襄'亦可去声，后人昧此，故不知'襄''相'音同，可假借矣。"④

阮元的伦理学思想集中体现在《性命古训》一文里。在该文里，他通过对儒家经典中"性""命"两字的意涵分析，得出"节性"的伦理主张。阮元认为："古性命之训虽多，而大指相同。"仅以《尚书·召诰》《孟子·尽心》二说为例可知。《召诰》上说："节性，惟日其迈。王敬作所，不可不

---

① 《揅经室集》（上），6 页。
② 《释达》，见《揅经室集》（上），29 页。
③ 同上书，30 页。
④ 《释相》，见《揅经室集》（上），34 页。

敬德。"又说:"若生子,罔不在厥初生,自贻哲命。今天其命哲,命吉凶,命历年。"又说:"王其德之用,祈天永命。"通过对这些文献的分析,阮元进一步地得出自己的哲学观点,认为《召诰》所讲的"命"有如下意涵:"即天命也。若子初生,即禄命福极也。哲与愚,吉与凶,历年长短,皆命也。哲愚授于天为命,受于人为性,君子祈命而节性,尽性而知命。故《孟子·尽心》亦谓口、目、耳、鼻、四肢为性也。性中有味、色、声、臭、安佚之欲,是以必当节之。"①

在论述心性修养的传统伦理学问题时,阮元通过训诂的方式,揭示了"主敬"与"主静"的区别。他说:"古圣人造一字必有一字之本义,本义最精确无弊。'敬'字从'苟'、从'攴'。'苟',篆文作'苟',非'苟'。'苟'即'敬'也,加'攴'以明击敕之义也。'警'从'敬'得声得义。故《释名》曰'敬,警也,恒自肃警也。'此训最先最确。盖敬者言终日常自肃警,不敢怠逸放纵也。……非端坐静观主一之谓也,故以肃警无逸为敬。凡服官之人,读书之士,所当终身奉之者也。……盖静者,敬之反也。"②

四、以训诂的方法阐发"仁学"与"性命"思想——阮元的道德哲学思想

乾嘉学者阐发哲学思想,往往通过训诂的方式,以实证的方法追求

---

① 《揅经室集》(上),211 页。
② 《释敬》,见《揅经室集》(下),1016～1017 页。

一种理想中的客观之意。阮元通过训诂的方式，对原始儒家的"仁学"思想，以及宋明以来详细而热烈讨论过的"性命"思想，给出了他自己的新解释。

阮元将"仁学"看作孔子的核心思想，如他说："孔子为百世师，孔子之言著于《论语》为多。《论语》言五常之事详矣，惟论'仁'者凡五十有八章，'仁'字之见于《论语》者凡百有五，为尤详。若于圣门最详切之事论之，尚不得其传而失其旨，又何暇别取《论语》所无之字标而论之邪？"①问题是，在《〈论语〉论"仁"论》长文里，阮元几乎是通过资料长编的方式，将《论语》涉及"仁"字的资料集中在一起，同时又引证其他文献，以证明孔子的"仁学"思想是他阮元所理解的那样："相人偶为仁"之意。因此，阮元的"仁学"思想并不就是孔子"仁学"思想的原意。在笔者看来，阮元运用训诂的方式对孔子"仁学"的思想所做出的解释，在相当大的程度上其实表达了阮元本人的"仁学"思想。然而，由于阮元的"新仁学"思想是建立在文字训诂基础之上的，以一种貌似客观的面目掩盖了其新思想的光芒。这一含蓄的新思想与其作为三朝大吏的身份极其吻合。如果不理解他通过语言学的方法进行哲学思考的思想特征，下列有关"仁""己与私"的论述与辨别就很难被看作一种哲学的论述。

他为了证明他的"仁，即相人偶"的新仁学观点，以训诂的方式引证了大量的语言学文献：

> 许叔重《说文解字》："仁，亲也。从人二。"段若膺大令《注》曰：

---

① 《〈论语〉论"仁"论》，见《揅经室集》(上)，176 页。

"见部曰：'亲者，密至也。'会意。"《中庸》曰："仁者，人也。"注：
"人也，读如相人偶之人，以人意相存问之言。"大射仪："揖以耦。"
注："言以者，耦之事成于此意相人耦也。"《聘礼》："每曲揖。"注：
"以人相人耦为敬也。"《公食大夫礼》："宾入三揖。"注："相人耦。"
《诗·匪风》笺云："人偶能烹鱼者。人偶能辅周道治民者。"……以
上诸义，是古所谓人耦，犹言尔我亲爱之辞。独则无耦，耦则相
亲，故其字从人二。①

在"仁即相人偶"的仁学思想前提之下，阮元又通过大量的训诂材
料，并从文本内部语词的内在一致性原则上出发，进一步论证宋儒将
"己"释为"私"，将"克己"解释为战胜"己身私欲"的观点属于对经典的误
解，从而以"汉学"的语言学工具重新阐发他的"仁学"思想。他说："颜
子'克己'，'己'即'自己'之'己'，与下文'为仁由己'相同，言能克己复
礼，即可并人为仁。……仁虽由人而成，其实当自己始，若但知有己，
不知有人，即不仁矣。……若以'克己'字解为私欲，则下文'为仁由己'
之'己'，断不能再解为私，而由己不由人反诘辞气与上文不相属矣。"②

为了进一步证明自己的观点更符合孔子的原意，他先引前贤毛奇龄
（字西河）来支持他的观点：

毛西河检讨《四书改错》曰："马融以约身为克己，从来说如此。

① 《〈论语〉论仁论》，见《揅经室集》(上)，178～179 页。
② 同上书，181 页。

惟刘炫曰：'克者，胜也。'此本扬子云'胜己之私之谓克'语。然己不是私，必从'己'字下添'之私'二字，原是不安。至程氏，直以己为私，称曰：'己，私致'。《集注》谓'身之私欲'，别以'己'上添'身'字，而专以'己'字属私欲，于是宋后字书皆注'己'作'私'引《论语》'克己复礼'为证，则诬甚矣，毋论字义无此，即以本文言，现有'为仁由己'，'己'字在下，而一作'身'解，一作'私'解，其可通乎?"①

又引同时代的凌廷堪的研究成果来支撑他自己的观点：

凌次仲教授曰："即以《论语》'克己'章而论，下文云'为仁由己，而由人乎哉!'''人''己'对称，正是郑氏相人偶之说。若如《集注》所云，岂可曰'为仁由私欲乎?'再以《论语》全书而论，如'不患人之不己知''夫仁者，己欲立而立人，己欲达而达人。''己所不欲，勿施于人。'……皆'人''己'对称。……若作私欲解，则举不可通矣。"②

阮元的新仁学思想的语言学方法大体如上。下面再从其性命论哲学思想看其语言学的方法。在性命论的传统哲学命题方面，阮元为反对李翱的"复性说"，通过对《尚书》《孟子》《诗经》中有关"性命""威仪"等词语

---

① 《〈论语〉论仁论》，见《揅经室集》（上），182页。
② 同上书，183页。

的重新解释，提出了"节性"的"性命说"。如果仅从语言学的方法角度看，阮元对"性命"论述的新意在于：他将"性"与"生"联系起来，以说明人性内在包含着情与欲的感性成分。他说："'性'字本从'心'从'生'，先有'生'字，后造'性'字，商、周古人造此字时即已谐声，声亦意也。"①由此，他将《尚书·西伯戡黎》篇中"王曰：'我生不有命在天'"一句中的"生"字解释为"性"字，并认为，这是虞夏商周四代以来首次出现的"性"字，《周易》卦、爻辞只有"命"字，无"性"字，表明"性"是包括于"命"之内的，而且表明"性受于天"。② 而性与命发生关联也首见于此篇。由此可以看到李翱"复性说"之不符合儒家的性命理论。

阮元通过一系列的训诂方法，将晋、唐人的"性命说"与商、周人的"性命说"的差异做出了如下的概括："晋、唐人言性命者，欲推之于身心最先之天，商、周人言性命者，祇范之于容貌最近之地。"③"商周人言性命多在事，在事故实，而易于率循。晋、唐人言性命多在心，在心故虚，而易于附会，习之此书是也。"④也就是说，晋、唐人把性命问题讲得很玄，而商、周人讲性命问题很切合日常生活，具有可见性与实在性。而商、周人的这种质朴的"性命观"其实也就是阮元本人的性命观。

总之，阮元通过语言学方法，重新阐释了儒家的仁学与性命理论，体现了乾嘉考据学时代哲学思考的"语言学转向"的特征。这种语言学方

---

① 《性命古训》，见《揅经室集》(上)，230 页。
② 同上书，213～214 页。
③ 同上书，217 页。
④ 同上书，235 页。

法主要是以古典的语文学为内容，表现出强烈的"人文实证主义"色彩。但是，我们也要清醒地意识到，这种语言学方法其实还是一种经典解释学方法，其中包含了思想者个人浓厚的主观理解成分，并不像自然科学、甚至也不像社会科学那样，具有特别强势的客观性色彩。虽然，这一语言学方法的转向的意义也许并不像胡适、梁启超所认为的那样具有科学的精神，但至少在思想的形式上为中国哲学开辟了一条"求知""求真"的认识论的新转向。

五、"追求本义"——阮元的语言学思想及其历史还原主义

如果说，戴震的语言哲学思考第一次明确地提出了"由字以通其词，由词以通其道"语言哲学纲领与方法，开始了利用文字、词汇、语言的新工具从事哲学思考的语言学转向，那么，其后学如段玉裁、高邮王氏父子、阮元等人则进一步对通道之"字"的新工具进行锻造，在更加精细的经典训诂层面追寻经典的原义，从而实现对经典原义的还原。如何彻底地实现对古代经典意义的还原呢？那就必须找到经典的关键词的"本义"，这样才能真正地获得经典的原初意义。所以，阮元说："古圣人造一字必有一字之本义，本义最精确无弊。"①

他在辨别"佞"与"仁"二字的意思时说："是故解文字者，当以虞夏

_____

① 《释敬》，见《揅经室集》（下），1016 页。

商周初、周末分别观之。"①阮元注意到文字意义的历史演变过程，在文字、语言与经典意义的解释与研究过程中，体现了历史主义的思想，这在一定程度上纠正了戴震过于重视语言的共时性特征，相对忽视语言的历时性特征的偏颇。简括地讲，阮元追求本义的历史还原主义思想是通过"因音求义"和崇尚汉人古训的方法来实现的。

(一)"古字义随音生"

阮元接受了乾嘉语言学研究的新成果，坚持义由音生的学术共识。并通过这一语言学原则来寻求一字之古义。他说："古人造字，字出乎音义，而义皆本乎音也。"②又说："义从音生也，字从音义造也。试开口直发其声曰'施'，重读之曰'矢'。'施''矢'之音皆有自此直施而去彼之义，古人造从'从'从'也'。之'施'字'，即从音义而生者也。……'矢'为弓弩之矢，象形字，而义生于音。凡人引弓发矢，未有不平引延陈而去止于彼者，此义即此音也。"③

通过使用语言学的新工具，阮元对古代经典中的一些难以解释的字的确给出了新解释，从而使一些千古以来暗而不彰的意思得以显豁出来，体现了语言学的新工具在哲学释义学方面的魅力，也以此证明通晓古音的语言方法在了解经典意义过程中的价值。在《释易彖音》与《释易彖意》两文中，阮元通过复杂的训诂学知识，将彖释为材。在《释易彖

---

① 《释佞》，见《揅经室集》(下)，1013 页。
② 《释矢》，见《揅经室集》(上)，25 页。
③ 同上书，22～23 页。

音》，通过辨别"彖""象"二字的不同，以此证明《易传·彖辞》中"象"字实即古之"彖"字之误，并由此进一步论证《易传》中"彖者，材也"的解释，符合孔子本来的意。"《周易》'彖'之为音，今俗皆读'团'之去声，与古音有异。古音当读若'驰'，音近于'才'，亦与'蠡'字音近。故《系辞传》曰：'彖者，材也。'此乃古音训相兼。是'彖'音必与'才'音同部。"①

在《释易彖意》一文中，他进一步说道：

> "彖"之为音，既据《系辞》《大雅》定之矣，然则其意究如何？孔子"材也"之训究如何？曰：此但当以"彖"字为最先之字，但言其音，而意即在其中，即如"蠡"字，加"虫"与不加"虫"无异也。《方言》曰："蠡，分也。""蠡"尚训为"分"，则"彖"字本训为"分"可知也。"豕挩"即分也，此即孔子之所以训"彖"为"材"也。"材"即"财成天地之道"之"财"，亦即"三才"之"才"，以天、地、人三分分之也。今人但知写"化而裁之"之"裁"，方谓用刀裁物，而不知古人音意相同，字多假借，"材"即"裁"也，"财"亦"裁"也。……是故学者以"彖者材也"求孔子之意不能明，以"蠡者裁也"求之则明矣。若执迁守浅，古音古意终不明矣。②

但若"财成"一词如王引之所言，即"成"字，则阮元此考据又成了新

---

① 《释易彖音》，见《揅经室集》（上），2 页。
② 《释易彖意》，见《揅经室集》（上），4～5 页。

问题。

在《释门》篇，阮元说道：

> 凡事物有间可进，进而靡已者，其音皆读"门"，或转若"免"、若"每"、若"敏"、若"孟"，而其义皆同，其字则展转相假，或假之于同部之叠韵，或假之于同纽之双声。试论之。凡物中有间隙可进者莫首于门矣，古人特造二户象形之字，而未显其声音，其声音为何则？与"罶"同也。①

上述新思想的出现，全是依托音训方法。由此可见，乾嘉时期哲学的语言学转向，的确给该时代的哲学思考提供了新的活力。

(二)崇尚"汉人之诂"的复古主义方法

对于文字训诂标准的选择问题，阮元的思想中有崇尚古人的复古主义方法与"实事求是"超越时空的本质主义学术理想的矛盾。他一方面说："余以为儒者之于经，但求其是而已矣，是之所在，从注可，违注亦可，不必定如孔、贾义疏之例也。歙程易田孝廉，近之善说经者也，其说《考工》戈、戟、钟、磬等篇，率皆与郑注相违，而证之于古器之仅存者，无有不合，通儒硕学咸以为不刊之论，未闻以违注见讥。盖株守传注，曲为附会，其弊与不从传注凭臆空谈者等。夫不从传注凭臆空谈之弊病，近人类能言之，而株守传注曲为附会之弊，非心知其意者未必

---

① 《释门》，见《揅经室集》(上)，31 页。

能言之也。"①另一方面他又说："两汉经学所以当尊行者，为其去圣贤最近，而二氏之说尚未起也。……吾固曰，两汉之学纯粹以精者，在二氏未起之前也。"②

他甚至简单地从历史时间的角度出发，论证汉人的训诂具有可靠性。他说："汉人之诂，去圣贤为尤近，譬之越人之语言，吴人能辨之，楚人则否，高、曾之容体，祖、父及见之，云、仍则否，盖远者见闻终不若近者之实也。……谓有志于圣贤之经，惟汉人之诂多得其实者，去古近也。"③

这一崇尚汉人训诂的思想倾向，在一定程度上削弱了其"实事求是"哲学主张的积极意义。并使他的哲学方法论与其哲学目标之间存在巨大的张力。而阮元思想中存在的这一矛盾，在很大程度上是由以惠栋为代表的"吴学"与以戴震为代表的"皖学"两者之间的学术目标不同所导致的。"吴派"唯汉是崇，而"皖派"重视求真求是。阮元想调和两派的思想，因而在自己的思想体系中出现了顾此失彼的现象。

以戴震、段玉裁、焦循、阮元等为代表的 18 世纪中国哲学，通过语言分析，以及典章制度的研究，以"人文实证主义"的方法重新阐释原始儒家的思想，从而达到对官方提倡的程朱理学的批判。其理论贡献主要有两点。第一，将中国传统哲学以求善为目标的思维方式，转向了以"求真"为目标的思维方式。"实事求是"成为那个时代的主要精神努力的方向。"求真"精神为日后中国知识阶层接受现代西方自然科学知识提供

---

① 《焦里堂循群经宫室图序》，见《揅经室集》（上），250 页。
② 《国朝汉学师承记序》，见《揅经室集》（上），248 页。
③ 《西湖诂经精舍记》，见《揅经室集》（上），547～548 页。

了思想的温床。尽管这种精神努力方向与同时期西方社会兴起的以自然科学为主体的"求真"思潮相比，并没有带来更加巨大的社会变化。第二，在这一精神努力方向的指引下，传统的语言学（广义的，包括语文学）得到了长足的发展，特别是文字学、音韵学、版本学、校勘学的发展，使得这一时期的文献整理工作取得了前所未有的成就。而且，乾嘉末期的金石学的兴起与发展，为19世纪末、20世纪初的甲骨文、金文学的研究奠定了学术与思想的基础。很多传统经典经过这一时期学者的整理、校对，由以往的不可卒读变成了文从字顺的善本图书，为19、20世纪学者的进一步研究提供了可供资借的文本。

当然，18世纪中国哲学的实证化倾向，其自身也有弊病，特别是乾嘉学术的后期，很多学者陷入了细枝末节的考证之中，思想光芒逐渐减弱。像阮元、段玉裁、高邮王氏父子，其哲学思想远逊于戴震，基本上没有多少突破，有些地方还有很大的倒退。不过历史的发展总会有自己的内在逻辑。正当乾嘉考据学走向衰落的初期，清代的"公羊学"却在悄然兴起。作为清代由古文经学向今文经学转化的关键人物龚自珍，其语言哲学及其思想的转化，恰好预示着乾嘉考据学的自我转化。这是历史的偶然呢，还是透过这一偶然的历史人物显示了某种历史的必然呢？

结　语

　　20 世纪的戴震思想研究，其成果还是颇为丰富的，在不同的理论范式或学术进路下，戴震哲学的多重面向也得到了较为充分的探索，甚至还有学者提出了"戴学"的概念，并出版了相关的著作。[①] 但这并不表示有关戴震的思想与学术研究已经没有多少新学术空间了。实际上，就戴震的经学研究成就及其在中国经学史上的地位认识，还有相当大的学术空间。而戴震与同时期或稍前的欧洲思想家较为系统的比较研究，似乎还没开始。而就中国哲学史而言，由其代表作《孟子字义疏证》一书所开展出的中国哲学范畴史的

---

　　① 丘为君：《戴震学的形成——知识论述在近代中国的诞生》，北京，新星出版社，2006。

研究形式，它与《北溪字义》的异同等问题，似乎都可以做一些深入的研究。

从学术的角度看，戴震与其同时代学人的考据学成就，具体细节方面的得失，将是一个不断有研究空间的学术领域。而从哲学思想的角度看，其所展开的道论、气学、以及其于气学基础上的认识论、伦理学（传统意义上的义理学），还有很大的理论空间，可以展开讨论。而极富理论与学术发展空间的方面，笔者认为是其经学解释学的方法，以及这一方法的现代活化——向现代经典解释学转化。此一问题，笔者在书中还只是简略地提及。这主要是因为笔者对西方的解释学，特别是现代西方的哲学解释学不是很熟悉。这一领域，需要有学术新人加以拓展。

笔者现在只能说有一种学术的直觉，即《孟子字义疏证》的哲学书写方式，与戴震整理、学习汉译欧几里得的《几何学原理》一书有关。该书有非常明确的概念定义与概念内涵的分析，是中国哲学史上少有接近现代分析哲学著作类型的作品。当然，我们也可以说，这是受中国名家学说的影响。但从现存的戴震著作来看，他对于名学著作的研究以及发表的论说非常有限。如果通过深入研究，找到《几何学原理》一书对《孟子字义疏证》的直接影响，则从中西比较哲学史的角度看，西方自然科学思维对于中国哲学的影响可以上推到 18 世纪后期。如果李约瑟的论断是正确的，那在莱布尼兹之前，欧洲的哲学中就没有有机的自然主义哲学。那么，我们是否可以说，在《几何原本》译成汉语之前，中国哲学史上几乎没有系统的，以定义的方式讨论哲学问题的著作？

晚明以降的中国人文学研究，特别是哲学思想、思维方式与现代性的关系的研究，是中国人文学很难绕过去一个的话题。在鸦片战争以前，中国没有发展出现代的资本主义经济形式，这是一个共识度较大的学术认识。但对于中国早期资本主义萌芽的问题，中外学术界都存在着较大的学术分歧。如何处理这一学术分歧也牵涉对戴震哲学思想性的贞定问题，无法逃避也不必逃避。笔者的基本观点如下。

第一，戴震哲学的人民性，主要体现在对下层百姓真实而具体（亦可以说是细微）的痛苦的关怀。这与他青年时期个人的人生经历密切相关，对于这一点，章太炎早已经点出，但蔡锦芳更加具体、细致的分析结论更为可信。不过，这种人民性不一定代表新兴的工商业阶层，戴震应该没有这种阶层或阶级的自觉意识。晚年他考中举人之后，后来又获得一个赐同进士出身，慢慢地进入统治阶层之中，思想还没有来得及发生根本性的转换就去世了。

第二，戴震的学术研究方法中，有一定的科学性因素在其中，他将传统的训诂学发展到带有一定科学性内容的语言学的水准，从人的发音器官自然节限的认识角度出发研究古代汉语中字的发音规律，声音与意义的关系，有一定的科学性。在经学文本的研究过程中，重视一个字的本义，一个字在群经中的意思，然后再考察造字时的原初意义，最后确定一个字在具体经文中的真正意思，也具有一定的科学性。他将古典的人文学研究提升到具有现代语言学的实证科学水平，这是对汉代以来训诂学的理论性与科学性的一次提升。在他之后的段玉裁、高邮王氏父子等人，又在专门之学方面发展并深化了戴震的研究，产出了一系列有学术价值的著作，直到今天仍然具有学术价值。但毋庸讳言的是，他们的研究都是服务于经文文本的意义解释目标，还没有来得及扩展为整个古代经典研究的方法运动。这就需要后人在此基础上有一个推陈出新的发展问题。

第三，戴震的反理学思想及其价值评价问题。由于学术立场、价值取向不同，戴震的反理学思想受到的争论最大。站在传统理学立场的一些学人，对于戴震的反理学立场，极不以为然，不仅有学理上的反批评，还有恶劣的人身攻击，甚至人格上攻击戴震有抄袭行为。像戴震的《水经注》抄袭问题，就属于人格攻击之类。戴震的后学当中，段玉裁、高邮王氏父子在反理学思想方面，都没有也无法继承他的思想，但晚清以来，宋恕、章太炎等人开始表彰戴震的反理学思想，梁启超、胡适出于推行现代资产阶级的新思想，推进中国的社会与政治改革，也高度赞扬戴震的反理学思想，并将戴震的学术方法与反理学思想与现代西方的科学实证精神、新人道主义思想结合起来。虽有拔高之嫌，但在古今中西思想、文化大交汇的现代思想运动之中，梁、胡等人努力从中国传统思想内部寻找现代性思想的萌芽的良苦用心，还是值得肯定的。后来，侯外庐—萧萐父一系的学者，系统地梳理中国早期启蒙思想传统，将戴震纳入中国早期启蒙思想家谱系之中，强化并深化了戴震思想与现代价值的关系。从傅伟勋提出的"创造的诠释学"角度来说，这一思想解释的创造性转化，亦无不可。植物学上，性质类似的植物之间可以嫁接，在人类的思想观念方面，性质类似的思想之间似乎亦可以嫁接。

第四，如何重新认识戴震的反理学思想，这在当代中国仍然是一个需要认真加以思考的问题。为了肯定传统的优秀文化，肯定理学思想中的合理因素，就反过来要否定戴震的反理学思想，这是一种极其简单而又错误的思想态度。原则上，传统文化中有精华，有糟粕，多数人应该不反对这一原则。但具体到何者是优秀的，何者是糟粕，大家的认识可能会产生很大的分歧。就戴震的反理学思想而言，他反对"以理杀人"的伦理异化现象，从原则上说正确的。他批判传统社会假借权威、权势，即假借长者、尊者之势位，而不能够以社会共同遵守的理与义来判别是非，戴震斥责此种行为是"以理杀人"，在今天看来也是行得通的一种观念。今天社会追求"法律面前，人人平等"的公平、正义社会原则，在伦理的层面与戴震要反对的"以理杀人"的现象，在原则上是相通的。从正面主张来看，他认为"理"在伦理层面应当表现为"察之几微而必区以别焉"的要求，实际上也包含着尊重人的个体差异性，个体生活情境的差异性，从而不能用所谓普遍的法则来无区别地、教条式地对待任何人的粗暴的社会治理行为，恰恰是一种充满着温馨的人文关怀理想，虽然很难百分之百做到，但仍然是一个理想的、可追求的社会治理目标。

在现代科学技术突飞猛进，深刻地影响并改变着我们人类生活的今天，传统的人文学研究如何发挥自己的时代价值与意义，是一个令人十分困惑的现实难题。一方面，中国社会正行进在技术、经济、政治、生活现代化的道路上。另一方面，与这种整体现代化相适应的价值观念体系、道德观念体系，并未真正地确立起来。从欧洲精神文化传统发展并确立的一整套现代价值谱系，并不能完全契合当代中国社会的现实要求。按照马克思的观点来看，以往的哲学家多从现实趋向于思想或理想的方向提出要求，而很少从现实趋向于自己所要的思想角度来思考思想或理想。我们时代伟大的现实运动所趋向的思想或理想性的观念体系，究竟是什么样的一种形态呢？我们能否从戴震"察之而几微必区以别焉"的"分理"角度，探索我们时代运动的真正趋向，进而把握我们的时代脉搏，提出适应时代发展方向的价值、道德观念体系？非曰能之，是所望也。

后　记

　　呈现在读者面前的这本小册子，其主要内容都曾经在不同的国内学术杂志上发表过，在一些著作中也出现过，但以比较完整而又集中的形式呈现出来还是第一次。由于近十几年来一直在承担着一定的学术行政工作，无法集中精力来研究戴震的学术与思想。此次非常感谢北京师范大学出版社约稿，让我得以集中精力把有关戴震思想，以及他与同时代学人、后学的学术关系的研究成果集中起来，呈现给读者。书中有关戴震的经学解释学思想的分析，以及由其经学解释学向现代经典解释学转化的可能性的探讨，是最近几年的新思考，做过几次学术讲座，后来也正式发表了。对于解释学，本人还没有来得及认真系统地学

习，故这一部分的思考还是一种探索性的认识，妥当与否，还敬请业内
同行、专家批评、指正。

2021 年 4 月 19 日

写于武昌百瑞景小区

图书在版编目（CIP）数据

戴震哲学思想新探：戴震与乾嘉学术的现代性研究/吴根友著.
—北京：北京师范大学出版社，2021.12
（走进哲学丛书）
ISBN 978-7-303-27257-0

Ⅰ.①戴… Ⅱ.①吴… Ⅲ.①戴震（1723—1777）-哲学思想-研究 Ⅳ.①B249.65

中国版本图书馆 CIP 数据核字（2021）第 186953 号

营 销 中 心 电 话 010-58805385
北 京 师 范 大 学 出 版 社
主题出版与重大项目策划部 http://xueda.bnup.com

DAIZHEN ZHEXUE SIXIANG XINTAN
出版发行：北京师范大学出版社　www.bnup.com
　　　　　北京市西城区新街口外大街 12-3 号
　　　　　邮政编码：100088
印　　刷：鸿博昊天科技有限公司
经　　销：全国新华书店
开　　本：787 mm×1092 mm　1/16
印　　张：26.5
字　　数：281 千字
版　　次：2021 年 12 月第 1 版
印　　次：2021 年 12 月第 1 次印刷
定　　价：108.00 元

策划编辑：饶　涛　祁传华　　　责任编辑：冯　倩
美术编辑：王齐云　　　　　　　　装帧设计：王齐云
责任校对：康　悦　　　　　　　　责任印制：赵　龙